探索
加拉太書
與以弗所書

Exploring
Galatians
& Ephesians

「你當竭力在上帝面前得蒙喜悅，
　作無愧的工人，按著正意分解真理的道。」 提摩太後書2：15

一本靈修注釋書
喬治‧賴特著

聖經的版本和譯本

◆

英文聖經譯本

ESV（English Standard Version）《英文標準版譯本》

JBP（J. B. Phillips, The New Testament in Modern English,
rev. ed.）《菲力普斯修訂版譯本》

KJV（King James Version）《欽定版譯本》

Msg（The Message）《信息版譯本》

NASB（New American Standard Bible）《新美國標準版譯本》

NIV（New International Version）《新國際版譯本》

REB（The Revised English Bible）《修訂英語版譯本》

RSV（Revised Standard Version）《修訂標準版譯本》

◆

中文聖經譯本
《新標點和合本》
《聖經新譯本》
《現代中文譯本修訂版》

目錄

第三編　實踐勉言

第四編　說再見

《聖經探索叢書》的出版構思

　　《探索加拉太書與以弗所書》是繼《探索希伯來書》和《探索馬可福音》之後第三本讀物，此書被收編為一系列簡明的靈修注釋叢書，此系列叢書旨在幫助讀者更明白聖經。《探索叢書》雖然按照一般基督徒的需要和能力為依歸，但深信牧者和其他教會領袖也能從中獲益。除了適合個人靈修之用，《探索叢書》的「探索」格式將有助教會作小組研習之用，並讓組員更積極參與每週的聚會。

　　最好視每一本《探索叢書》為一本靈修注釋書。除了力求展現每段經文的釋經學原意（Exegetical meaning），作者不會停在這原意中，還會進一步把經文的意義實際應用到二十一世紀基督徒的日常生活之中。

　　《探索叢書》並不專注於研究每一節經文的細節，而是尋求讓讀者能掌握聖經每本書自成一格的主題和風格，以及每段經文如何襯合整本書的文義脈絡。故此，此系列不會試圖解決所有疑難或回答一切與某段經文相關的所有疑問。

　　為力求做到簡明易懂，《探索叢書》的舊約和新約系列會處理每一本書的全部經文。每一章把經文分成小段，緊接著經文的是注釋部分，讓讀者無需又翻聖經又翻注釋。

　　關於注釋部分的份量，乃務求做到足夠解釋有關主題，又同時切合個人、家庭、或小組的讀經需要。

　　每一本書的譯本都是出自我個人手筆，並沒有版權。雖然譯文是根據原文翻成，但我同時也參考了幾個英語譯本。我的譯本並不追求以技術取勝，而是希望能夠考慮翻譯的各方面問題，並

盡量保留經文的原意。要做到這個目標，我盡可能採取逐字逐句
的翻譯原則，當直譯不能夠充分表達上帝的信息時，我就按照原
文和文化的意思翻成切合現代使用的英語[註1]。

喬治・賴特

安得烈大學

密西根州柏林泉市

註1：本書每一章經文小段全部採用《新標點和合本》聖經。若作者之譯本對經文的解釋構成特殊意
義，譯者的處理是：一，把作者的譯本翻成中文，並附以「作者譯本」說明；二，採用《新譯
本》；三，按照作者所引用之英文譯本翻成中文，附以有關譯本之英文縮寫。原書無註，所有附
註均為譯者加上。

前言

　　加拉太書和以弗所書是保羅作品中兩顆最耀眼的明珠。兩本書都以各自的表現形式，致力於闡述給猶太人和外邦人的救恩，這一偉大的主題上，兩本書又同樣突顯了正因為透過耶穌與上帝建立的關係，生命從而獲得轉化。在過去的二千多年，這兩封信大大地豐富了基督徒群體的生命，當我們讓聖靈透過它們向我們的心說話，這兩封信會改變和強化我們個人和教會的生命。

　　這兩本聖經的小書卷不僅對早期教會產生了重大的意義，它們的教訓仍然適用於二千年之後的時代。它們告訴我們，我們是如何在基督裏得救、如何每天與祂同行、如何以基督徒的身分一同生活。因此，它們所發出的呼籲和所承載的意義是具有普遍性的。

　　這一冊靈修注釋可作為一般的讀物，又可配合網上的研習指引一併使用。《探索加拉太書與以弗所書》的研習指引內載預先設定的問題，使讀者在翻開靈修注釋之前有機會讓聖經向他們個人說話。（要下載和列印免費的英文研習指引，可登入www.adventistbookcenter.com搜尋Exploring Galatians and Ephesians，然後點擊 "Click for Details" ，按照顯示在網頁底部的指示下載。）

　　我特別感謝邦妮・貝爾斯（Bonnie Beres），她年復一年設法為我那些字跡頗「有趣」的手稿打字；感謝杰拉爾・惠勒（Gerald Wheeler）再一次提供了他專業的編輯指導；感謝珍妮特・R・約翰遜（Jeannette R. Johnson）不斷鼓勵我寫作；我還要感謝安得烈大學給與時間和支持，讓我進行研究和寫作。

黑海

北加拉太

加拉太省

弗呂家

南加拉太

以弗所
老底嘉　以哥念
歌羅西　　特庇　基利家
路司得　大數

安提阿

塞浦路斯

大馬士革

地中海

凱撒利亞　耶路撒冷

阿拉伯

埃及

紅海

第一部

探索加拉太書

《加拉太書》導論

莫里斯（Leon Morris）寫道：「加拉太書是一封充滿熱情的信，洋溢在信中的，是一位傳道者向他的主大發熱心，他全身投入，要讓他的聽眾明白使人得救的信心是怎麼一回事」（Morris, p. 26）。保羅這封「充滿熱情的信」，在二千年的基督教歷史中先後燃起其讀者心中的熱情。在翻開這封信之前，先看看一些背景將對我們有幫助。

加拉太書的寫作目的

為了要了解加拉太書，就要明白引發這位使徒作出如此激烈回應的危機所在，這一點是重要的。

之前保羅曾經在加拉太傳講福音，不少人對這福音作出了熱切的回應（加4：13、14；1：9）。除了接受從保羅而來的福音之外，加拉太信徒亦領受了上帝的靈，這靈早已在他們中間施行神蹟（3：2、3、5）。他們已經有了真實的基督徒經驗。

可是，當保羅在加拉太傳福音之後不久，有猶太基督徒前來並教導使徒的外邦歸信者，他們認為，要得到上帝完全的福分，就必須接受割禮和成為猶太人（2：12－14；5：2；6：12、13）。

在提出這些主張的過程中，猶太基督徒教師宣稱，他們有耶路撒冷教會撐腰，很明顯，他們甚至「聲稱」擁有支持這教導的第一批使徒的權柄。他們又宣告，那些使徒所擁有的權柄比保羅大——保羅是後來者，他從沒有跟在世的耶穌有過個人的接觸。結果是，來自耶路撒冷的教師所行的事，把保羅的權柄與神學一併削弱了。

使徒保羅沒有坐以待斃。他給加拉太人寫的信，是他對一個一級危機充滿熱情的回應。他這封使徒書信的目的，是為了讓人們弄清楚他的使徒權柄和福音的本質。

加拉太書的主題

加拉太書有四個主要的神學主題。頭兩章處理權柄的議題，接著的兩章討論救恩，最後兩章關乎聖潔。貫徹於六章經文之中的，是強調上帝子民當合一的重要性。

一、使徒的權柄。在加拉太書中，權柄是一個基本議題。加拉太人當怎樣解決面前的神學議題呢？一個是保羅的使徒權柄，另一個是猶太人成為基督徒，這些教師（猶太教徒）的權柄，他們聲稱他們的背後有從耶路撒冷教會而來的支持與威信，他們甚至（令人更加半信半疑的）得到首批使徒的支持與威信。雙方看來都有良好的背景為證，也有正直的、使人信服的人事作代表。加拉太信徒該聽從誰？

保羅堅決維護他本人的使徒權柄，他以此作為回答。縱然猶太教徒吹噓有來自耶路撒冷的教會權柄，保羅卻力辯他的信息和使命並非根源於教會，而是根源於基督自己。在加拉太書第1章和第2章，保羅提出他的回答：他斷言證明他的使徒資格的證據，並不是來自耶路撒冷的任何一群人，而是直接來自基督。

斯托得（John Stott）這樣陳述：「因為意識到他擁有使徒的權柄，保羅於是期望加拉太人接受它。在保羅的第一次傳道之旅，他們已經接受了這權柄，他們接待他『如同上帝的使者，如同基督耶穌』（4：14）……。起初他向他們所傳講，又得到他們領受的最原始福音（1：8、9）才是正統。要是任何人傳講與此違背的福

音，不管他可能是多麼使人敬畏的名人，『他應當被咒詛』」（Stott, p. 186）。

保羅在他的辯駁中，提出了一個將會存在到末時一直適用的原則：我們務要以聖經所立的使徒信息為基礎，察驗一切教訓。懷愛倫亦有相同的洞見，她寫下了這話：「聖經是信仰和教義的唯一準則」（Review and Herald, July 17, 1888, p. 449）。

二、在基督裏的救恩。 猶太教徒傳講的「別的福音」——那是一個偏離正道的福音——尤其令使徒忿怒。他認為只有一個福音。他在給加拉太人的信中強調這福音的兩個面向。

第一個面向是**基督的十字架**。他在引言中寫道：耶穌為「我們的罪捨己，要救我們脫離這罪惡的世代」（加1：4）。此外，「基督既為我們成了咒詛，就贖出我們脫離律法的咒詛；因為經上記著：『凡掛在木頭上都是被咒詛的』」（3：13）。

保羅形容自己的職事，是向他的聽眾描繪被釘十字架的基督（3：1），他又宣稱他從不以別的誇口，只誇「我們主耶穌基督的十字架」（6：14）。他最重要的體驗是「上帝的兒子……他是愛我，為我捨己」（2：20）。

根據保羅在加拉太書所說，福音的第二個面向是在基督裏**因信稱義**，相信祂為我們的罪而死。信心是方法，人們透過它得到基督在十字架上犧牲所帶來的福氣。這信心把信徒與基督連繫起來，藉著基督不僅他們得稱為義（2：16），亦有聖靈賜下，並且被歸入亞伯拉罕的盟約應許之中（3：26-4：7）。

在加拉太書中，與這使神人關係正確的信心相對立的，就是律法。讓一個人可以得稱為義的唯一途徑，是信心而非律法，因為「沒有一人因行律法稱義……。義若是藉著律法得的，基督就是徒然死了」（2：16、21）。

在加拉太書中，稱義的唯一基礎是相信而不是行為，而我們所要相信的對象則是為人死在十字架上的基督。律法的功用之一，是把凡不遵守全律法的人定罪（3：10）。其第二項功用是把上帝的子民領到基督的面前，好叫他們因信稱義（3：19-24）。律法有其重要的角色，但人不能靠律法得救。

三、**聖潔**。儘管稱義是因著信而非行律法而來，這卻不表示基督徒就可以毫無約束地漠視律法。或者，引用保羅的話說：「不可將你們的自由當作放縱情慾的機會」（5：13）。相反，信心「使人生發仁愛」，這愛心是律法的總綱和核心（5：6、14）。凡在基督裏得自由的人，都會遠避情慾的事（姦淫、污穢、邪蕩、拜偶像、惱怒、嫉妒等，見5：19-21）。「凡屬基督耶穌的人，是已經把肉體連肉體的邪情私慾，同釘在十字架上了。」（5：24）

取代情慾之事的，是基督徒讓上帝在他們心裏培育聖靈的果子——「就是仁愛、喜樂、和平、忍耐、恩慈、良善、信實、溫柔、節制」（5：22、23），他們要像上帝聖潔的子民般生活，而聖潔將是他們與別人之間關係的特色（5：13-15；5：25-6：10）。

四、**上帝子民的合一**。韓申（G. Walter Hansen）的這段文字是正確的：「保羅在加拉太書中發揮他那因信稱義的論點，目的是為了糾正一個社群的問題：外邦信徒因為不守律法而被排拒於與猶太信徒的團契之外。保羅所論證的因信稱義，意指外邦信徒是納入上帝子民之中的，按此教義，外邦信徒有權與猶太信徒同桌用餐（2：11-16）。

「保羅引用舊約亞伯拉罕信心的故事，藉此說明信上帝是屬於亞伯拉罕大家庭的標記。保羅在加拉太書第3章，說明他從聖經中總結出來的結論，他宣告在基督裏，所有的人都是一體與平等：『並不分猶太人、希臘人，自主的、為奴的，或男或女，因

017

為你們在基督耶穌裏都成為一了。』」（Hansen, p. 25）

上帝的子民之合一是超越時間、種族、以及界限的，而這正是加拉太書的主題。「信」把過去和現在的每一個人與上帝的子民結合起來。

加拉太書的結構

加拉太書的結構相當一目了然。引言之後（加1：1－10）書信的六章被整齊分割成三個段落，巴列（C. K. Barrett）把三個分段恰到好處地分為歷史、神學、倫理學，「保羅先把過去曾發生的事情忠實地記錄下來，這是他著手處理他的加拉太教會麻煩的第一步。不妥善完成這一步，將來就沒有希望了」（Barrett, p. 3）。因此，頭兩章經文是處理歷史部分。

但歷史部分並未就此完結，由於要闡明對歷史的正確理解，好讓未來有所依從，在討論完過去之後，他就轉向第3和第4章的神學部分。即使出色的神學也不是他的最終目標。在第5和第6章，他更以倫理教導圓滿地結束了他的信。對保羅而言，正確的思想總是帶來正確的生活方式。在加拉太書中，保羅的「自由神學」直接引致「道德規範的倫理學」（Barret, p. 3）。

加拉太書的大綱

I. 敘述基督徒自由的危險（1：1－10）

　　A. 問安（1：1、2）

　　B. 蒙救贖的福音（1：3－5）

　　C. 撰寫書信的緣由：「別的福音」入侵（1：6－10）

　　B. 自由的定義是指神呼召人活出愛的律法（5：13–15）

　　C. 順聖靈而行對比順情慾而行（5：16–24）

　　　1. 情慾的事（5：16–21）

　　　2. 聖靈所結的果子（5：22–24）

　　D. 順聖靈而行的道德勸勉（5：25–6：10）

V. 結束（6：11–18）

　　A. 最後的請求：拒絕教導束縛道理的教師，追求基督十字架
　　　的榮耀（6：11–16）

　　B. 結語（6：17、18）

關於作者、收信人、寫作年代的一些註記

　　有別於某些沒有說明作者身分的聖經書卷（像希伯來書和馬可福音），加拉太書在頭一節經文就聲明，它是「作使徒的保羅」親筆之作。這聲明在基督教的歷史中之所以受到一致性的接納，並不僅僅因為聲明的本身，同時也是因為保羅的行文風格和神學在全封信中躍然紙上。

　　對於作者的身分所達致的共識，來到收信人這一題目上就不同了。問題出現在「加拉太」這詞身上，它可以代表兩個截然不同的意思：一、指小亞細亞中北部地區（今日的土耳其）加拉太人的發源地；二、羅馬帝國所建立的加拉太省，其區域從北加拉太延伸至小亞細亞中部，當中包括像以哥念、路司得和特庇這幾個南部城市（見11頁地圖）。證據顯示，南部或羅馬省份之說更可信，因為使徒行傳清楚地記載保羅在這些南部城市的傳道活動，卻沒有提及他在北部傳道（參見使徒行傳第13章及第14章）。

　　論戰場上激辯得最厲害的，是保羅寫給加拉太人的書信其目

的為何。不過，好消息是「問題的結論對解釋這封信的主題，哪怕有任何影響，也不至太大。」（Hansen, p. 16）

　　關於此書的寫作日期之爭論，其所構成的影響更要緊，當中最關鍵的問題，是得將加拉太書中保羅上耶路撒冷的自傳部分和路加的記述，二者的時間相與對照比較。加拉太書記載了兩次探訪（1：18──歸信耶穌後首次探訪，2：1─10──與眾使徒會面的探訪），至於路加則報告了五次探訪（徒9：26─30──歸信耶穌後首次探訪，11：30──賑濟饑荒探訪，15：1─30──出席耶路撒冷會議，18：22短訪，21：15─17──被捕前的探訪）。

　　表面看來，把加1：18歸信耶穌後的首次探訪等同於徒9：26─30，而把加2：1─10的耶城會議等同於徒15：1─30，是順理成章的。可是，這順理成章的等同卻造成了兩個難題：一，在為他的使徒職任提出辯護，指那直接來自基督而不是來自耶城使徒，保羅在加拉太書詳列他到訪耶路撒冷之旅的一段經文中，竟跳過使徒行傳第11章的探訪，這就顯得異乎尋常了。

　　更嚴重的是我們在加拉太書中，找不到有關使徒行傳第15章耶城會議的記載。這是十分關鍵的，因為使徒行傳第15章的會議，目的是為了對外邦人是否需要接受割禮和遵行「摩西的規條」（徒15：1）而定下權威性的裁決。會議直截了當地的「否定」了這兩件事情（第19─21節）。因此，正如莫里斯指出：「要是會議已經召開了，那就頗難明白為何保羅在信中竟對這會議隻字不題，因為……會議的內容一定能為他提供充分的證據。尤有甚者，很難理解為何他沒有引述會議所訂定與割禮問題有關的裁定（徒15：19─21）。他在加拉太的反對者，顯然力指彼得（和其他人一樣）支持新基督徒要行割禮，此立場違背了耶城會議無需外邦人受割禮的立場。很明顯地，結論是：耶城會議尚未召開」（Morris, p. 21）。

最理所當然的結論是，我們應該把加1：18歸信後的首次探訪等同於徒9：26-30，而把徒11：30略略提及的第二次探訪視為保羅在加2：1-10記述得更詳盡的一次探訪。這就把使徒行傳第15章的會議日期，定於他撰寫加拉太書之後。這是合乎情理的，因為開會的目的，正是為了解決保羅在加拉太面對的問題。

以上述的事實為據，保羅的加拉太書一定是他其中一本早期作品。假設他在大馬色路上遇見主的事件發生在公元34年，他說在此事的十四年後他上耶路撒冷，由此我們就得出公元48年前後這日期，加拉太書的寫作日期很可能是在公元40年代末或者50年代初。

保羅探訪耶路撒冷的時序		
第一次探訪——悔改信主後三年	徒9：26-30	加1：18
第二次探訪——十四年之後	徒11：30	徒15：1-30
耶城會議——為解決保羅在加拉太書記載的一些問題	加2：1-10	加拉太書之後

加拉太書如何切合二十一世紀的需要

加拉太書有著永恆的適切性，因為書中處理的問題，是基督教歷史中一直備受重視的基督教信仰問題。其中一個反覆出現的，就是權柄的問題。歷代信徒都必須按照神學的基礎來作出決定。是誰或者是什麼東西，決定了我們應該信奉什麼？是「教會」？傳統？聖經？或者某一種權威？加拉太書強有力的答案是：任何教導都必須由基督使徒的教導驗證。斯托得說：「當然，這是唯一一種我們可以接受的使徒傳承——不是上溯使徒並且聲稱是其繼任人的歷任主教……，而是忠於新約的使徒教義。如今永存在新約的眾使徒之教導，才是用來規範每一代教會的信

仰和實務的」，當中包括我們這個時代的教會（Stott, p. 187）。

接著，切合時代需要的第二點，就是救恩計劃，這是每個世代的人們最大的需要。與羅馬書一樣，加拉太書是保羅討論這個題目最深入的一本書。在這兩本書中，使徒有力地聲明，只有因信靠恩才能稱義（加2：16；羅1：16）。同時也在這兩本書中，他指出順服上帝偉大的愛之律法，乃是對救恩這項恩賜一種真摯的回應（加5：1－6：10；羅1：5；6：1－14；13：8－10；16：26）。故此，在恩典與我們回應恩典之間，保羅維持著一貫的平衡。

正是因為缺乏了這一種平衡，基督教歷史上才會反覆出現危機。有人過份注重使人稱義的恩典，導致他們忽略對順服的回應；另一些人則過度重視順服，以至於誤以為順服就是稱義之路。加拉太書對二十一世紀的信徒，之所以是如此重要的一份文獻，是因為這書對於福音與律法，信心與行為都呈現了謹慎而和諧的平衡。

對今日的信徒不可或缺的第三點，是保羅對合一的關注。教會往往因為種族、性別、經濟、以及微不足道的神學，以及生活方式的議題，而面對分裂的潛在可能。在某種意義上，加拉太書主要是對於這些分歧的一個回應，其信息是，我們要避免專注於小事之上，以及種族和性別的差異，這些都不應該影響那些因信在基督裏合一的人（加3：26－29），如韓申指出：「倘若一個教會沒有用行動來維護在基督裏的平等與合一，她就暗示了稱義不是因信心而來，而是按種族、社會地位或者別的標準而來。」（Hansen, p. 25）

第四點適切性是加拉太書高舉以愛為中心的上帝之律法（加5：14、22；比較羅13：8－10；太22：37－39）。與今天許多教會一樣，加拉太教會的會眾有著各種差異，可不管問題是什麼，加拉太書強

調「成全了律法的愛心活躍於紛爭、驕傲和嫉妒之中（5：14、15、26）」（Cousar, p. 11）。在加拉太書中，保羅把愛心列作聖靈所結的第一個果子（5：22），這不應該令人感到意外，這一特質正是我們今天最需要的。

最後，加拉太書提出傳福音之時的教導，是教會在接觸新文化和種族群體時仍然需要學習的。差會在引人歸信基督時，很多時候依然希望人們歸向美國主義或者其他各種的主義。然而，加拉太書（還有使徒行傳和保羅的幾封書信）的偉大教導之一卻是，應當將福音的核心信息，與傳這福音的人所肩負的文化包袱予以區隔之。

英文書目

Arichea, Daniel C. and Eugene A. Nida. A Handbook on Paul's Letter to the Galatians, UBS Handbook Series（《保羅達加拉太人書釋經手冊》，UBS手冊叢書）. New York: United Bible Societies, 1976.

Barclay, William. The Letters to the Galatians and Ephesians, 2d ed. The Daily Study Bible（《保羅達加拉太人及腓立比人書》，每日聖經研究）. Edinburgh: The Saint Andrews Press, 1958.

Barrett, C. K. Freedom and Obligation: A Study of the Epistle to the Galatians（《自由與責任：保羅達加拉太人書之研究》）. Philadelphia: Westminster, 1985.

Barton, Bruce B. et al. Galatians. Life Application Bible Commentary（《加拉太書》，生活實用聖經注釋）. Wheaton, Ill.: Tyndale House, 1994.

Betz, Hans Dieter. Galatians: A Commentary on Paul's Letter to the Churches in Galatia. Hermeneia——A Critical and Historical Commentary on the Bible（《加拉太書：保羅達加拉太教會書注釋》）釋經書籍——這是一本論聖經的歷史評注書. Philadelphia: Fortress, 1979.

Boice, James Montgomery. "Galatians." In The Expositor's Bible Commentary（〈加拉太人書〉，載於《聖經注釋的解說者》），Frank E. Gaebelein, ed. Grand Rapids: Zondervan, 1976, X:407-508.

Bring, Ragnar. Commentary on Galatians（《加拉太人書注釋》）. Eric Wahlstrom, trans. Philadelphia: Muhlenberg, 1961.

Bruce, F. F. The Epistle to the Galatians: A Commentary on the Greek Text. The New International Greek Testament Commentary（《達加拉太書：希臘文之注釋》，新國際希臘文新約之注釋）. Grand Rapids: Eerdmans, 1982.

Burton, Ernest De Witt. A Critical and Exegetical Commentary on the Epistle to the Galatians. The International Critical Commentary（《達加拉太人書批評釋經學注釋》，國際評經注釋）. Edinburgh: T. & T. Clark, [1920].

Calvin, John. The Epistles of Paul the Apostle to the Galatians, Ephesians, Philippians, and Colossians（《使徒保羅達加拉太人，腓立比人，歌羅西人書》）. T. H. L. Parker, trans. Calvin's Commentaries. Grand Rapids: Eerdmans, 1965.

Cole, R. Alan. The Epistle of Paul to the Galatians. Tyndale New Testament Commentaries（《保羅達加拉太人書》，丁道爾新約釋經）. Grand Rapids: Eerdmans, 1965.

Cousar, Charles B. Galatians. Interpretation: A Bible Commentary for Teaching and Preaching（《加拉太人書》，解釋：為教導及傳講之聖經注釋）. Louisville: John Knox, 1982.

Cullman, Oscar. Peter: Disciple, Apostle, Martyr: A Historical and Theological Essay（《彼得：門徒，使徒，殉道者：從歷史學及神學角度之研究》）. Floyd V. Filson, trans. New York: Meridian, 1958.

Danker, Frederick William, ed. A Greek-English Lexicon of the New Testament and Other Early Christian Literature（《希臘文英文辭典——新約及早期基督教文獻》）, 3rd ed. Chicago: University of Chicago, 2000.

Duncan, George S. The Epistle of Paul to the Galatians. The Moffatt New Testament Commentary（《保羅達加拉太人書》，莫法特新約注釋）. New York: Harper and Brothers, [1934].

Dunn, James D. G. The Epistle to the Galatians. Black's New Testament Commentary（《保羅達加拉太人書》，巴力克新約注釋）. Peabody, Mass.: Hendrickson, 1993.

Findlay, G. G. The Epistle to the Galatians. The Expositor's Bible（《達加拉太人書》，評經者聖經）. New York: A. C. Armstrong and Son, 1902.

Fung, Ronald Y. K. The Epistle to the Galatians. The New International Commentary on the New Testament（馮蔭坤，《達加拉太人書》，新國際新約注釋）. Grand Rapids: Eerdmans, 1988.

George, Timothy. Galatians. The New American Commentary（《加拉太書》，新美國注釋）. Nashville: Broadman & Holman, 1994.

Guthrie, Donald. Galatians. New Century Bible Commentary（《加拉太書》，新世紀聖經注釋）. Grand Rapids: Eerdmans, 1974.

Hansen, G. Walter. Galatians. The IVP New Testament Commentary Series（《加拉太書》，IVP新約注釋叢書）. Downers Grove, Ill.: InterVarsity, 1994.

Hawthorne, Gerald F., and Ralph P. Martin, eds. Dictionary of Paul and His Letters（《保羅及其書信辭典》）. Downers Grove, Ill.: InterVarsity, 1993.

Hunter, Archibald M. The Letter of Paul to the Galatians, The Letter of Paul to the Ephesians, The Letter of Paul to the Philippians, The Letter of Paul to the Colossians. The Layman's Bible Commentary（《保羅達加拉太人書、保羅達以弗所人書、保羅達腓立比人書、保羅達歌羅西人書》，平信徒聖經注釋》）. Richmond, Vir.: John Knox, 1959.

Keener, Craig S. The IVP Bible Background Commentary: New Testament（《IVP聖經背景注

釋：新約》）. Downers Grove, Ill.: InterVarsity, 1993.

Kittel, Gerhard, and Gerhard Friedrich, eds. Theological Dictionary of the New Testament（《新約神學辭典》）, 10 vols. Grand Rapids: Eerdmans, 1964-1976.

Knight, George R. Exploring Hebrews. Hagerstown, Md.: Review and Herald, 2003.

Knight, George R. I Used to Be Perfect: A Study of Sin and Salvation（《我也曾是完美的》）, 2d ed. Berrien Springs, Mich.: Andrews University Press, 2001.

_____. My Gripe With God: A Study in Divine Justice and the Problem of the Cross（《我緊握神：神的公義與十字架間問題之研究》）. Washington, D.C.: Review and Herald, 1990.

_____. The Pharisee's Guide to Perfect Holiness: A Study of Sin and Salvation（《全然聖潔——法利賽人的指南：罪與救恩的研究》）. Boise, Ida.: Pacific Press, 1992.

Ladd, George Eldon. A Theology of the New Testament（《新約神學》）. Grand Rapids: Eerdmans, 1974.

Lenski, R. C. H. The Interpretation of St. Paul's Epistles to the Galatians, to the Ephesians, and to the Philippians（《聖徒保羅達加拉太人，以弗所人及腓立比人書之解釋》）. Minneapolis: Augsburg, 1961.

Lightfoot, J. B. The Epistle of St. Paul to the Galatians（《保羅達加拉太人書》）. Grand Rapids: Zondervan, n.d.

Longenecker, Richard N. Galatians. Word Biblical Commentary（《加拉太書》，見《聖經文字辭典》）. Dallas: Word, 1990.

Lührmann, Dieter. Galatians. O. C. Dean, Jr., trans. A Continental Commentary（《加拉太書》，美洲大陸注釋）. Minneapolis: Fortress, 1992.

Luther, Martin. A Commentary on St. Paul's Epistle to the Galatians（《聖徒保羅達加拉太人書注釋》）. Philip S. Watson, ed. London: James Clarke, 1953.

_____. Luther: Letters of Spiritual Counsel（《路德：屬靈勸勉書信》）. Theodore G. Tappert, ed. and trans. Philadelphia: Westminster, 1955.

McDonald, H. D. Freedom in Faith: A Commentary on Paul's Epistle to the Galatians（《信靠的自由：保羅達加拉太人書注釋》）. Old Tappan, N.J.: Fleming H. Revell, 1973.

McGrath, Alister E. Justification by Faith（《因信稱義》）. Grand Rapids: Zondervan, 1990.

McKnight, Scot. Galatians. The NIV Application Commentary（《加拉太書》，新國際英文譯本注釋）. Grand Rapids: Zondervan, 1995.

Morris, Leon. Galatians: Paul's Charter of Christian Freedom（《加拉太書：保羅的基督徒自由綱領》）. Downers Grove, Ill.: InterVarsity, 1996.

Nichol, Francis D., ed. The Seventh-day Adventist Bible Commentary, 7 vols（《基督復臨安息日會參考文庫·聖經注釋》）. Washington, D.C.: Review and Herald, 1953-1957, VI:929-990.

Ramsay, Wm. M. A Historical Commentary on St. Paul's Epistle to the Galatians（《聖徒保羅達加拉太人書之歷史注釋》）. Grand Rapids: Baker, 1979.

Rendall, Frederic. "The Epistle to the Galatians." In The Expositor's Greek Testament（〈加拉太人書〉，載於《評經者的希臘文聖經》）. Grand Rapids: Eerdmans, n.d., III:121-200.

Ridderbos, Herman N. The Epistle of Paul to the Churches of Galatia. The New International Commentary on the New Testament（《保羅致加拉太教會書》，新國際新約注釋）. Grand Rapids: Eerdmans, 1953.

Rogers, Cleon L., Jr. and Cleon L. Rogers III. The New Linguistic and Exegetical Key to the Greek New Testament（《希臘文新約全書：新語意與釋經研究》）. Grand Rapids: Zondervan, 1998.

Shanks, Hershel, and Ben Witherington III. The Brother of Jesus（《耶穌的兄弟》）. San Francisco: HarperSanFrancisco, 2003.

Stott, John R. W. The Message of Galatians: Only One Way. The Bible Speaks Today（《加拉太書的信息：只此一途》，聖經在今天說話）. Downers Grove, Ill.: InterVarsity, 1968.

Warfield, Benjamin Breckinridge. The Person and Work of Christ（《基督的工作與人》）. Philadelphia: Presbyterian and Reformed, 1950.

Williams, Sam K. Galatians, Abingdon New Testament Commentaries（《加拉太書》，亞比頓新約全書注釋）. Nashville: Abingdon, 1997.

Witherington, Ben, III. Grace in Galatia: A Commentary on St. Paul's Letter to the Galatians（《加拉太書中的恩典：聖徒保羅達加拉太人書注釋》）. Grand Rapids: Eerdmans, 1998.

Wuest, Kenneth S. Wuest's Word Studies From the Greek New Testament, 4 vols（《胡斯切希臘文新約全書經文字研究》）. Grand Rapids: Eerdmans, 1998.

Ziesler, John. The Epistle to the Galatians. Epworth Commentaries（《加拉太書》，埃普沃斯注釋）. London: Epworth, 1992.

中文書目

喬治・賴特，《探索希伯來書》，台北：時兆出版社，2009年。
————，《羅馬書之旅》，台北：時兆出版社，2004年。
懷愛倫，《使徒行述》，台北：時兆出版社，1969年。
———，《歷代願望》，台北：時兆出版社，2006年修訂版。
———，《教育論》，台北：時兆出版社，1988年。
時兆出版社編譯，《讚美詩》，台北：時兆出版社，2003年

「你當竭力在上帝面前得蒙喜悅，
作無愧的工人，按著正意分解真理的道。」 提摩太後書2：15

第一編 引言：基督徒
的自由受威脅

（加1：1—10）

Exploring
Galatians
& Ephesians

救人的福音

加1：1—5

> ¹作使徒的保羅（不是由於人，也不是藉著人，乃是藉著耶穌基督，與叫他從死裏復活的父上帝），²和一切與我同在的眾弟兄，寫信給加拉太的各教會。³願恩惠、平安從父上帝與我們的主耶穌基督歸與你們！⁴基督照我們父上帝的旨意，為我們的罪捨己，要救我們脫離這罪惡的世代。⁵但願榮耀歸於上帝，直到永永遠遠。阿們！

加拉太書的引言完全不是一般的問候語。它反而倒是較像保羅在這封信的六章經文中接連發出的諸多加農炮火，它是當中的第一響大炮。

使徒沒有在他的問候語中顧左右而言他，他沒有像在羅1：8，林前1：4或者他大多數的使徒書信般，對他讀者的美德表示讚賞。恰恰相反，他直接切入即將要討論的重要議題——他的權柄和他的福音。第1和第2節論及他的權柄；第3和第4節則是提及他的福音。

保羅在信中的第一句話就申明他的使徒職分，事非偶然。他的使徒權柄受到挑戰，因為他使徒之名，很明顯地被一些入侵加拉太教會的假教師所否定，他們毫不猶疑地指出，保羅肯定不是

耶穌親自任命的十二位門徒之一。此外，他還曾經殘害早期的基督徒。說得坦白一點，即使才德過人，保羅的權威還是比耶路撒冷的使徒小，因此大大地支持他的教導是錯誤的。

在信中的第1節，保羅就開門見山地指控他的要害。他斷言他是名符其實的使徒，由復活的耶穌親自所按立。保羅在此指的是他往大馬士革的路上，他受到主的指示（參見徒9：1-22）。

保羅在加1：1形容耶穌是從死裏復活的一位，這樣說並非偶然，因為正是復活的耶穌親自指示他所當作的事。還有，被一致公認為真使徒的標記之一，就是他們必須有能力為耶穌的復活作見證（徒1：22）。自從經歷過往大馬士革的路上這事之後，保羅就擁有此項特質。正如他在哥林多前書第15章說，當耶穌向使徒和其他人顯現之後，「末了，也顯給我看；我如同未到產期而生的人」（5-8節）。

使徒這字的希臘文ἀπόστολος，在英文中則為apostle，意指被差遣的人。在猶太人的世界，這人是指一位特使，他有獨一無二的地位，去執行比他更有權柄之人差派給他的任務。因此，科爾（R. A. Cole）寫道：「一個猶太使徒一般受一個群體差派（可能是猶太公會），必是從大祭司或者某些相類似的高級官員領命。保羅在往大馬士革的旅路上之時所持的使者身分，就屬於此類（徒9：2）」（Cole, p. 31）。可是現在他的使徒身分已經不同了，他毫不妥協地堅持，他的受任不是別人，而是來自耶穌基督，而祂正是上帝從死裏復活的一位（加1：1）。

我們要問：為什麼保羅感到有需要重申他的使徒身分，又如此積極地的為這身分辯護？斯托得質問：「他是否是因個人虛榮心作祟所致而自我誇口呢？不是。是否有人膽敢挑戰他的權柄竟自惱怒呢？不是。是因為他所傳的福音正處於危急存亡的狀態。

倘若保羅不是耶穌基督的使徒，人們就——毋庸置疑地——必會拒絕他的福音。這正是他不能忍受的，因為保羅所傳的，正是以基督的權柄為本的基督信息，故此他捍衛他的使徒權柄，就是為了捍衛他的信息」（Stott, pp. 14, 15）。

他先在第1節為他的使徒職分作辯，之後在第2和第3節向加拉太的各教會發出一貫的恩惠和平安的祝福語。這兩個祝福語都是典型的保羅式用語，也都是意義豐富的詞彙。**恩惠**（charis）指充滿喜樂（Kittel, vol. 9, p. 360）。作為基督徒，沒有任何事情比神在基督裏為我們所作的帶來更大的喜樂。

「平安」這詞跟主透過耶穌的生命、死亡和祂天上的職任，為基督徒所行的是有直接關係的。這詞對保羅非常重要，他教導說，眾人都活在不守律法所受之刑罰的咒詛之下，但「基督」既在髑髏地上捨己「就為我們受了咒詛，贖出我們脫離律法的咒詛。」（加3：10－13，RSV中譯；比較羅6：23；3：21－25）。對使徒來說，因信接受基督的犧牲，便同時能得稱為義也與上帝相和了（羅5：1）。凡接受基督的都是「藉著上帝兒子的死，得與神和好」（5：10），他們不再是上帝的仇敵，反倒與祂和好（第10節），推而廣之，更與其他人和他們自己和好。保羅經常在他的問安語中把恩惠和平安一併使用，這並非偶然，因為這兩個詞都是福音的精髓所在。

這福音就在加1：4出現，保羅這樣寫：「基督照我們父上帝的旨意，為我們的罪捨己，要救我們脫離這罪惡的世代」。路德（Martin Luther）認為：「這些文字正是從天而來的隆隆雷聲，要斥責所有『自以為』義的人；又像約翰所寫的這行句子：『看哪，上帝的羔羊，除去世人罪孽的。』」（Luther, Commentary, p. 47）。

保羅福音的中心思想是，耶穌「為我們的罪捨己」，好叫我

們得救。救贖不是我們行為的結果，而是祂作工的結果；也不是作為人類的我們所作的偉大事情，諸如獻祭給上帝來取悅祂。救贖是耶穌承擔了我們的罪，在髑髏地的木頭上取代了我們的位置，以及祂為我們所行的（加3：13）。在這裏我們擁有保羅福音的核心所在。他這樣寫信給哥林多人：「這福音……就是基督照聖經所說，為我們的罪死了，而且埋葬了；……第三天復活了」（林前15：1–4）。

　　福音的根基就是，救恩是靠賴神在基督裏為我們所作的，而不是我們必須為祂所作的。入侵加拉太教會的假教師如今就是要挑戰這一教導。

　　戰書已經下了，而保羅也來接戰。他們質疑他的使徒權柄，以此來敗壞他所傳的福音。而保羅則為他的使徒職分辯護，證明他所體悟的福音是正確的。在他寫給加拉太人的信中，他會強力攻擊，直至對手無反擊之餘地。

　　在這樣做的過程中，保羅在加1：4為我們提供了如布魯斯（F. F. Bruce）所認為「這段經文可能是新約中，有關基督死亡之重要性的一段最早的手寫文字稿」（Bruce, p. 77）。當中的重要性在於，經文不僅把基督的死亡跟赦免祂子民的罪二者建立起關係，還跟拯救他們「脫離這罪惡的世代」建立了關係。猶太人相信歷史分成兩個世代：現今世代與未來世代，早期基督徒採用了這個觀念。故此，對保羅而言，基督徒從某一種意義上已經被救了，上帝已經拯救他們脫離「這罪惡的世代」之束縛，科爾因而認為：「正因為基督的死亡，已把基督徒從撒但的權勢之下轉移到上帝的權勢之下。故此，雖然信徒仍活在這世上，但他也已享受來世的生命」（Cole, p. 35）。

　　如果是這樣，則「基督徒就不應受制於身邊別人的思想與

生活方式了。基督是為了救他們脫離這些束縛而死的」（Morris, p. 37）。

當我們研究加拉太書，我們將會發現保羅的福音是一種徹底改變的福音。它不僅詳細說明救贖是藉恩典，而不靠行律法，還在第5和第6章點出因為救贖所表現出來不凡的倫常之為，也就是把今世之道（肉體）和來世之道（聖靈）置於互相對比的地位。根據保羅所說，上帝的子民已經藉著因信稱義脫離了罪債（加2：16），又藉著聖靈的工作脫離了罪的權勢（5：22；3：3、5）。在那個情況之下，他們存心忍耐等候耶穌從天駕雲降臨，拯救他們脫離罪惡，以完成救贖大工。

02 教會內的攪擾者

加1：6—9

> ⁶ 我希奇你們這麼快離開那藉著基督之恩召你們的，去從別的福音。⁷ 那並不是福音，不過有些人攪擾你們，要把基督的福音更改了。⁸ 但無論是我們，是天上來的使者，若傳福音給你們，與我們所傳給你們的不同，他就應當被咒詛。⁹ 我們已經說了，現在又說，若有人傳福音給你們，與你們所領受的不同，他就應當被咒詛。

這是多麼令人難受的一段話！我就不想收到有這種話的信。

許多論者都注意到加拉太書和保羅其他書信的一個主要分別。舉例而言，他在每一封信的問安語之後，都會稱讚他的讀者，為他們代禱，或者稱謝上帝。即使在一些他最終會以嚴詞屬語提出警告與斥責的信，他總是先說正面的話，之後才說那些警語。故此，儘管帖撒羅尼迦教會有許多問題，他還是先對他們信心的增長寫下讚譽之詞（帖前1：2－4；帖後1：3、4）。即使寫給問題一大堆的哥林多教會的信，保羅很快就單刀直入，跳到造成黨派分爭的問題，但在信的開頭，還是有寥寥幾句，為他們在基督裏擁有諸多的屬靈恩賜，與不錯的整體行為表現而感恩的話（林前1：4－9）。

　　他給加拉太人的問安語就不同了。「信的開頭不是讚揚的話，而是爆發出意想不到的忿怒。……重甸甸壓抑在他心靈的東西，讓使徒一刻都藏不住」（Duncan, p. 15）。菲特拉（G. G. Findlay）寫道：「這些文字的目的在於讓三心二意的加拉太人驚醒。它們就像一盞明燈，給站在懸崖邊上的人照亮他的位置」（Findlay, p. 35）。

　　然則，要驚醒他們明白的，到底是什麼呢？這就是第6至9節的主題。保羅開宗明義就說，他「希奇」在他們當中正在發生的變化。「希奇」這詞一般含有令人驚訝的意思，但保羅在這裏卻有「惱怒」和「非難」的含意（Rogers, p. 421）。貝茲（Hans Betz）注意到，保羅使用了一種「法庭式和政治式辯證的修辭方法」，當中透露出「對反對他的人所作的和即將要作的事，提出充滿忿怒的答辯」（Betz, p. 47）。

　　加拉太的信徒們做了令他坐立難安的事情，是因為他們離開恩典的福音，去從別的福音（1：6）。保羅所用的「離開……去從」的字眼，也可用來形容變節或者投降的士兵，或是在政治上和哲學上改變立場的人，或是改信別的宗教的人，這是同樣的說法。按照加1：6的上下文，就是指丟棄唯一能拯救他們的（上帝在基督裏的恩典），轉而歸向別的拯救方法。

　　保羅的福音——他曾傳給加拉太人，亦在別處傳講的——是「上帝恩惠的福音」（徒20：24）。這福音宣揚：「你們得救是本乎恩，也因著信。這並不是出於自己，乃是上帝所賜的；也不是出於行為，免得有人自誇」（弗2：8、9；比較加2：16）。他的福音宣告：「凡有血氣的，沒有一個因行律法能在上帝面前稱義」（羅3：20），而世人「如今卻蒙上帝的恩典，因基督耶穌的救贖，就白白的稱義。上帝設立耶穌作挽回祭，是憑著耶穌的血，藉著人的信，要顯明上帝的義」（羅3：24、25）。最重要的是，保羅的福音

教導我們，耶穌藉著承擔了我們的罪，和在髑髏地的木頭上為我們成了咒詛（加3：13），如此一來，祂就完成了全備的救恩。

那在加拉太傳講的「別的福音」其實完全不是福音，反倒曲解了那唯一的福音，那麼所謂「別的福音」究竟是什麼？顯然是跟外邦信徒要接受割禮和遵行摩西律法，才與亞伯拉罕之約以及成為上帝的子民有關（6：12；5：11；3：29、16-18；4：21-31）。傳講這「別的福音」的人，不用懷疑就是教導外邦人說「你們若不按摩西的規條受割禮，不能得救」的這些人。結果造成一種局面，是未幾即引發了召開耶路撒冷大會，會上保羅和巴拿巴會見耶路撒冷教會的領袖。在那次重要的會議上，教會全體將會正式摒棄這些猶太教徒的「別的福音」（參見使徒行傳第15章）。可是現在保羅必須對付在加拉太曲解福音的人。

他真正的難題是，這些人表面看來都是良善的基督徒領袖。事實上，他對這些猶太教徒的陳詞，可能會令加拉太教會的教友震驚。科爾指出，畢竟「他們當然是在傳講人得透過基督才能得救。而就我們所知，必須相信耶穌是彌賽亞和救主這事，他們從未否認」（Cole, p. 39）。保羅怎麼可以說他們有別的福音呢？如果「除了遵守耶路撒冷大多數教堂所遵行的習俗之外，猶太教徒很可能再沒有遵行別的習俗，而保羅當然也從來沒有指責雅各或約翰或者彼得傳『別的福音』」（Cole, p. 39），那麼這就是一個特別中肯的問題了：為何保羅特別針對這一群猶太人／基督徒教師不滿？

答案也是一樣：因為猶太教徒教導外邦信徒，單憑信心接受基督，並不足以使他們稱義，作為外邦人，倘若他們希望與上帝立約的子民有份，他們就必須受割禮，遵守猶太律法。保羅所對抗的是他們的教導，他們教導人只傳基督不足以使人得救，在基

督之外還要加上行為。

傅沙（Charles Cousar）問：「可是，這個議題真的那麼嚴重嗎？他們又不是提倡賣淫是神聖的，或者受天命起來煽動百姓反對羅馬政權，或者其他比割禮更具破壞力的東西，感謝上帝豈不是明智之舉嗎？畢竟，割禮是與亞伯拉罕有關的禮儀，它有舊約作先例（參見創17：9－14）。但是對於保羅，這卻是一件刻不容緩的議題。添加的教導一旦被確立，就會否定福音的本質。看似無關痛癢的添加，結果就導致整體上的矛盾」（Cousar, p. 20）。

對保羅來說，在上帝白白恩典的福音之上，任何添油加醋都令福音不再是福音，而變成被更改了的福音（加1：7）。被翻譯成「更改」的這詞，也可以解作「顛倒」，這個解釋讓我們明白，假教師不僅只是更改福音而已，他們顛倒了福音，改動了它本來所有的使命。傳講這樣一種教義，就是讓基督教信息的核心被腐蝕掉，因為保羅會在稍後說：「義若是藉著律法得的，基督就是徒然死了」（加2：21）。簡單而言，在恩典之上再加上任何東西作為上帝使人稱義的方法，就是摧毀恩典本身的意義。他的觀點是，上帝在基督裏的稱義不是神人之間的一場討價還價，而是一項恩賜。因此，猶太教徒表面上添枝加葉，實際上是否定了全部福音的信息。

教會最大的敵人

「假教師有兩個主要特點，他們攪擾教會，又更改福音，兩者相輔相承。篡改福音往往就是攪擾教會。你不可能損害福音而讓教會絲毫無損，因為教會是倚靠福音而設立存在的。的確，教會最大的攪擾者（現在的和那時的）不是反對、嘲笑和逼迫這福音的外人，而是意圖改變福音的教會中人」（Stott, p. 23）。

上面的道理同樣適用在今天。我們總會在教會中遇到一些想在信心之外再加上行為的「好人」。另外又有一些人會減去福音的代贖功效（3：13）。對於此等人，使徒保羅的義憤之槍瞄準他們連珠炮發。他不容許任何對福音的改動，不管是增加還是減少。他力言，如此準確的福音信息決定了誰是真誠可靠的基督徒教師。要是他們沒有正確的福音，即使是「天上來的使者」（1：8），又或者可能是最感動人心的傳道者，他們的權威與信息都不是從上帝來的。

　　要用信息去驗證傳道者的真偽，而不是由傳道者去鑒別信息的對錯。保羅認為，凡聲稱有從上帝而來的信息者，都要接受正確的恩典福音之測試，在他看來，要是他們出錯，那麼他們就不僅僅是一個習染了小許毛病的好人了；反之，他們是基督教核心信仰的危險人物，用最善良、最虔敬的心做「基督最壞的敵人」（Findlay, p. 46）。

　　使徒把他最強硬的話保留給這類教師。在第8和第9節他兩次說：「他就應當被咒詛」！「咒詛」的希臘文是anathema，一位希臘文專家稱「『**願他被判下地獄！**』最能捕捉原文的強烈神韻」（Arichea, p. 14）。

　　菲特拉指出：「解經家讀完保羅對其對手作出這樣子的咒詛，無不為之震驚，他們於是嘗試減輕這句子的份量。有時候這句話的語氣被低調化，解作逐出教會或者是教會的一項譴責舉動。可是這解釋並不成立。」相反，保羅的咒詛是「預料到犯罪者將被排除於恩約之外，他們最後不得救贖」（Findlay, pp. 43, 44）。

　　保羅原本可以不使用強烈的字眼。加拉太的異端邪說是十分危險的，因為它們使基督的榮耀與靈魂得救同時受到威脅。對他來說，沒有比靠恩因信稱義而非因律法之功稱義的福音信息更重

要。使徒只認定一個福音，一條引向上帝的道路。任何「好」教友所傳的另類神學，在他眼中都是被**咒詛**的。

脫離奴僕的轄制

加1：10

> [10] 我現在是要得人的心呢？還是要得上帝的心呢？我豈是討人的喜歡嗎？若仍舊討人的喜歡，我就不是基督的僕人了。

有人認為第10節是加1：11－2：14這段長長的自述部分的開始經節，又有人認為這節經文是本書信序言（1－9節）的結語。最好是把這兩種看法綜合之，則可視第10節為一節接駁經文，因為它將引言和之後的經文銜接起來。

一位譯者把第10節的第一個疑問句翻譯為：「聽起來，好像是我想贏得人的認同嗎？」（Arichea, p. 15）。答案肯定是「不」。但正如倫斯基（R. C. H. Lenski）說，第10節的「一連串疑問，彷彿一道曙光，清楚地照明猶太教徒為了破壞保羅和他的福音而提出的控訴，他們控告保羅藉著降低福音原本嚴格的律法要求，純粹是為達到奉承外邦人的目的，也改變福音來迎合他們的口味，好藉此得到他們的認同。他野心勃勃去建立教會和贏取大批跟從者，不惜閹割了福音最重要的部分。猶太教徒來到加拉太的目的，就是要重新恢復福音的真正內容。保羅那自由的福音是對外邦人不願接受猶太律法的無恥妥協。當然啦，猶太教徒也傳基督，只不過是完全在律法的基礎上傳講，失去這個基礎外邦人就不能得

救！」（Lenski, p. 43）。

　　這就是隱藏在第10節背後的指控，「我現在是要得人的心呢？還是要得上帝的心呢？我豈是討人的喜歡嗎？」

　　可能，在誹謗保羅的人看來，他似乎是試圖討好人心，畢竟，他的哲學豈不說明，他願意「向什麼樣的人，我就作什麼樣的人」嗎（林前9：22）？他們含沙射影的指控有一部分可能是指，當他與猶太人在一起時，他為了站在他們這一邊而教導行割禮和守律法是必要的。例如，保羅豈不是「因那些地方的猶太人」而曾經替父親是希臘人的提摩太行割禮嗎（徒16：3）？可是當他教導外邦人時——照他們的指控說——他為了奉承他們，就傳講無需接受割禮和與之相關的猶太人之教訓。

　　如此指控暗示保羅不是一位上帝真正的僕人，他倒更像是一個教會政客，他在玩弄數字遊戲，藉以不斷擴張他的影響力。為求達到目的，他企圖令宗教變得容易遵行，而這論調又相當吻合法利賽派猶太人反對他的立場（徒15：1、5）。畢竟，一般成年男子不會乖乖的行割禮，正因如此，割禮就成了凡希望加入亞伯拉罕之約的人的一個既可靠又客觀的測試。可是偏偏有這個保羅，一心想當個受人歡迎的傳福音之人，又想讓他的教會坐得滿滿的，於是他竟忽視自亞伯拉罕以來上帝與祂的子民立約的基本記號（參見創17：10）。

　　保羅以他在加1：10的反詰疑問句，迎接這一切指控與暗示，他給他們的答案是明顯的：怎會有人以第9節的咒詛來對付他一心想取悅的人呢？同一道理也可見於本書信的其他地方。例如，一個想討眾人喜歡的人，會以被「迷惑」之「無知的加拉太人」來稱呼這些讀者嗎（加3：1）？

　　事實上，猶太教徒才是那些想討眾人歡喜的人。就像對著他

們在耶路撒冷老家的聽眾般，他們把自己表現的像那些擁有「真理」的人，藉此好把保羅所強調之恩典和信心的無聊道理比下去。對於某一類希望謹守他們視為正確的舊道理的基督徒而言，這些人就是英雄。

那些為了尋求別的教友之稱許的猶太教徒，才是令宗教簡單化的人，巴克萊指出：「原因在於，要是宗教是在於受割禮以及遵行一大堆規則制度，那麼至少在理論上，要符合其要求是可能的。但觀乎保羅所說——他高舉十字架，他說——『上帝就像那樣愛你』，宗教就不是為了滿足律法的要求這麼一回事了，而是嘗試一盡愛心的責任。一個人能夠滿足律法的要求，因為這些要求有嚴格和法令的限制；一個人卻永不可能滿足愛的要求」（Barclay, p. 10）。

換句話說，要控制食慾和壞習慣是可能的，但要不時愛你的仇敵，又要為那些出於惡意利用我們的人恆常地代禱（參閱太5：43、44；加5：14、22－24），卻完全是另一回事。每個世代的法利賽人，其可悲的矛盾之一是，他們提高了行為的標準，實際上卻降低了上帝愛之律法的要求。這樣看來，每一代的教會都面對比魔鬼更卑劣的守安息日之人，甚至素食者。這種教友有律法和章則及規矩，卻忽視了律法的基本原則（加5：14；太22：37－40；羅13：8－10）。我們永不可忘記，正是那些嚴守律法的人把耶穌釘在十字架上，因為祂沒有按照他們的期望去高舉安息日（太12：9－14；可2：23－3：6）。

宗教史上其中一個可悲的事實是，正是那些強調某種宗教服從性的人，才是想討人喜歡的人，因為即使有宗教信仰，人總還是有一些驕傲的試探。這是為何保羅在弗2：8、9那句偉大的名言「得救是本乎恩，也因著信」之後，還要加上「既然不是靠行為，你們就沒有什麼好誇口的」。人們愛誇口宗教成就，但在十

字架的影子下，在上帝救贖之恩典裏，除了基督的十字架，我們再找不到可誇口的（羅4：2）。這種反對法利賽人精神的理念，那是於每一世代和每一所教會中的「宗教」菁英分子大行其道的一種精神。

這思維引我們回到保羅那句說得相當坦率的話：「若**仍舊**討人的喜歡，我就不是基督的奴僕了」（加1：10）。「仍舊」這詞特別引人注意，它暗示確曾有一段時間，他是以討人的喜歡為目標。喬治亞（Timothy George）寫道：「在歸信基督之前，保羅正朝著猶太拉比（Ribbinic）註1系統中的最高階級，平步青雲直上。他整個事業，包括他對基督徒的迫害，不僅是為了使他在上帝的面前稱義，更為了奉承那些權力份子，好叫他個人的事業有更好的發展。但是這種自私自利、趨炎附勢的努力，都在大數的掃羅與拿撒勒的耶穌在大馬色相遇之後完全粉碎」（George, p. 100）。

新約由始至終清楚指出，事奉基督與討人喜歡，兩者互相對立而非彼此相容：「**若仍舊**討人的喜歡，我就不是基督的僕人了」。非此即彼。耶穌說：「一個人不能事奉兩個主；」（太6：24）。按照定義，一個羅馬人的奴僕只能有一個主人。保羅知道誰是他之前的主人（得人的稱許），而對於他的新主人——耶穌基督——他心無二意。他已經歷了每一個基督徒都必須經歷的同一種悔改信主體驗。作基督徒就是作基督的奴僕。

很多現代譯者希望把「奴僕」一詞以比較柔和的語氣表達出來，於是將之翻譯為「僕人」。但希臘文doulos本來的意思是「奴僕」。保羅告訴我們，他不是為了工錢才替基督工作的雇工，而是完全屬於祂的一個奴僕。

在一封強調自由的書信中，居然還說自己是基督的奴僕，看來有點奇怪。例如，他在加4：9和5：1力勸他的讀者不要回到奴

僕的軛裏去。若我們追溯當中的論證邏輯，保羅所指的意思其實相當清晰。布爾（Ragnar Bring）主張：「不可將真正的自由用作放縱肉體的機會，倒要用真自由以愛心互相服事（5：13）。作基督的僕人和以愛心服事就是自由，真真正正從為奴之中得釋放（以自我、肉體、錯用律法來取代『為奴』這字）……我們可以吊詭地說，保羅所指作基督的奴僕，其實並不是作僕人，而是全然委身於一種能力，這能力使人得到最大程度的自由。至於放棄基督所得到的自由，實際上是被一切奴役生命的權勢轄制。作基督的奴僕因而可比作人被領養作兒子，全然委身於基督可比作一個成年之子可以領取產業，因此也就意味了完全的自由（比較4：1下半段）」（Bring, p.36）。在基督裏的自由，就是人從定罪的律法中釋放出來，好叫基督徒在愛之律法的精神裏，自由自在地服事上帝，服事人（加5：13－15）。

註1：猶太拉比指猶太人的老師。

「你當竭力在上帝面前得蒙喜悅，

　作無愧的工人，按著正意分解真理的道。」提摩太後書2：15

第二編 歷史：
保羅的使徒權柄——
傳自由的使徒
（加1：11—2：21）

Exploring
Galatians
& Ephesians

蒙上帝選召

加1：11—16上半段

> [11] 弟兄們，我告訴你們，我素來所傳的福音，不是出於人的意思。 [12] 因為我不是從人領受的，也不是人教導我的，乃是從耶穌基督啟示來的。 [13] 你們聽見我從前在猶太教中所行的事，怎樣極力逼迫殘害上帝的教會。 [14] 我又在猶太教中，比我本國許多同歲的人更有長進，為我祖宗的遺傳更加熱心。 [15] 然而，那把我從母腹裏分別出來，又施恩召我的上帝， [16] 既然樂意將他兒子啟示在我心裏，叫我把他傳在外邦人中。

你曾受過不公平的指控嗎？你的動機曾被人攻擊，或者你的誠信曾受到質疑嗎？這些指控的破壞力可以相當大，特別是當你為了幫助別人而甘心樂意，又竭盡所能付出時間來傳講真理的時候。那些曾有過同類經驗的人，現在就能夠慢慢體會使徒保羅的感受。因為保羅知道，不光是他的為人，就連他極為珍視的信息，其正當性也一併受到挑戰。

他以一段自傳式的辯護作出有力的回應，希望藉此為他自己——而更重要者——為他的福音信息作出澄清。從加拉太書第1章的開頭直至1：10為止，保羅只一次提到自己，在第1節他介紹自己是基督的一位使徒。然而從第10節一直至加2：14，他述說

一段從悔改信耶穌到寫作本書信為止的個人經驗，作為駁斥別人對他的錯誤指控與影射。

保羅並不認為他與對手之間只是發生了些微的意見分歧而已。那是生死攸關的事情，不容許中間路線。猶太教徒正在傳講錯誤的信息，無論怎樣想，那信息根本就不是福音。保羅甚至斷言，他的福音不僅是正確的福音，更是**獨一無二**的福音，信徒必須根據他的福音來判斷別的所謂福音。

這驚人的要求不禁令人追問，保羅福音的根源何在？它是從哪裏來的？是他想入非非空想出來的嗎？或者，是他從耶路撒冷的使徒那裏得來的，然後將之改頭換面（歪曲了內容，一如猶太教徒指控保羅的立場）？

在第11和12節，他宣告他的福音是直接從上帝而來的，這是在第1節已經出現過的同一個論點，當中言明他的使徒職分是直接源於上帝和基督。他作出聲明時毫不遲疑，也無需謙遜。正如斯托得指出，他的福音並不是「因為由他捏造出來而成為了『他的福音』，而是因為那是獨獨啟示給他的福音」。事實上，「他所提出的信息不是他的，而是上帝的，……他所傳講的福音不是他的，而是上帝的」（Stott, p. 30）。

可是這個聲明需要有證據支持。他的第13節所說的改變，就是為了完成舉證的任務。作為第一項論據，他指出他生命中的改變是一個無可辯駁的證據。在記錄上而言，他是早期基督教會公開的敵人，沒有人會比保羅更暴力和更執拗。他自己承認「極力逼迫、殘害上帝的教會」（加1：13）。「殘害」是用來形容大肆洗劫一個城市的同一個詞，我翻譯為英文intensely（中譯「極力」）的這字，則分別可被譯為「violently（RSV，暴虐地）」、「savagely（NEB，殘酷地）」、「furiously（Moffatt，猛烈地）」、和「without mercy（毫無

憐憫）」（Arichea, p. 18）。這字有「相當極端、難以估量、徹底」的含意（Danker, p. 1032）。

使徒行傳補充了保羅的自述，路加寫下：「掃羅進行摧殘教會的工作；他挨家挨戶搜捕男女信徒，把他們關進牢裏[註1]」（徒8：3）。在當權者要把他們判處死刑時，路加記載保羅也投以贊成一票（徒26：10）。使徒保羅絕不是一位做事情不認真的人。

可是我們要問：為什麼他那麼痛恨教會？值得注意的是，他對教會的敵意很可能是由於耶穌的被釘，馮蔭坤寫道：「對保羅和任一個猶太人而言，一位被釘的彌賽亞[基督]，不單貶損他們在民族上與政治上對彌賽亞的期望，那更加是『無法理解的荒謬』，因為彌賽亞幾乎已經被界定為得到上帝獨有的恩寵（參閱賽11：2）。然而按照律法，一個被掛在木頭上的人，卻是被上帝咒詛的（申21：23）……保羅必定是從十字架中，找到徹底駁倒耶穌是彌賽亞的證據……被釘在十字架這事，馬上使人無需再嚴肅考慮耶穌的彌賽亞身分問題……至於[基督徒]進一步聲稱祂已經復活，那就只能被看作是可恥的欺騙」（Fung, p. 59）。

無怪乎未信主的保羅，想剷除這個新興的宗教群體。在他的心中，他們不折不扣是一幫騙人又危險的異端。

可是，如今他卻願意為了他之前曾經想毀滅的信息，付上生命去傳佈，為什麼？保羅論證，他的改變必定包含了一個充分的理由。

他在加1：16—17交代這個理由。他先在第14節向我們第二次略述了他的過去，說：「我又在猶太教中，比本國許多同歲的人更有長進，為我祖宗的遺傳更加熱心。」說得明白一點，「**他曾經是維護律法的狂熱分子**。律法曾經是他的全部，曾經是他鑽研的對象，曾經是他一生勉力遵行的。」可是，「**恩典**卻成為了

他現今生命的唯一主宰」（Barclay, p. 12）。

我們再一次要讚嘆這種生命的轉變。曾經為了十字架、復活、恩典而摧殘別人的一個人，如今卻發現了這三種觀念竟成為了他生命的中心。

把這種轉變突顯出來的，是第15節的「**然而**」。這詞把保羅的行動從以往他的所作所為（注意13、14節的「我……逼迫殘害……，……」我……更有長進，……我……更加熱心），轉移到第15至16節，上帝為他所做的。在這兩節經文中，上帝：

1. 把他從母腹裏分別出來，

2. 施恩召他，

3. 將他兒子啟示在他心裏。

只有上帝才能改變心思堅定的大數掃羅。當上帝這樣行，不僅一個人被改變，連基督教的教會歷史都被改變。

在保羅的心目中，他的蒙召不是上帝一時偶然興起的行動；相反，那是上帝早已計畫要把保羅無盡的熱心和精力轉移到外邦人的事工上。不過，當使徒稱上帝把他從母腹裏分別出來，又施恩召他，他並非僅在談論自己，更重要的是他把這呼召植基在舊約中一連串許多先知上，例如像耶利米談到上帝呼召他時說：「我未將你造在腹中，我已曉得你；你未出母胎，我已分別你為聖；我已派你作列國的先知」（耶1：5；比較賽49：5、6）。

我們必須說明，耶利米所用「列國」一詞，其舊約之希臘文譯本的翻譯與保羅在加1：16論到他被召時所用「外邦人」一詞相同。耶利米（和以賽亞）的呼召與保羅談到他的蒙召，這兩者有著性質上的相同之處，這表示他意識到他的使徒選召，正好反映出上帝也在舊約時這樣選召僕人。

兩個上帝的呼召，顯示上帝委派之權能的連貫性	
耶利米 「我未將你造在腹中，我已曉得你；你未出母胎，我已分別你為聖；我已派你作列國的先知」（耶1：5）	保羅 「那把我從母腹裏分別出來，又施恩召我的上帝，既然樂意將他兒子啟示在我心裏，叫我把他傳在外邦人〔即列國〕中」（加1：15－16）

　　如前文所述，保羅蒙上帝呼召去服事——「叫我把他傳在外邦人中」（加1：16）。在此我們學到重要的一課：就像保羅一樣，我們每位信主的基督徒都是蒙召，以不同的形式服事傳講基督。傅沙指出：「保羅的悔改信耶穌與被差去傳福音，兩者不是互不相干的事，它們是同一件事。僅僅使用一句從屬子句（subordinate clause），保羅就道盡了上帝揀選他、呼召他、向他啟示祂的兒子、又差他到外邦人中間」。傅沙繼續寫道，從「保羅如何把悔改信主與被差，這二者結合為一件事，知曉信心之特質」，作為二十一世紀的基督徒，我們可以從中有所學習。事實上，我們沒有人只為了被服事而得救才蒙召去作基督徒。相反，每位基督徒的蒙召得救，還有蒙召以某種形式去服事他人，兩件事情是同時發生的。從聖經的角度看，並沒有不被差遣的基督徒（參見Cousar, pp. 33－35）。

　　故此，新約所講的信徒之祭司職分，就不僅表示我們無需藉著人間祭司的代求才能來到上帝的寶座前（來4：16），這也意謂，我們有上帝所賜的祭司功能好為別人服務。在這意義上，每位基督徒都是代表上帝去服事人的牧者或者僕人。就像保羅一樣，每位基督徒都要向列國傳揚福音。

註1：此段經文之英文譯本為修訂標準版譯本，譯者逕自將英文翻譯為中文，而未採用和合本。

05 不是由教會教導的信息

加1：16下半段—2：1上半段

¹⁶ 我就沒有與屬血氣的人商量，¹⁷ 也沒有上耶路撒冷去，見那些比我先作使徒的；惟獨往阿拉伯去，後又回到大馬色。¹⁸ 過了三年，才上耶路撒冷去見磯法，和他同住了十五天。¹⁹ 至於別的使徒，除了主的兄弟雅各，我都沒有看見。²⁰ 我寫給你們的不是謊話，這是我在上帝面前說的。²¹ 以後我到了敘利亞和基利家境內。²² 那時，猶太信基督的各教會都沒有見過我的面。²³ 不過聽說，那從前逼迫我們的，現在傳揚他原先所殘害的真道。²⁴ 他們就為我的緣故，歸榮耀給上帝。¹ 過了十四年，我同巴拿巴又上耶路撒冷去，

來自猶太的教師質疑保羅在加拉太傳福音的權柄，以及他信息的正確性，他們的主要攻擊點是，「他述說的是二手福音，這福音起先是得自耶路撒冷使徒的，之後在未知會使徒，又未獲准許之下，保羅將之改弦易轍，丟棄那福音本有的」（George, p. 126）。

前文已經提過，保羅聲明他的信息（加1：11、12）與他的蒙召（1：1），都是直接從上帝而來。可是聲明是一回事，提證又是另一回事。他提出兩點論據，來說明他的信息和他的蒙召起先是來自神的。首先在第13至16節，他論證他直接受任於上帝，是因為他的生命從根本上已體驗到轉變。然後在加1：16－2：1，他以

他的個人經歷為焦點，以此表示他沒有足夠的時間去接受其他使徒的教導。

保羅說他「沒有與屬血氣的人商量」，即他沒有和任何人商量（1：16），這是他第二個論點的基礎。接著他以下面方格內的證據來支持此項聲明：

保羅在加1：16 — 2：1的論證邏輯

1. 前提：他所傳講的福音不是得自耶路撒冷的使徒。

2. 首先：他往阿拉伯去，之後又回到大馬色（第17節）。

3. 之後：過了三年，他上耶路撒冷，但只在那裏逗留了十五天（第18-20節）。

4. 接著：他到了敘利亞和基利家境內（第21節）。

5. 然後：過了十四年，他再上耶路撒冷（2：1）。

6. 所以：他沒有一段很長的空檔期得以留在耶路撒冷，好讓使徒向他傳授福音。

7. 因此：敵對者的論點言不成理。他的信息乃是直接從上帝而來。

使徒行傳告訴我們，保羅在路上遇見基督之後，他隨即在大馬色的會堂傳講耶穌，宣告「祂是上帝的兒子」，「凡聽見的人都驚奇」（9：20、21）。故此，他突如其來的悔改信主，至少讓保羅稱復活的耶穌為他的主，並且使他知道，就是像他這種人，耶穌的恩典也會臨到他身上。

可是光只有這麼一個神學的概述是絕對不夠的，他需要時間和空間對福音的內涵做更深一層的體悟。加1：17就是正好說明這一點。處於如此的處境，人們很自然會期許，保羅該上耶路撒冷，好讓他可以面見教會的領袖。畢竟，當耶穌在地上傳道時，

這些領袖一直陪伴在側。他們顯然擁有福音的資料和洞見，那必會豐富保羅的體會。不過保羅沒有採取這個方法。他沒有與屬「血氣」的人商量，就往阿拉伯去了（16、17節）。

黎福指出：「一道密不透光的黑幔子籠罩著聖徒保羅的阿拉伯之旅」（Lightfoot, p. 87）。不過，關於使徒生命中的這段小插曲，我們倒知道一件事：他的行程不會太遠，因為亞哩達四世所管轄的拿巴提人之區域（今阿拉伯）廣及大馬色[註1]。

從保羅這段神祕性的話中，我們還可以推斷出少量的另一些資料。那就是，由於「亞拉伯之旅」與「沒有與屬血氣的人商量」的兩段內容互為上下文，因此最順理成章的結論就是，在完全投入他的宣教事工之前，他先用時間與上帝交往。布敦（Ernest De Witt Burton）下此結論「幾乎只有這麼一個可能了……」（Burton, p. 55）。

布敦寫道：「耶穌是上帝的兒子這項啟示，一定立刻粉碎了他一直奉行至今的法利賽派思想的基礎，還毫無疑問的是一套全新的思想體系的前提」。明顯地，這思想的轉變過程「不是一時片刻的功夫可以完成。要是他像某些猶太同胞那樣去接受耶穌為基督，只是純粹在猶太教的信仰基礎上，相信耶穌就是那位盼望已久的彌賽亞，那麼這過程就會簡單得多。要是他像許多外邦信徒般，自然而然的接受耶穌，完全以一個新的宗教取代之前的宗教觀點與信仰習慣，那麼事情就簡單得多」。可是，「對保羅來說，這些都不是，而是他對之前所信的作了一次翻天覆地的回顧，這才是意義所在……。」當他尋求發展一種既忠於猶太傳統，又對外邦世界有意義和有功效的基督教義時，「只有延長思考的時間他才能了解，在舊信仰之中，到底有多少要棄掉，有多少要修正，有多少保留不變。」（Burton, pp. 55, 56）

懷愛倫反映了跟布敦一致的觀點。她寫道，當保羅退到亞拉伯，他才得以「有充分的機會從事寧靜地研究與默想。他心平氣和地回顧過去的經驗，作成切實悔改的功夫。他全心尋求上帝，非到確知自己的悔改已蒙悅納、自己的罪過已蒙赦免，絕不罷休。他渴望獲得耶穌要在他未來傳道工作上與他同在的保證。他已從心中除掉那些前此形成他生活的偏見及遺傳，並從真理的泉源領受了訓誨。耶穌與他交通，使他在信心上穩固，並賜予他豐富的智慧和恩典。」（《使徒行述》，第十三章〈準備的時日〉，第100頁）

保羅告訴我們，在亞拉伯的經歷之後，他回到大馬色，可能就在這段期間，他令當地的猶太人十分不滿，竟至於他們商議要殺他，而他的朋友必須在夜間用籃子把他從城牆縋下去（參閱徒9：23－25；林後2：32、33）。

他解釋，在第二次往大馬色宣教以及在他與上帝相遇的三年之後，他才上耶路撒冷（加1：18）。考慮到他個人的安危，這可真是別無選擇。一方面，他之前的猶太人朋友把他當作叛逆者而下追殺令；但另一方面，由於他的前科記錄纍纍，基督徒或許不歡迎他。路加在徒9：26的記述，肯定是該次到訪耶路撒冷的真實寫照：「掃羅到了耶路撒冷，想與門徒結交，他們卻都怕他，不信他是門徒。」

不過他在信主之後第一次上耶路撒冷的真正目的，並不是為了傳道之事，而是為了見磯法（彼得的亞蘭文名字）。他可能想向磯法保證，他迫害教會的日子已經過了，而他現在是基督真正的門徒。他唯一見過的另一位領袖是耶穌的兄弟雅各。當然，雅各也是在耶穌復活之後才跟從主。根據林前15：7記載，耶穌在復活後特別向雅各顯現，他很明顯是見證五旬節聖靈降臨的一百二十人之一（徒1：14；2：1），不久他便成了耶路撒冷教會的領袖（12：

17；15：13；亦參閱Shanks, pp. 93－125）。對保羅而言，雅各也同樣成了使徒，這意義是重大的，儘管他之前並不屬於十二使徒之列。然而保羅提及上耶路撒冷一事的主要目的，乃是讓讀者知道他之前已經傳道三年。此外，無論如何，十五天的時間，並不可能讓彼得有充分的時間徹底地教導保羅。保羅認為這是相當關鍵的憑據，竟至於他起誓說，自己說的不是謊話（加1：20）。

離開耶路撒冷之後，保羅到了小亞細亞東南面的基利家，他的家鄉大數是該區的首府（見第11頁地圖）。途中他可能在安提阿和大馬色傳道（見徒9：30；加1：20）。說明該次傳道之旅的目的，是為了告訴他的讀者，他在耶路撒冷只作了極短暫逗留，他匆匆離去是因為猶太人計畫殺他（徒9：29、30），而在猶太地那邊的各教會又沒有人認識他，只知道他已完全悔改，而歸榮耀給上帝（加1：22－24）。

保羅迫不急待補充，他過了十四年之後才再上耶路撒冷（2：1）。可能他是指信主十四年之後，但我們不能肯定。但他的意思是指在他第一次上耶路撒冷之後的十四年。不管如何，第1節所說的，無需懷疑是指徒11：19－30的饑荒賑災探訪，而不是使徒行傳第15章的耶路撒冷會議，因為「要是會議已經召開了」，而保羅在加拉太書中「竟然一概不提所有相關的會議內情，這是不可思議的」（Morris, pp. 64, 65）。

使徒在加1：11－2：1已經把論據清楚闡明。他在往大馬色路上經歷了生命根本性的轉變，不僅證明了是復活的基督任命他作使徒，更加證明了他沒有機會從耶路撒冷的領袖處得到福音。所以，他的使徒憑據和他福音的信息都是直接從耶穌而來的。正因如此，拒絕他和他的信息，就等於棄絕基督本身。

註1： 亞哩達四世斐羅特里（Aretas IV Philopatris，參閱林後11：32），是新約全書的四福音書中希律安提帕的岳父（希律安提帕一般被稱為「分封的王」，參閱路3：19），約在公元前94至公元40年間由他負責管轄拿巴提人的地區。

06 尋求合一

加2：1—10

¹ 過了十四年，我同巴拿巴又上耶路撒冷去，並帶著提多同去。
² 我是奉啟示上去的，把我在外邦人中所傳的福音對弟兄們陳說；
卻是背地裏對那有名望之人說的，惟恐我現在，或是從前，徒然奔
跑。³ 但與我同去的提多，雖是希臘人，也沒有勉強他受割禮；⁴ 因
為有偷著引進來的假弟兄，私下窺探我們在基督耶穌裏的自由，要
叫我們作奴僕。⁵ 我們就是一刻的工夫也沒有容讓順服他們，為要
叫福音的真理仍存在你們中間。⁶ 至於那些有名望的，不論他是何
等人，都與我無干。上帝不以外貌取人。那些有名望的，並沒有加
增我什麼，⁷ 反倒看見了主託我傳福音給那未受割禮的人，正如託
彼得傳福音給那受割禮的人。⁸ （那感動彼得、叫他為受割禮之人
作使徒的，也感動我，叫我為外邦人作使徒；）⁹ 又知道所賜給我
的恩典，那稱為教會柱石的雅各、磯法、約翰，就向我和巴拿巴用
右手行相交之禮，叫我們往外邦人那裏去，他們往受割禮的人那裏
去。¹⁰ 只是願意我們記念窮人；這也是我本來熱心去行的。

這段重要的經文，不僅讓我們知道保羅的一些自述，以及他
與耶路撒冷使徒之間的關係，還向我們透露出教會的一些特質，
以及不同的人該如何在教會裏怎樣同工。此外，加2：1—10更論

證了福音信息是合一的基礎，我們要根據福音來衡量相關的週邊議題。

談到福音，斯托得說：「保羅已經在第1章說明了他的福音是來自上帝，不是來自人。在第2章的前半部分，他表示他的福音與其他使徒的福音是完全相同的；兩者之間毫無差異。為了證明他的福音並非依存於其他使徒，他強調在十四年之後他才到訪耶路撒冷，而這次訪問只維持了十五天。（校者註：依據英文或翻譯為在十四年之內，他只到訪過耶路撒冷一次，而這次的到訪只有十五天之久。）然而為了證明他的福音跟他們的依仍是一樣，他加重語氣地說明，他的福音在那次耶路撒冷的正式訪問中，便已得到他們的承認與批准。」（Stott, p. 40）。

比較使徒的福音
1. 加拉太書第1章證明，保羅不是從耶路撒冷的使徒處得到他的福音。
2. 加2：2－10論證，這福音與他們的福音是一模一樣的。
3. 正是這共同擁有的福音造就了合一的基礎。

加2：1－10很自然的分成三部分：第1至2節解釋保羅耶城之旅的原因。我們應該注意這兩節經文的幾方面。

首先，他告訴我們他「是奉啟示上去的」（第2節）。在他的加拉太書中，這一點非常重要。他的論點是，那些「真正的使徒」沒有傳召他到耶路撒冷，好讓他們審查他的觀點。事情不是這樣，而是上帝的啟示驅使他前往猶太人京城。

第二，到訪耶城的目的，是向當地的領袖陳述他在外邦人中所傳的福音，「惟恐我現在，或是從前，徒然奔跑」（第2節）。保羅並非因為對他的福音沒有把握而去尋求人的認可，反倒是他恐

怕猶太教徒的分裂行動，會對他的事工構成摧毀性的衝擊，了解這一點是重要的。所以，他與耶路撒冷的使徒對福音的本質是意見一致的，是他打倒猶太教徒影響的關鍵一擊。

保羅的這一切都為了證明，他並不是一名反教會制度的擾亂分子——他不是那種得到真理的異象就獨行獨斷的人。相反，使徒相信教會制度，也相信其他領袖同工，哪怕彼此之間存在著不同的分歧。

在加2：1、2中我們要注意的第三點是，他帶提多前去。這不是偶然的。提多原來是一位未受割禮的希臘人，後來轉而信仰基督成為基督徒，他便是保羅與那些在耶路撒冷教導「你們若不按摩西的規條受割禮，不能得救」（徒15：1）的人，爭辯的一個檢視個案。

這個檢視個案對保羅是如此重要，故此使徒在加2：1－10以斷斷續續的句子表達了他的想法，當中爆發出他的內在張力，呈現出一片「文法亂象」（Lightfoot, p. 104）。保羅最憂心的是，到底耶路撒冷的領袖會否接受提多這個基督徒，雖然他沒有受割禮。

保羅在此面對一個棘手的問題，因為耶路撒冷使徒在一個所有男性都接受割禮的環境中工作已久，加上他們從出生以來便一直遵行猶太人的律法。毫無疑問，這些使徒不會像保羅那麼清楚知道，在外邦之地傳基督教到底是怎麼一回事。

故此，正如黎福所指：「在這裏保羅因為深恐談得過多或者過少，而顯得心煩意亂。他必須維護個人的獨立性，可又不能損害十二使徒的地位。他當怎樣行才能為自己辯護，而不被感到似乎在譴責他們呢？既要坦白又要慎言」（Lightfoot, p. 104）。要應付如此微妙的處境，他使用的一個策略是「背地裏對那有名望之人」說話（第2節）。

在繼續我們的研究之前，有必要注意「那有名望之人」這句頗奇特的片語。同一片語再度出現在第6和第9節。這稱謂無意詆譭耶城使徒的權威與身分，而是為了加拉太讀者而使用的一個溫和的稱謂，因為加拉太讀者一直信從猶太教徒，這些猶太教徒簡直把耶城使徒奉若神明，以致使保羅受損。保羅再次斷言，他個人的使徒職任與耶城領袖是同等的。

加2：3－5是今天研究的第1節至第10節的第二部分，這數節經文討論「假弟兄」（第4節）在企圖向提多行割禮一事上，保羅與他們的爭辯。在這事上保羅最終會得到耶城領袖的認可，但這是必須經過奮力爭取才獲致，正如保羅所說，他「就是一刻的工夫也沒有容讓順服」猶太教徒，「為要叫福音的真理仍存在你們中間」（第5節）。然而，割禮並非他真正關心的議題，倒是「為要叫福音的真理仍存在你們中間」（第5節）這才是真正更深一層的議題，如斯托得評述：「最根本的問題」與「福音的真理」有關，「也就是基督徒的自由與束縛。基督徒已經從律法中得釋放，意謂在上帝的面前他所以蒙悅納，是因為他完全信靠，並且憑信接受上帝在耶穌基督的死裏所賜下的恩典。提出以行律法，並以我們對規章制度的服從性作為我們蒙悅納的條件，就是把一個已經得自由的人再次束縛起來。提多正好拿來檢視這個原則。無疑他是未受割禮的外邦人，他同時已經悔改信主作基督徒，在信耶穌之後他已經蒙上帝悅納，保羅認為這就足夠了。正如耶路撒冷會議之後所確認的（見使徒行傳第15章），他的得救不用再加添什麼。」
（Stott, p. 43）

保羅聽到耶路撒冷會議的結論非常高興。加2：1－10的第三部分講述作「柱石」的使徒向他和巴拿巴用右手行相交之禮，還把向外邦人傳福音的重任託付給他們，至於耶路撒冷領袖則專注

於猶太人的傳福音工作（6—10節）。第10節的「只是」一詞有很重要的意義，顯示了耶路撒冷領袖不認為保羅的信息有問題，不過當彼此分手時，他們倒希望保羅記念信徒是猶太人中的窮人；這是一項保羅會花上大部分時間的任務（參閱羅15：26；林後8：1—4；9：1、2）。對他而言，這種關愛是愛心之律法自然流露的真情（加5：14）。

然則，二十一世紀的教會可從本章經文中的保羅經驗學習到什麼？其中一點是，我們要認識到本會座落於不同國家之教會其合一的重要。可是第二點卻是，我們要更清楚明白，如此的合一，其基礎並不在於每一項細節都要講求一致；而是在兩項要一致。其一，以福音為中心所講述之聖經信息。其二，在基督徒的生活中，由福音所生發的德行，以這二者構成福音之核心精髓是要一致的。

就上述的第二點，朗格奈克（Richard Longenecker）這樣寫：「今天的基督徒也要明白，真信徒之間可以存在差異，唯這些差異──特別當它們牽涉到對救贖的後勤學或者文化差異的不同解讀時──不會導致我們分裂。那裏存在著福音核心信仰的基本共識，加2：1—10就在那裏為我們立下互相承認與彼此關懷的榜樣，儘管我們之間有分歧。其實，這經文教導我們，如何分辨真正重要的事和次要的事（所謂adiaphora）註1，在何事上堅持，該在何事上退讓，甚至何時對人和壓力作出反抗，又在何時與人握手，以彼此間的關懷互相報答對方」（Longenecker, p. 62）。

保羅本人必然曾學習到上述的一些教訓。比方說，當猶太教徒想「勉強」提多受割禮，保羅就極力抵抗。另一方面，他給提摩太行了割禮，「只因那地的猶太人」（徒16：1—3）。何故以不同的方式對待提多和提摩太？在提多的問題上，保羅是要爭取人們

的認可，外邦人不用接受割禮也可成為稱義的基督徒。這議題在加2：1－10已經獲得解決，在使徒行傳第15章的耶城會議上得到認可。這一事件過後，再沒有人有任何理由為了稱義而「勉強」任何人行割禮。那一場仗已經打勝了，正如斯托得形容：「一旦確立了福音最重要的原則，保羅十分樂意」在自願的基礎上「作出政策上的讓步」（Stott, p. 44），特別是在傳福音的事工上。保羅深知福音的真諦為何，故此他願意在不威脅這真諦的前題下作出任何退讓。他也相當曉得教會福音事工的本質，他可以為了成就這事工，而在無關重要的事上靈活變通。

> 耶城的會議究竟達成了什麼成果？
>
> 波奧士（James Montgomery Boice）寫道：「保羅做了以下幾項事情：
>
> 1. 在一點都沒有減損他個人的權威之下，他認同耶城使徒的地位與權威；
> 2. 在抵抗律法主義者有關使徒的誇張言論下，他說明了使徒只不過是人，他們最初的反應或者行為並不常是完美的；
> 3. 正因為有軟弱之處，他斷然地將十二使徒的福音與方針與律法主義者的福音與方針加以區隔；還有，
> 4. 他注意到他與十二使徒，同站在一起，而非律法主義者與十二使徒，才是同一陣線」（Boice, p. 443）。

今天教會中不少人得學習保羅以原則為本的彈性處事手法。太多人覺得攀登每一座山都值得為之粉身碎骨。教會經常是一處殺戮戰場，因為教友缺乏了斟情處事的美德，保羅非常巧妙地為這美德立下了楷模。

註1：Adiaphora，希臘文神學用語，意謂「無關重要」，指聖經對某些宗教生活及教會禮儀沒有明文教導或禁止。

拒絕受威嚇

加2：11—13

> [11] 後來，磯法到了安提阿；因他有可責之處，我就當面抵擋他。 [12] 從雅各那裏來的人未到以先，他和外邦人一同吃飯，及至他們來到，他因怕奉割禮的人，就退去與外邦人隔開了。 [13] 其餘的猶太人也都隨著他裝假，甚至連巴拿巴也隨夥裝假。

「誰立志向敬真神，至死遵主訓」，《讚美詩》460首〈效法但以理〉這首詩歌的這一句歌詞[註1]，唱出來比活出來更容易。這歌詞就是彼得在加2：11—13的寫照。

場景從耶路撒冷轉移到安提阿。第9至10節以融洽的氣氛結束，此乃由保羅及巴拿巴和耶城領袖所共同建立的，後者伸出右手作相交之禮，雙方似乎達成共識。

然而，麻煩並未就此告終。接下來的幾節經文，述說了新約全書的其中一樁最緊張的插曲，兩位傑出的使徒公開當面對抗。保羅寫道，他必須「當面抵擋」彼得（第11節）。

這次的問題不是割禮，而是猶太人與外邦人同桌用餐。不過兩件事情背後的起因一樣——有嚴守律法的猶太人相信，外邦人必須先作猶太人，才得以成為基督教會的一分子。

早期基督徒通常一同分享膳食，這是加2：11—13事件的背

景。例如在徒2：46，我們讀到信徒每天「在家中擘餅，存著歡喜、誠實的心用飯」，其他時候他們一同吃主的晚餐。這些事情有力的表達了上帝的教會在基督裏的合一。

可是如此行並非沒有問題，畢竟，耶路撒冷的基督徒生來就是猶太人，要他們與外邦人一同吃飯，情況就不同了。

當敘利亞和小亞細亞的教會中外邦信眾日益增多，同桌用餐便成為了一個公開的難題。困難在於以法利賽教門為主流的猶太人愈來愈封閉，竟至於一個嚴守律法的猶太人，不會與外邦人有生意往來、也不與他們一同用膳，諸如此類。他們甚至相信，觸摸外邦人也會不潔。

彼得一度抱持這種嚴格的分離主義的觀念，但上帝在這個問題上給他賜下一個特殊的異象。他在約帕的異象中見到一塊大布從天降下，裏面滿了不潔的動物。接著他聽到有聲音說：「彼得，起來，宰了吃！」當他拒絕吃時，那聲音向他說：「上帝所潔淨的，你不可當作俗物」。這異象重複了三次以示其重要性。不久彼得與一位羅馬百夫長的僕人一同前往其不潔的外邦人家去──不潔，是照嚴守律法的猶太人標準而言。到了那裏，彼得說：「你們知道，猶太人和別國的人親近來往本是不合例的，但上帝已經指示我，無論什麼人都不可看作俗而不潔淨的。」他向那些外邦人傳講：「凡信他的人必因他的名得蒙赦罪」，之後，就給他們施洗（徒10：13、15、28、29、43）。

透過那個異象，使徒克服了他的歧視觀。可是當他返回耶城，就受到割禮派門徒的抨擊，指責他「進入未受割禮之人的家和他們一同吃飯了。」他以該異象，以及聖靈降臨在外邦人身上，正像當初於五旬節降在猶太人身上一樣作為支持的論據（徒11：1-18），極力地為自己辯護。這次彼得暫時得以脫身，不過勢

力強大的割禮派依然不信服。

然而在猶太人與外邦人相交的問題上，彼得卻是信服了，這呈現在加2：12，在那節經文我們讀到：「他和外邦人一同吃飯」，句子中希臘文動詞的時態是不完全式，表示像這樣與外邦人一同用餐，他已經習以為常。他沒有忘記使徒行傳第10章的教訓。

可是當「從雅各那裏來的人」來到，事態的發展突然急轉直下，彼得就在這時故態復萌，把自己從外邦人中隔開（第12節）。

但我們必須問：為什麼像彼得這樣一個擁有使徒和先知身分的人，會放棄他的新做法？答案肯定不是因為他忘記了使徒行傳第10章的教訓。最有可能的原因是出於恐懼——他主要的失敗所在。麥當勞（H. D. McDonald）寫道：「怯懦是不斷攻擊彼得的罪。」這次事件跟客西馬尼園事件一樣，彼得再一次「對他在不久前才公開承認信的真理畏縮不前」（McDonald, p.52）。庫爾曼（Oscar Cullmann）認為，他這次的行為「與我們在對觀福音中所看到的心理圖畫如出一轍註2——畫中的使徒彼得受一時的情感驅使，在過度興奮的狀態下發誓忠於他的主，可是臨危之際卻不認祂」（Cullmann, p. 51）。

到底他怕什麼？他害怕人！他害怕在使徒行傳第11章中控告他的割禮派代表。這些「從雅各那裏來的人」，代表他們得到雅各的認可，他們只是聲稱取得他的權柄而已。稍後雅各的立場會更清楚，他在徒15：13－21完全與保羅站在同一陣線。

僅僅來自他原先所屬教會的威脅，便足以使彼得走入歧途。他最不希望被人指責他減損了基督教的信息。那些主張「純正真理」之舊宗教禮儀的發言人，其勢力之大足以令他心生恐懼。他真的被嚇倒了。

彼得的反應同時嚇怕了安提阿那些猶太人的基督徒，他們一窩蜂地從外邦人弟兄姐妹的同桌用餐中抽身而退。這簡直令保羅難以相信，「**甚至連巴拿巴**也隨夥裝假」（加2：13）。唯恐得為反猶太傳統之行為負責，確實把所有人都嚇倒了。

是的，所有人都害怕，除了保羅之外。在一刻間，他清楚看到三件事情：第一件，如肯達（A. M. Hunter）指出，假若教會隨從彼得的做法，「由猶太人組成的基督教和由外邦人組成的基督教就會各走一方，這樣子一個相信同一位永活之上帝，又是同一個基督身體的合一教會，就會在襁褓中窒息死亡！」（Hunter, p. 23）。或者像斯托得扼要地指出：「不是整個基督教教會流進猶太傳統的死水中而停滯不前，就是外邦人和猶太人的基督教國度永久分裂，『一位主，但兩張桌子用主餐』」（Stott, p. 52）。

保羅知道的第二件事情是，彼得的行為威脅到因信稱義的道理。在事件中，彼得沒有在他的教訓上否認福音，而是在他的行為上。事件的本身跟割禮問題沒有分別：作基督徒因信稱義就足夠，還是必須先作猶太人才與基督的身體有份呢？非此即彼。所以，保羅深明彼得的裝假，削弱了福音的核心道理。

> 世界依然需要保羅
> 「世界最大的需要是需要人——就是不能被賄買也不能被出賣的人；忠心正直而又誠實的人；直指罪名而無所忌憚的人；全心忠於職責猶如磁針之指向磁極的人；雖然諸天傾覆而仍能堅持正義的人。」（懷愛倫，《教育論》第七章〈偉人的生平〉，第52頁）

保羅知道的第三件事情是，要避免危機的發生就要採取果斷有效的行動。因此，他公開當面抵擋彼得（加2：11）。正如巴克萊

所寫的，保羅「一刻不緩，他出擊，管不了彼得的這種退縮是否與他的名字或者操守攸關。錯誤就是錯誤，這才是保羅所注重的。好名聲永不能使劣行合理化。保羅是一個活生生的例子，表現了一位勇者的作為，他能夠在適當的位置及早檢測到點點滴漏，防範它演變成大洪流」（Barclay, pp. 19, 20）。

不過我們禁不住要問：私底下指責不是更聰明嗎？有必要讓領袖之間的公開衝突傷害教會嗎？肯達認為：「也許吧。不過事件中的錯誤是在公開場合觸犯的，正是劣跡昭彰，唯一的補救方法就是公開提出抗議」（Hunter, p. 23）。

總而言之，我們必須注意到，保羅把這次對抗寫進他給加拉太人的信中的三個原因。第一，事件進一步澄清了，保羅並不比那些耶城使徒地位低微。他們沒有一個人有權更改福音。任何人想如此行都要受到責難。第二，此次所發生的插曲加強了加2：1－10所寫的：只有福音是基督徒合一的基礎。第三，這則記事為保羅轉入「因信稱義和與基督同死」的主題上鋪了一條路，這主題將形成此封書信的核心（Cousar, pp. 49, 50）。

註1：中文讚美詩第460首。
註2：對觀福音（Synoptic Gospel），指馬太福音、馬可福音、路加福音，不包括約翰福音。

08

為眾人設立的同一個福音

加2：14 — 21

> [14] 但我一看見他們行的不正，與福音的真理不合，就在眾人面前對磯法說：「你既是猶太人，若隨外邦人行事，不隨猶太人行事，怎麼還勉強外邦人隨猶太人呢？」 [15] 我們這生來的猶太人，不是外邦的罪人； [16] 既知道人稱義（意指與神和好）不是因行律法，乃是因信耶穌基督，連我們也信了基督耶穌，使我們因信基督稱義，不因行律法稱義；因為凡有血氣的，沒有一人因行律法稱義。 [17] 我們若求在基督裏稱義，卻仍舊是罪人，難道基督是叫人犯罪的嗎？斷乎不是！ [18] 我素來所拆毀的，若重新建造，這就證明自己是犯罪的人。 [19] 我因律法，就向律法死了，叫我可以向上帝活著。 [20] 我已經與基督同釘十字架，現在活著的不再是我，乃是基督在我裏面活著；並且我如今在肉身活著，是因信上帝的兒子而活；他是愛我，為我捨己。 [21] 我不廢掉上帝的恩；義若是藉著律法得的，基督就是徒然死了。[註1]

這段經文並不淺白，「要分辨保羅是在哪裏結束他指責彼得的引述，然後開始轉入闡釋那備受威脅的信仰原則」就更困難（Bruce, p. 136）。有人認為引述的話在第14節終止，又有人說在第16節，還有人指是在第21節末。最後一說似乎最貼切，因為它考

慮到保羅從第14節直至第2章結束為止，其論證是經過精心設計的。

不少人認為第14至20節分外深奧，是因為他們未能根據這段經文的背景來了解箇中的寫作目的。我們大多數人都將這段經文視為討論一個人如何稱義——是因信而非因行為。

可是這並**不是**保羅的用意。縱使他所說的肯定讓我們更明白因信得救的道理，但他**不是**談論一個人如何得救。他是在處理猶太人與外邦人之間的**社交問題**。如庫沙所言：「保羅關於稱義的聲明，是從他不恥於表達出捍衛外邦人進入教會這事而產生的，而不是源自恥於提出如何減輕個人的罪這問題來的……。社會環境是經文的背景。以此環境為據，保羅希望鄭重指出的要點是，上帝悅納基督這一點本身已經表明，外邦人享有跟猶太人同等的地位和條件，被歸入基督徒團體之中。反過來說，退出一同用飯，待外邦人為二等國民」，就是以因行為稱義的一種形式（也就是行割禮和遵守其他猶太習俗），「也因而是對福音的否定。彼得在安提阿不能認識到的是，猶太人唯有跟外邦人在一起才能稱義」（Cousar, pp. 56－58）。如果除了信心之外還要加添什麼，則基督就是徒然死了（加2：21）。

造成的問題非常嚴重，問題的根源要追溯至加2：1－10保羅與耶路撒冷使徒的會面，該會面實質上意味「猶太人繼續以猶太人的方式生活，如行割禮和守律法，至於外邦人則無需遵行此等禮儀」（Barclay, p. 20）。顯然，情況不能長此下去，因為最終會導致兩種截然不同、互不相干的基督教。當彼得在加2：11－13退出，不與外邦人同桌吃飯，事情便白熱化。掌握了這個最重要的經文，我們便可以逐步解開第14至21節的論證邏輯。

一、保羅給彼得的信息始於第14節。實際上他在說：彼得，

「你跟外邦人同桌用膳，你吃飯和生活的方式和他們一樣，因此你原則上同意，猶太人和外邦人都是一樣的。如今你竟完全改變初衷。你曾十分樂意活得像外邦人一樣，現在你突然掉轉方向」，在你和他們同桌進食之前，你「居然希望外邦人先行割禮，又把律法加在他們身上，好讓他們變成猶太人」（Barclay, p. 21）。保羅認為這是不合理的。

二、在第15和16節，他告訴彼得，縱使他們二人都是生為猶太人（第15節），他們都同意兩點：第一，沒有人（猶太人或外邦人）能夠透過人為的努力或律法之功，被上帝稱為義或者與上帝和好。第二，他們都相信，稱義的唯一途徑是因信耶穌基督（第16節）

如果事情是這樣的話，該論點便是暗示：到底割禮和其他猶太人的禮節扮演什麼角色？答案顯然是：沒有。最清楚的事實是，所有人——不管猶太人或外邦人——都是以同樣的途徑稱義。故此，有理由需要分開用餐嗎？「沒有」，再說一次，這是唯一的結論。

三、保羅在第17節筆鋒一轉，從闡述猶太人和外邦人如何因信稱義，轉而駁斥律法主義者抨擊他的其中一個論點。他堅決拒絕接受任何行為能使人得救，這導致某些人，深感他並不關心合乎正道的生活。或者換句話說：「既然基督不堅持以好行為作為得救的條件，這豈非表示祂鼓勵犯罪？」（Morris, p. 87）。對於這種說法，保羅爆發出「斷乎不是！」這話加以否定。

四、正如第18節所教導，再去相信某種因行為得救之說是不可行的，這一點是他和彼得都否定的。那主張已經被粉碎，因為律法只能叫人知罪，不能救人脫離罪（見羅3：20－25）。對於保羅而言，律法充其量只能證明他是一個罪人。不過稍後他會更清晰地表明，是律法將他指向基督以及真正的得救之路（見加3：23－25）。

五、上述的思維引導保羅來到他在加2：19、20論證中的一個相當關鍵的要點：他與基督的聯合不會引致不信服，反倒是基督在保羅的生命裏面活出祂行事為人的原則。

簡言之，保羅已經歷了極為徹底的改變。對於藉守律法稱義，他是死的。那試探已經被釘在十字架上（第19節）。但正如羅6：1－8所說，如基督死而復活，於是便有了新的生活方式，如今是基督在使徒保羅的生命中活著，並且經由他的生命活出基督的樣式。故此，保羅現在活出的人生是深植於信心上，「是因信上帝的兒子而活；他是愛我，為我捨己」（加2：20）。

為了更全面了解保羅在第16至20節的意思，我們需要就他對稱義的觀念作更深入的探討。人們常以法庭上用的辭彙裁定或宣判人們有罪，而在另一方面為他們辯護為無罪或宣判他們是正直的（校者註：Justify在英文有辯解、辯護、證明為正當之意，在此亦譯作稱義）。

就目前的情況而言，這樣的解答還算是真確的，可是它卻未能完全說明保羅使用這個詞的含意。稱義或者公義（希臘文是同一個字），按照猶太人的思維是一個恩約的觀念。是故一個公義的人，就是與上帝有正確關係的人。麥格夫（Alister McGrath）表示，在舊約中，公義或者稱義遠超過一種與人無關的公平標準；而是一種**與他人私事有關的概念**，他說：「基本上，那是**兩個人一同履行要求與義務的一種關係**……因此，『與上帝建立正確的關係』即信靠祂施恩的應許，及按照所應許的去行」（McGrath, pp. 24, 28；參考Knight, Pharisee' s Guide, p. 94）。這種講求關係的特點，強調了保羅在羅馬書中的一句重要的片語：「信服真道」（羅1：5；16：26）。簡單而言，信服並不會與基督牽扯上一種拯救的關係，但信服卻會讓基督在我們裏面活出祂的生命而**流露出來**（加2：20）。保羅認為，稱義往往帶來合乎道德的生活，他以此為整本加拉太書的主旨，書

中的第3和第4章特別著墨因信稱義，而第5和第6章則聚焦在得救的信心所生發的道德表現。很久以來神學家一直集中於保羅著作中稱義與成聖之間所存在的顯著差異。抱著謹慎的態度去閱讀他的作品，就會發現當中呈現的是兩者的關連而非分野（Cousar, p. 60；Knight, I Used to Be Perfect, pp. 41－56）。

　　六、可是加2：21也顯示，因信稱義與因信而過著合乎道德的生活之間的密切關係，並不代表我們便可以把二者混為一談或者糊作一團。就這一點，保羅在加2：21對彼得最後的聲明中說得格外清楚。恩典對保羅來說是唯一之途，因為「義若是藉著律法得的，基督就是徒然死了」。基督捨己的唯一原因，是因為人不能靠一己之力成全義。如保羅所認知，祂替人類受死是救贖計劃中不可或缺的部分。正因如此，所有人──猶太人和外邦人──是透過信心稱義，除此以外，別無他途。故此，只有一張團契聚餐的桌子。彼得和他的同伴們把猶太人和外邦人隔開是大錯特錯的，這樣不僅在上帝面前削弱了彼此同等的稱義地位，還削弱了教會本身固有的本質。

註1：第16節（意指與神和好）屬作者譯文。

「你當竭力在上帝面前得蒙喜悅，
　作無愧的工人，按著正意分解真理的道。」 提摩太後書2：15

第三編 神學：
基督徒的自由本於
因信稱義
（加3：1—4：31）

Exploring
Galatians
& Ephesians

被迷惑的信眾與美德之罪

加3：1—5

> [1] 無知的加拉太人哪，耶穌基督釘十字架，已經活畫在你們眼前，誰又迷惑了你們呢？ [2] 我只要問你們這一件：你們受了聖靈，是因行律法呢？是因聽信福音呢？ [3] 你們既靠聖靈入門，如今還靠肉身成全嗎？你們是這樣的無知嗎？ [4] 你們受苦如此之多，都是徒然的嗎？難道果真是徒然的嗎？ [5] 那賜給你們聖靈，又在你們中間行異能的，是因你們行律法呢？是因你們聽信福音呢？

「你們這些加拉太人是瘋了！是不是有人向你們施魔法了？你們是不是都發瘋了呢？一定發生了一些荒唐的事，因為你們生命的焦點顯然不再以被釘的耶穌為中心。祂在十字架上的犧牲，毫無疑問已經活現在你們眼前」（加3：1，Msg譯本）。

不管你怎樣翻譯這段經文，保羅在第3章發出的呼聲絕不是令人愉快的。自加1：11以來，這是他頭一次這樣親口稱呼他們，不過在第1章他稱他們為「弟兄們」，但他在這裏對他們的態度就不那麼親切了，從接下來的幾節經文中即可看出其語調中之端倪。

說得直率一點，使徒深深地對他的加拉太信眾感到洩氣，理由不難發現。他們正在進行的，正是保羅最後對彼得的責備——

保羅視他們的所作所為屬於異端行為。僅僅以為在信心之外再加上割禮和其他猶太人的要求，就能達到與神和好（稱義），他們就等於廢掉上帝的恩，又使基督徒然死了（加2：21）。

在加3：1－5，保羅懇請加拉太人自己去體驗，來證實他所強調的只有因信稱義的論點。他毫不遲疑深信他們有真實的悔改經驗，這經驗使他們明白十字架的重要，並且讓他們領受聖靈。現在他力勸他們回想，他們到底是怎樣成為基督徒的。

他稱他們為「無知」的，這一有力的稱謂毫無疑問引起他們的注意。「無知」在此的希臘文是anoētos而不是mōros。倘若他使用mōros（由這字我們得到英文moron，中文意指蠢人、傻子、由醫學界定的智障人士），他就是指加拉太人是心智上有缺陷的人。比較之下，anoētos「不把重點放在天生的愚蠢上，而是一個人沒有使用他的心智和屬靈的能力」（Arichea, p. 53）。喬治亞提醒我們：「讀加拉太書的人都知道，保羅假定了他的讀者具有高智能水平。加拉太人不是沒有智商，而是沒有屬靈的識別力。他們就像往以馬忤斯路上的使徒一樣，復活的基督形容他們說：『無知的人哪，先知所說的一切話，你們的心信得太遲鈍了。』（路24：25）」（George, p. 206）

「無知」一詞對加拉太人而言是一個警號。用現代的說法，保羅是告訴他們要動起來。遺憾的是，在整個基督教歷史中，這警號還是一直為人所需要。保羅會以同一個驚人的用詞去喚醒許多二十一世紀的教友。許多人依然未清楚明白他們信仰的核心點在哪裏，依然有教導說，我們必須在信心上再加上行為，才能蒙上帝悅納。這一切在保羅的辭彙中就是「無知」。

為什麼他們那麼無知？因為他們既不了解人性有多弱軟，又不明白基督在十字架上犧牲的意義。可是，加拉太人不應該對這兩點

產生疑問，因為使徒在傳道時已經把被釘的基督「公開地描繪出來」（加3：1，作者譯本）（校對者註：和合本譯為活畫）。被翻譯為「公開地描繪出來」的希臘字，表示把重要的公告展示於公眾地方，讓所有國民皆閱讀得到。保羅認為「加拉太人的行為是令人費解的，因為福音真道已經相當清晰地傳講給他們知道了」（Boice, p. 453）。馮蔭坤指出：「『耶穌基督釘十字架』這一片語，扼要地總結了救恩歷史上的一件決定性事情，照樣，這片語正是保羅[信息]的基本內容。要是加拉太人只把目光放在那公告上，就能使他們避開假教師的迷惑」（Fung, p. 129）。

　　我腦海中印象最深刻的一幅畫，是在威登堡（Wittenburg）——宗教改革發源地——的一所路德教堂中看到的，畫中是宗教改革者路德正在講道，但他的臉不是向著會眾，與此同時，會眾聚精會神聆聽著，但他們不是望著路德。路德和他的教區居民的眼睛，都是凝望十字架上的基督。這幅畫使我想起保羅對加拉太人講道。基督是焦點所在。這樣看來，祂要在我們今日的傳道中位居在中心。一旦我們能真正領會被釘在十字架上的基督在我們生命中的意義，這十字架就會幫助我們抵擋今天教會中的假教師，正如它在二千年前保護加拉太人免受猶太教徒攪擾。正確理解十字架的意義，是唯一能解救被迷惑的一帖良方。

　　在加3：2，保羅從呼籲加拉太人注意他們與被釘之基督的經驗，轉而提醒他們領受聖靈的經驗。在這轉換話題的過程中，保羅簡明地指出，基督徒在歸信之始就領受聖靈，如莫里斯形容：「聖靈不是為基督徒的信心有大進步的人而保留的一項恩賜；聖靈是給每一位初信者的恩賜」（Morris, p. 96）。約3：5教導，真信徒是從「水和聖靈」生的，這段經文鞏固了保羅所說的真理。他沒有質疑加拉太人有否領受聖靈；上帝在他們歸信時便已經賜下聖

靈給他們，這對保羅而言是已知的事實。而是他質疑他們是因行為，還是因信而受了聖靈。他辯稱，他們的悔改信主經驗應該早已教導他們知道，是上帝藉著信把聖靈賜給他們，這聖靈是一項恩賜，並不是他們個人努力的成果。

保羅在加3：3再度提出加拉太人是無知的，或者如**《修訂英語版譯本》**（REB）形容：「你們真的這麼愚昧嗎？」他暗示他們可能沒有仔細考慮清楚，妥協所引致的危險處境。為了刺激他們思考這方面的主題，他以另一個修辭式的問題詢問：「你們既靠聖靈入門，如今還靠肉身成全嗎？」庫沙寫道：「明顯地，攪擾者對加拉太這些基督徒提出的呼籲，是割禮連同其所象徵的一切，就猶如在蛋糕上的糖衣一樣。這些攪擾者說割禮使自由的福音得以成就，還更臻完美。可是保羅卻宣告，如此行是致命的倒退」（Cousar, p. 67）。肉身不能給上帝的恩賜增添什麼。事實上，肉身的行為正好否定了上天的恩賜。保羅認為加拉太人在這主題上確實很無知。

順帶一提，第3節是使徒在加拉太書中，首次拿肉身的行為與聖靈的恩賜作比較。他會在加5：10－23再作一次比較，不過，肉身的事在那裏是指拜偶像、爭競、醉酒等類。相對而言，肉身的事在加3：3是指割禮等事情。割禮完全不能跟淫亂或者醉酒相提並論，不過保羅一概視之為肉身的事。我們需要明瞭，「信仰最邪惡的敵人，往往不是那些在世上顯而易見的反宗教行為，反而是潛藏[在教會中]的道德和宗教影響力」（Cousar, p. 67）。其實，美德之罪可能比那些我們一般稱為惡行之罪更能摧毀真基督教。為什麼？因為一個行惡的人會感到悔改的需要，可是那些犯了宗教上小罪小惡的人，卻只會想當然耳認為他們比別人強。但從保羅在加拉太書第3章的角度看，沒有罪比在上帝救贖的恩

典上添加好行為更致命，因為這些行為「廢掉上帝的恩」，又讓
基督徒然死了（加2：21）。

肉身之事的一課	
情慾的惡事 「就如姦淫、污穢、邪蕩、拜偶像、邪術、仇恨、爭競、忌恨、惱怒、結黨、紛爭、異端、嫉妒、醉酒、荒宴等類」（加5：18－21）	肉身的「好」行為 割禮，還有其他好的宗教禮儀，務求在上帝稱義的恩典上附加人為長處（加2：21－3：3）
加拉太人（還有大部分現代教友）需要學習的一課是，許多教會的惡行遠比邪惡行為所造成對基督教的傷害更深，因為它們侵蝕基督教的心臟。	

　　加3：1－5的好消息出現在第4節，保羅認為也許他們過往的
經驗並不是徒然的。不會太遲，他們還來得及醒悟過來，拿他們
的無知來換取上帝的智慧。

10
亞伯拉罕的一課

加3：6 — 9

> ^{6} 正如「亞伯拉罕信上帝，這就算為他的義。」^{7} 所以，你們要知道：那以信為本的人，就是亞伯拉罕的子孫。^{8} 並且聖經既然預先看明，上帝要叫外邦人因信稱義，就早已傳福音給亞伯拉罕，說：「萬國都必因你得福。」^{9} 可見那以信為本的人，和有信心的亞伯拉罕一同得福。

亞伯拉罕的一課是保羅本書信中論證的中心點。首先，所有猶太人皆視他為民族之父。假如保羅的猶太敵對者，在加拉太的論戰中，視摩西為他們的先師，那麼保羅就把他的論據上溯至比摩西早數世紀的亞伯拉罕。第二個重點是，亞伯拉罕所受的割禮，是上帝與他的後裔立約的記號（創17：9-14），所以猶太人是在宗教與種族的意義上，看他們為亞伯拉罕的後嗣。在猶太人的思維中，沒有任何人比「父亞伯拉罕」更重要，因此他是保羅論據中最有力的例證。

猶太教徒按照猶太人對亞伯拉罕已有的認知，同樣在辯論中以這位先祖為關鍵點。齊斯里亞（John Ziesler）寫道，保羅在這裏和在羅馬書第4章，都以大量篇幅集中討論亞伯拉罕，可能顯示他的敵對者經常引亞伯拉罕為據。其實，齊斯里亞十分神似地模仿

猶太教徒的口吻說：「『亞伯拉罕是上帝子民之父，倘若你們這些外邦人也希望成為上帝子民的一分子，就不能只信基督，還必須效法亞伯拉罕的榜樣，接受割禮和這禮儀的意義，遵照妥拉（Torah）所教導的去行上帝的旨意[註1]。對亞伯拉罕有益的，對你們肯定也有益』」（Ziesler, p. 34）。

保羅與猶太教徒之間的衝突，集中在他們對上帝接納亞伯拉罕的認知上，當中有兩點分歧。要領會使徒引用亞伯拉罕這個例證的威力，我們需要記住，猶太人堅稱這位先祖是因行為稱義（被算為義）的。根據創26：5記載：上帝賜福與亞伯拉罕是「因亞伯拉罕聽從我的話，遵守我的吩咐和我的命令、律例、法度」，故此，猶太人有十足的理由說他「在整部妥拉啟示以先，就已經遵守全律法」（《論聖化》4：14）」。在猶太文獻《禧年書》中我們又讀到：「亞伯拉罕向主所行的一切事全然完美，他生命的年日都因義而滿足」（《禧年書》23：10）。《瑪拿西禱文》提到，亞伯拉罕、以撒和雅各不需向上帝悔改，因為他們是義的，「沒有犯違抗祢的罪」（《瑪拿西禱文》8）。還有，《便西拉智訓》陳述：「亞伯拉罕是萬國之父，他的名無人能及。他遵行至高者的律法，又與祂立約，並在肉體上立下恩約的記號，受試煉時堅定不移」（《便西拉智訓》44：19、20）。簡言之，在傳統的猶太思維中，亞伯拉罕稱義是行為的結果。

保羅引用創15：6回應這一思路：「亞伯拉罕信上帝，這就算為他的義」（加3：6）。在此我們需回想這舊約經文的處境。亞伯拉罕和撒拉年紀老邁，膝下猶虛，但上帝已應許他必會有一個兒子，主並保證他的後代要如天上眾星（創15：4、5）。儘管非常困難，亞伯拉罕仍信耶和華，耶和華就以此為他的義（第6節）。

顯然，保羅是以創15：6，證明亞伯拉罕是因信而非因行為

被算為義。可盧爾曼（Dieter Lührmann）卻指出：「當我們閱讀經文原先的內容，之後再探究經文經過猶太傳統傳播後的面貌，當中的內容就顯得不同了」（Lührmann, p. 56）。舉例，我們在《馬加比一書》2：52找到以下這一句：「亞伯拉罕豈不是通過了試驗，證明他是有忠心的，因而贏得義人的榮譽麼？」此段文字把信心變成是值得嘉許的忠心或功勞表現。公元前50年的猶太拉比舒邁亞（Shemaiah）說以下這番話時，彷彿在代表上帝說：「他們的父亞伯拉罕信我，因著這信心他們是應該得到回報的，所以我要為他們分開[紅]海，因為經上記著說：『他信上帝，這就算為他的義』」（Knight, Walking With Paul, p. 98）

故此在保羅的時代，猶太人一向把亞伯拉罕的信心解釋為類似能夠賺取回報的忠心。簡言之，他們用好行為來衡量信心。

保羅知道這種思維，他更知道那是錯誤的，需要加以糾正。稍後他會把此項撥亂反正的工作，在羅4：4—8作更詳盡的解釋。在加拉太書第3章，他僅僅聲言，上帝算亞伯拉罕為義，因為信是相信上帝的信，而不是上帝算亞伯拉罕為義之行為的信。因此，「保羅對他的敵對者的回答，事實上就是說：『倘若唯獨信心對亞伯拉罕就足夠，那麼對加拉太人也肯定足夠』」（Ziesler, p. 35），故此他在加3：7總結：「那以信為本的人，就是亞伯拉罕的真子孫。」至此，使徒便得出了一個重要的結論了，因為從加拉太書第2章開始，所爭論的要點是，到底上帝的子民是由誰組成的？誰方有資格同桌聚餐？推而廣之，誰是基督徒社群的成員？保羅一直力言，是那些縱使未成為猶太人卻已經相信基督的人；而他的敵對者則反駁，唯獨受了割禮又遵行猶太習俗者才是亞伯拉罕的子孫。

保羅引用創15：6，申明了因信成義的才是亞伯拉罕的真子

孫之後，就在加3：8引用創12：3證明外邦人是藉著亞伯拉罕得福：「萬國都必因你得福」。經文中「萬國」的希臘字與「外邦人」是同一字，知道這一點對了解第二個創世記引文的意義十分重要。

保羅借助猶太經文為據，證明亞伯拉罕不僅是相信恩約之父，他也是萬國中凡有信心者之父。意謂：他是猶太人和外邦人的屬靈之父，他們同樣都是只在信的基礎上得稱為義，或說被算為義。在上帝的眼中，他們不是兩群或者兩類不同的基督徒，他們是在因信稱義中聯合的一個身體。要與上帝和好，只此一途，而這一途是界定誰是在基督裏以及教會到底是什麼的基礎。

我們至少可以在加3：1－9中學習到三點。第一點：福音的本質。庫沙總結：「五經（摩西五經）並沒有兩條得救之路——其中一條本於守十誡的人之表現，另一條本於人憑信回應神的作為。律法由始至終只表明一條得救之路，那是上帝的作為而不是人的作為。一個**真正**守律法的人，知道律法永不可能使人稱義，因此他信靠那位信實的上帝。保羅向加拉太的攪擾者提出抗議，不是因為他們過分注重律法，而是因為他們對律法錯誤的解讀，歪曲了當中的意義……。他們未能明瞭，律法[摩西的著作]是包含了福音的應許。」（Cousar, pp. 74, 75）

加拉太書第3章的第一部分教導我們的第二點是，第8節以賜福的話作結束。斯托得指出：「那是雙倍的福分。第一重是稱義（第8節），第二重是聖靈的恩賜（第2－5節）。上帝把這兩種恩賜賜給凡在基督裏的人，使他們蒙福。祂稱我們為義，在祂眼中我們被接納為義人，還把聖靈注入我們的內心」（Stott, p. 74）。

最後一點，從今天的經文中我們發現，我們要領受福音的福氣。「『不用作什麼』就是合宜的回答。我們不必做什麼，我們

只要信。我們的回應不是『行律法』而是『聽信』……相信福音」（Stott，p. 75）。

註1：妥拉（Torah）指摩西五經，是希伯來律法書。

11 律法之道對比十字架之道

加3：10—14

> ¹⁰ 凡以行律法為本的，都是被咒詛的；因為經上記著：「凡不常照律法書上所記一切之事去行的，就被咒詛。」¹¹ 沒有一個人靠著律法在上帝面前稱義，這是明顯的；因為經上說：「義人必因信得生。」¹² 律法原不本乎信，只說：「行這些事的，就必因此活著。」¹³ 基督既為我們受（原文作成）了咒詛，就贖出我們脫離律法的咒詛；因為經上記著：「凡掛在木頭上都是被咒詛的。」¹⁴ 這便叫亞伯拉罕的福，因基督耶穌可以臨到外邦人，使我們因信得著所應許的聖靈。

　　加3：10－14記載了在保羅所有著作中，引述猶太人所使用的聖經最為有力的一段論證[註1]。在第6至9節，他兩次引述舊約，到了第10至14節又引用了四次。從他的角度看，他正在與一群來勢洶洶的猶太基督徒拼死一戰，他們的信仰完全本於舊約的教導。保羅知道他能夠向他的加拉太悔改信主者，展示其正確立場的唯一得勝之途，就是徹底推翻猶太教徒的理論，故此他的回應便滲滿了舊約的根據。

　　保羅利用兩段載有「必因……得生」和「必因……活著」（加3：11、12）字句的舊約經文立論。第一句在第11節出現：「義人

必因信得生」，引自哈2：4；第二句記載在第12節：「行這些事的，就必因此活著」，引自利18：5。

使徒巧妙地使用該兩段經文來組織他的論點，並且提出我們可稱之為**兩條生命之路**的觀點。如巴克萊指出，在這論證的過程中，保羅要「他的敵對者走投無路」(Barclay, p. 27)。

加3：10－14的開頭就指出，有人透過守律法來與上帝和好此一途徑。保羅這話是向「凡以行律法為本」的人說的。在討論中，保羅提出了一連串建基於舊約的論據。巴克萊這樣引導我們進入保羅的論證：「假設你真的決定了藉著領受和遵從律法來取悅上帝和得到祂的認可，假設你真的藉此途徑來建立與上帝的和好關係，那麼會引致什麼必然不可避免的後果呢？」(Barclay, p. 27)。

按此前提繼續推論下去：首先，你必須遵守所作的決定，不能當騎牆派。要是你選擇律法之道，就必須因律法而活（加3：12）；不是只守一部分律法——你必須「照律法書上所記一切之事去行」（第10節）。

保羅論律法之不完備——必然發生的邏輯
1. 人若企圖透過律法成義，就必須守全律法（加3：10、12）。
2. 從來沒有人能夠成功遵守全律法（加拉太書的含意，論證見羅3：1－18、23）。
3. 這樣，所有人都在違反律法的咒詛之下（加3：10）。
4. 因此，律法之道就是咒詛之道。

其次，守全律法是不可能的，從來沒有人能夠做到。人們嘗試過，但都是失敗告終。保羅在加拉太書沒有詳述這一點，他只是假定，但他出色地以舊約作為這一番假定的論據。他在羅馬書

發揮此沒有被詳述的論點，他在該書引用了猶太人所使用之希伯來文聖經的六節經文，證明沒有人能透過律法成義（羅3：11-18）、「世人都犯了罪，虧缺了上帝的榮耀」（第23節）、沒有人可以透過守律法稱義，因為律法的作用是叫人知罪而非救人脫罪（第20節）。這樣，儘管保羅在加拉太書第3章沒有從一般的角度論證守律法之失敗，考慮到這幾節經文有堅穩的舊約之根據，所以他並不怕有任何自相矛盾之處。

那個假設讓使徒得出第三點：要是所有人都不能守全律法，則所有人都是被咒詛的，因為，申27：26豈不是教導，凡不按律法書所教導的**每一條**去行的，就是被咒詛的嗎？（參閱加3：10）

結論淺白得所有人都能明白：「意圖拿律法作為生命的原則來與上帝建立和好的關係，其可想而知又不可避免的結果就是咒詛」（Barclay, pp. 27, 28）。保羅希望在加拉太悔改信主者的腦海中，建立起這個清楚明白的結論。

暢談靠守律法來建立與上帝的關係的辯證邏輯，之後保羅引用哈2：4提到另一個可取代之途：「義人必因信得生」（加3：11）。此段經文本來的背景十分引人注意。哈巴谷先知向上帝發出質疑，為何利用殘暴的巴比倫人，懲罰犯罪的以色列民。怎能有這事呢？上帝怎能以邪惡者來懲罰犯罪者呢？上帝於是告訴哈巴谷，驕傲的巴比倫人最終要失敗，以色列民中的義人卻要因著他們謙卑和持續不斷地信靠祂的大能與憐憫，而因信得生。

保羅取了哈巴谷的經文，用以解釋因罪而有的拯救。簡言之，縱使人不能藉著順服得義，但藉著完全信靠上帝就有義了：「義人必因信得生」。

正如藉律法之道與上帝建立和好關係有其內在的邏輯，信心之道的方法同樣有。要是信心之法中的第一點是「義人必因信得

生」，有關邏輯的第二點就是「信是建立在什麼之上呢？」這個問題。

使徒十分樂意回答這個問題：就是信福音本身。但在討論他的方法之前，我們先要回想有關的難題：

1. 所有人都無法守全律法。
2. 所以，所有人都落在干犯律法得受刑罰的咒詛之下，故此所有的人都得受死（參見羅6：23）。似乎無路可逃。

但保羅反駁，有一條生路：「基督既為我們成了咒詛，就贖出我們脫離律法的咒詛」（加3：13，作者譯本）。簡言之，基督代替我們死。懷愛倫說的好：「基督忍受我們所該受的，使我們得以享受祂所配享受的。祂為我們的罪，——祂原是無分的——被定為罪，使我們因祂的義，——我們原是無分的——得稱為義。祂忍受我們的死，使我們得以接受祂的生。『因祂受的鞭傷，我們得醫治。』」（《歷代願望》第26頁））。馬丁路德（Martin Luther）把這種交換稱為「偉大的交換」，保羅寫信給哥林多教會時，則指那是「上帝使那無罪的，替我們成為罪，好叫我們在祂裏面成為上帝的義。」（林後5：21）

> 馬丁路德論「偉大的交換」
>
> 路德在寫信勸勉一位為罪憂傷的修士時說：「效法基督，並且效法被釘的基督。當你對自己感到絕望之際，學習向祂禱告說：『主耶穌啊，祢成為我的義，我卻成為祢的罪。你承擔起我所有的，把祢所有的賜給我；祢承擔了那本不是祢的，卻把原本不是我的，賜給我。』」（Luther, Letters, p. 110）

　　保羅認為基督的替代性贖罪就是福音的核心。對他而言，耶穌就是那「上帝的羔羊，除去世人罪孽的」（約1：29）。上帝的羔羊耶穌是保羅認為唯一有功效的信心對象，祂能使男男女女建立起與上帝和好關係。瓦腓特（Benjamin Warfield）寫到基督為罪人做替代性的犧牲，成為基督教基本的特色時，他很切合地描寫那種景況：「基督教來到世界，不是要宣告一種新道德」，而是要彰顯為我們的罪受死的基督，「正是這一點，讓基督教與其他宗教有所分別」（Warfield, p. 425）。

　　就在基督的十字架上，保羅找到了因干犯律法受罰所得的咒詛之補救方法：「基督既為我們成了咒詛，就贖出我們脫離律法的咒詛。」（加3：13）基督徒單單藉著信——唯獨信——進入他們得贖的狀態（3：11；2：16）。藉著相信被釘的基督，他們領受「亞伯拉罕的福」，這福分不僅包括與神和好，還有得到「所應許的聖靈」（3：14）。

註1：猶太人所使用的聖經指基督教的舊約全書。

12 亞伯拉罕的恩約

加3：15—18

[15] 弟兄們，我且照著人的常話說：雖然是人的文約，若已經立定了，就沒有能廢棄或加增的。[16] 所應許的原是向亞伯拉罕和他子孫說的。上帝並不是說「眾子孫」，指著許多人，乃是說「你那一個子孫」，指著一個人，就是基督。[17] 我是這麼說，上帝預先所立的約，不能被那四百三十年以後的律法廢掉，叫應許歸於虛空。[18] 因為承受產業，若本乎律法，就不本乎應許；但上帝是憑著應許，把產業賜給亞伯拉罕。

並非所有經文都那麼容易明白，加3：15－18就是其中一段比較具挑戰性的。難度的原因之一，是本段經文採用了猶太拉比的推論方式立論，而不是我們的文化所熟識的論證方法。

不過，只要我們記得使徒之前的論據，就能夠掌握第15至18節的意思了。第6至9節明確指出，亞伯拉罕是因信稱義，經亞伯拉罕臨到外邦人的應許是基於信，故此保羅總結：「可見那以信為本的人，和有信心的亞伯拉罕一同得福」（加3：9）。

這樣，猶太教徒教導的，藉律法之道與上帝和好又是怎麼一回事呢？保羅在第10至14節力言，律法之道只會帶來咒詛。基督的福音就在此登場。基督在髑髏地的木頭上取了干犯律法所引致

的咒詛，使亞伯拉罕的應許藉著信臨到外邦人。

然而有人可能會問：律法的位置在那裏呢？在上帝的計畫中，它適合放在那裏呢？保羅會以加3：15－25來回答這類的問題。

他第一部分的回應可見於第15至18節。他腦海中，該段經文的基礎是亞伯拉罕（應許藉他而來），與摩西（律法藉他而來）之間的關係。保羅要申明的是，亞伯拉罕之道（信心之道）比摩西之道（律法之道）更勝一籌。

可是一切對答都存在著一個先天性問題：「賜應許給亞伯拉罕的上帝，豈不也是賜律法給摩西的同一位上帝麼！……我們不可以把亞伯拉罕和摩西，應許和律法放在彼此的對立面，接受一個，卻拒絕另一個……倘若上帝是兩者的原著者，祂一定對兩者都有其美意。那麼，它們彼此之間到底有什麼關係？」（Stott, p. 87）。

加3：15－18從反面立論，證明應許與律法之間的關係，意指律法的頒布不廢掉神的應許。第19至25節（見本書第13、14章）則會從正面為此一主題立論。

第15至18節的基本要旨相當一目了然，縱使推論的方式有別於現代論證之法。保羅的目的乃是要說明與上帝和好的媒介，使用信心與恩典之道優於律法之道。

他出擊的第一點，是指出信心之道比律法之道歷史更悠久。要證明這一點並不困難，因為亞伯拉罕比摩西早約四百三十年。有人為了弄清楚四百三十年的年代問題而離題，可是他的論點並不含糊：藉信立定的應許先於在西乃山上頒布的律法好長一段時間。

你也許在想：**這一點很明顯，那又怎麼樣？**保羅就在此提出人間遺囑（第15節）的論據[註1]。他知道這不過是人間的例子，並不完

全代表上帝的作為，不過他相信此一例子能夠解明有關主題。他是這樣建構他的論點的：

- 人的遺囑一經設立，就不能被廢或者再加增。只有訂定遺囑條文的立約人才可以加增或者改動。
- 在應許之後的四百三十年才到來的律法，並沒有以任何方式改變了之前所定的協議或恩約（3：17）。律法不能改變恩約，那不是律法的用意。
- 因此，人們依然是因應許而不是律法來繼承。

論律法與應許的一些見解

「上帝賜給亞伯拉罕的應許是一個嚴肅的承諾，數百年之後上帝頒布指引以色列人服事祂的律法，都不能廢掉這應許。保羅並不是否認律法的有效性。他不是說猶太人不應以此為他們的指南，也沒有說他們不應設法遵守當中的規定。那些上帝所賜的規定向他們指明了應有的生活方式。但他十分堅定地指出，該等規定並不是一條能讓他們得到應有的救恩之路」（Morris, pp. 111, 112）。

所賜給亞伯拉罕的應許——他所有的恩約——是保羅在加拉太書第3章中最核心的要旨。他先在第8節引述創12：2、3提出此主題：「萬國都必因你得福」；接著在第16節引述創3：15及17：7、8提到的應許，以這兩節舊約經文作為他（為我們而設的）那奇妙的「一位子孫」（seed）而非「眾子孫」（seeds）的論點。我們在創17：7讀到：「我要與你並你世世代代的後裔（seed）堅立我的約，作永遠的約，是要作你和你後裔（seed）的上帝」。保羅善用猶太拉比的解經法，在指出創世記中的這一位後裔，所用的是單

數而非複數，就繼續稱這一位子孫就是基督（加3：16）。

保羅當然知道創世記所說的應許，照字面上的意思，是要給那些將來承受迦南地的亞伯拉罕後代子孫的，這是為何大多數譯本都把創17：7「後裔」的希伯來文以複數名詞表達，縱使原文是單數名詞。不過，這個「單數作為複合名詞」使用的詞（Dunn, p. 183），既可翻譯為複數，又可翻譯為單數。這樣，縱然應許是賜給亞伯拉罕眾多的肉身後裔（如「地上的塵沙」，見創13：16），使徒「了解那並沒有透徹說明箇中的意思，也不是上帝意念的最後解釋。那確定不是上帝最終的意思，因為上帝說地上的萬族都要在亞伯拉罕的後裔裏得福……保羅知道所應許的『地』和應許承受這地的『子孫』，都是從屬靈的基本層面來解釋的。上帝的旨意不是僅僅把迦南地賜給猶太人而已，祂要把救恩（屬靈的產業）賜給凡在基督裏的人」（Stott, p. 88）。

韓申如此解釋使用單數的「後裔」或「子孫」，有助我們掌握當中更廣闊的含意，他說：「我們要了解保羅給**子孫**所下的定義，與猶太人對這字充滿民族主義的解釋，乃是完全不同的。猶太人深信『子孫』一詞是指亞伯拉罕肉身的後裔——猶太人。因此他們堅信，必須屬於猶太民族才能承受所應許亞伯拉罕的福」（Hansen, pp. 97, 98）。如此邏輯自然形成為何外邦基督徒要行割禮，又要守摩西律法才能與上帝和好的理論基礎。

可是保羅在加拉太書第3章中「子孫」一詞的用法，還有比使用這個單數名詞來代表基督更複雜一點的用意。在第29節我們讀到：「你們既屬乎基督，就是亞伯拉罕的後裔，是照著應許承受產業的了」。故此，韓申指出：「基督——亞伯拉罕的一個子孫，把一個不分種族、社會與性別的信徒群體含括在祂裏面」。應許中的亞伯拉罕的一個子孫成為「新合一群體的中心」（Hansen,

因此，信而非割禮，才是屬於上帝的群體的標準資格。唯獨這信使人得以與上帝和好。

保羅在第18節寫這話來總結他的論點：「因為承受產業，若本乎律法，就不本乎應許；但上帝是憑著應許，把產業賜給亞伯拉罕」。使徒的論點沒有中間路線。承受產業要不是藉律法，就是藉應許，兩者不可結合成一。最後「保羅把他一切的論點都押在他的神學金科玉律上：救恩，由始至終、永永遠遠都是神的本意和恩典。承受產業的觀念讓這一論點更形鞏固……，因為產業完全是由立遺囑者所立定的」（Dunn, p. 186）。與上帝和好的方法永遠是祂的恩賜（加3：18）。

這不僅是給古代加拉太人的好消息，也是給二十一世紀的我們的好消息。不是永無止盡的諸多行為，而是唯獨相信在髑髏地的十字架上取代我們成了咒詛的基督（第13節），我們就可以與上帝和好。有信就是行在亞伯拉罕之道途上，因為上帝與他建立了信之約。

註1：作者把「文約」一詞譯為「遺囑」。

從另一角度論律法

加3：19－22

> ¹⁹ 這樣說來，律法是為什麼有的呢？原是為過犯添上的，等候那蒙
> 應許的子孫來到，並且是藉天使經中保之手設立的。²⁰ 但中保本不
> 是為一面作的；上帝卻是一位。²¹ 這樣，律法是與上帝的應許反對
> 嗎？斷乎不是！若曾傳一個能叫人得生的律法，義就誠然本乎律法
> 了。²² 但聖經把眾人都圈在罪裏，使所應許的福因信耶穌基督，歸
> 給那信的人。

　　加3：6－9已經清楚說明亞伯拉罕是因信稱義，而上帝給他
的應許是以信為本的。接下來的第10至14節，保羅論證干犯律法
就會帶來咒詛，但基督卻為信祂的人在十字架上承受了這咒詛。

　　這些都是清晰的論點，可是同時又引發出一個問題：倘若與
神和好是完全憑信，那為何還要有律法？保羅在第15至25節處理
這個問題。在這個解答的第一段，使徒從年代先後的角度比較應
許和律法，證明作為與上帝復和的方法，信心與恩典之道比律法
之道更佳。

　　至於保羅論證要點之深義，他所有的讀者都能掌握得到。但
這論點卻令他們產生了一些疑問，等待解答。第一個問題在第19
節浮現：「這樣說來，律法是為什麼有的呢？」這節經文似乎是

保羅硬說誹謗他的人就是這樣講，當中的話頗接近他們的思路。要是如保羅辯稱，信是人與上帝和好的唯一之途，那麼律法還有什麼位置？其功能何在？猶太教徒所暗示的答案就是：「律法沒有位置」，因為保羅強調的信已經令律法無處容身，而他所宣講的福音已經把律法侵蝕淨盡。如此指控將於稍後在耶路撒冷浮現，一些從小亞細亞來的猶太人指保羅「在各處教訓眾人糟踐我們百姓和律法，並這地方的。他又帶著希臘人進殿，污穢了這聖地」（徒21：28）。

不過保羅立即指出，如此指控遠非他的原意；相反，那是扭曲了他的立場，他寫道：律法「原是為過犯添上的」（加3：19）。保羅認為這就是律法的主要目的，雖然他在加拉太書並沒有像在羅馬書般把論點說的很清楚，就像我們在羅3：20讀到：「律法本是叫人知罪」，在羅7：7，他寫：「只是非因律法，我就不知何為罪；」他又在羅4：15補充：「因為律法是惹動忿怒的；哪裏沒有律法，那裏就沒有過犯」。鄧肯（George Duncan）進一步強化保羅的論點，他表示：「在保羅的觀念中，『過犯』[parabasis] 跟『罪』[hamartia]總是有區別的……：人可能因為無知而有**罪**，但唯有當他們擁有辨別什麼是正確的一套標準時，他們才會**犯罪**，而律法正是為了提供這麼一個標準而出現的」（Duncan, p. 112）。這樣，在一般的情況下，律法不僅把罪識別出來，還精確地辨明所犯之罪的種類。

如此解釋尚未道盡保羅在加3：19的教導，他繼續說：「等候那蒙應許的子孫來到」。我們在此發現，使徒把律法的目的與基督的角色聯繫起來，但要等到第22至25節時他才會說明這兩者的關係。不過，僅僅第19節便已極清楚地說明，律法以及在某些方面因律法才使罪惡顯明出來，便可引導我們歸向基督。

馬丁路德一語中的道出該意念的精髓，他這樣寫道：「除了藉著祂的光把良心照亮，使良心知道罪、死亡、審判與上帝的怒氣之外，律法什麼也不能作。在律法到來之前，我是安全的，我不感到有罪。但律法來了，罪、死亡和地獄就顯明在我心裏。這無法使人成義，而是使人知罪，成了上帝的仇敵、被判受死……因此律法的要點」在於「將他們的罪顯明出來，好叫他們因有這知識，就謙卑、戰兢、被壓傷、被折斷，從而去尋求恩典，來就那蒙福的後裔」（Luther, Commentary, p. 316）。

如此說來，猶太教徒對保羅神學的評斷就大錯特錯了。只因人憑信靠恩典而得救，並不表示律法就是多餘的，「因為保羅清楚知道，律法在上帝的計畫中扮演著重要的角色。律法的功用不是賜下救恩，而是使人確信他們需要救恩。引用猶基士（Andrew Jukes）的話：『上帝用律法來驗明我們是罪人，然而撒但卻藉律法來驗明我們自己是聖潔的。』」（Stott, pp. 89, 90）

儘管第19節的下半部分和第20節的全部內容都顯得含糊不清，但保羅在第19節要說的重點再明白不過了。關於第20節，十九世紀釋經學者黎福曾計算過，這節經文的解釋有二百五十至三百個（Lightfoot, p. 146）。到了1953年，連同對第17節花樣繁多的解釋，數目達到四百三十個（Ridderbos, p. 139）。然而不管當中的曖昧語意為何，保羅在第19節的要點是一目了然的。

加3：21提出了第二個保羅猜測猶太教黨派詢問的問題：「律法是與上帝的應許反對嗎？」他響亮地回答：「斷乎不是！」據他所理解，律法與應許有著互補的功用——他們合作同工。律法指出罪，卻也使罪人因干犯律法而有的咒詛，在基督裏得赦免的應許（3：10－14）。

律法不可能與應許反對，因為兩者都是上帝賜給祂的子民

的。律法與應許的**功能各異**，但這並不使它們互相矛盾。律法的目的是指明罪，至於應許的目的則是為罪的問題提供解救方法。兩者的關係相輔相成。

值得注意的是，保羅在第21節暗示，正是猶太教徒把律法置於應許的對立面，因為他們聲稱救恩是藉律法而來。在第21節的下半部分回答這一觀點，他這樣寫：「若曾傳一個能叫人得生的律法，義就誠然本乎律法了。」

這是一個我們要明白的重點，尤其是因為當今不少人教導說，在猶太人的時代，其宗教規定人們是藉守律法稱義，到了如今基督既然已經來到人間，人們就靠恩典得救。保羅一概否定這些觀點。他認為人永不可能靠守律法在上帝面前稱義，這從來都不是律法正確的功能。赫丁（Lewis H. Hartin）形容：「不管保羅在加3：19－25中教導什麼，他不是教導前基督時代靠律法得救與基督時代靠恩典得救的教義」（Nichol, vol. 6, p. 958）。

> **律法與福音是相輔相成而非矛盾對立**
> 「律法不應被視為與福音對立。透過把人降到罪人的層次，律法為福音作好了準備。可是，律法也不應被視作等同於福音。律法有其反面的作用：它使我們意識到自己的罪，但沒有——它確實不能夠——釋放我們脫離罪的捆綁。唯有藉著相信基督，所應許的福才會到來」（Hansen, p. 106）。

保羅以第22節結束他在第19至22節的論點，說：「聖經把眾人都圈在罪裏，使所應許的福因信耶穌基督，歸給那信的人。」這節經文呈現了兩個關鍵的概念：第一個是，所有人都被圈在罪裏。使徒可能在此想到申27：26，他較早前在加3：10已經引述

過這節經文，說：「凡不常照律法書上所記一切之事去行的，就被咒詛」。保羅在羅馬書的其中兩個最清楚的教導是：「世人都犯了罪，虧缺了上帝的榮耀」和「罪的工價乃是死」（3：23；6：23）。他在加拉太書第3章指眾人都是被圈在罪裏，乃是以另一種方式表達與羅馬書相同的概念。

　　幸好他同時給這困境提出解決方法──相信基督。對保羅來說，這是歷史上每一個人能夠從罪中得救的唯一之途。在他的時代這是真的，在我們的時代也是。罪從來就是一名獄吏，基督則永遠是釋放我們的那位。藉行善獲取功德不能使我們從罪的牢獄中得釋放；而是表達出相信基督，並且相信祂在十字架上為我們所作的（加3：13）才能救我們脫離罪牢。

救恩的社會性結果

加3：23—29

> ²³ 但這因信得救的理還未來以先，我們被看守在律法之下，直圈到那將來的真道顯明出來。²⁴ 這樣，律法是我們訓蒙的師傅，引我們到基督那裏，使我們因信稱義。²⁵ 但這因信得救的理既然來到，我們從此就不在師傅的手下了。²⁶ 所以，你們因信基督耶穌都是上帝的兒子。²⁷ 你們受洗歸入基督的，都是披戴基督了。²⁸ 並不分猶太人、希利尼人、自主的、為奴的，或男或女；因為你們在基督耶穌裏都成為一了。²⁹ 你們既屬乎基督，就是亞伯拉罕的後裔，是照著應許承受產業的了。

從某種意義上，加3：23－29把一場辯論引上高潮，這場辯論始於加2：12，彼得與外邦人的同桌用餐中退出來。保羅對彼得的回應之一是，他力言猶太人與外邦人是因信而非因律法稱義。這樣說來，不管因為歷史的原因而致使兩個群體彼此分隔，他們還是同屬一個信心群體，應該在同一桌子上用餐（見2：16－21及本書第八章）。保羅在加拉太書第3章進一步發揮這個主題。他的論點在第26至29節達到高潮，在該段經文中他提出一個結論：基督徒沒有種族或社會性的分別，因為上帝以同一方法將他們從罪惡裏救出來——藉著相信基督。

在把他的論點帶上高潮之前，保羅會先在第23至25節，再一次探討律法的功能。在第23節，他又一次將律法描繪成獄吏（比較第22節）。不過到了第24節，他提出了另一個新的意象，表示律法是「我們訓蒙的師傅，引我們到基督那裏，使我們因信稱義。」

就律法的任務而言，「訓蒙的師傅」這個譬喻，讓我們看到比獄吏這個譬喻具有更積極的意象。如《欽定版譯本》所指，這師傅既非教師也非校長。「一名paidagōgos（師傅）是指受僱於希臘或羅馬家庭的奴僕，負責六至十六歲的男童的監護工作，看守他在外的行為表現，在他離家出外時陪伴在側」（Burton, p. 200）。Paidagōgos本身不是教師，他帶少年人到教師面前，好叫他得到適當的教導。

因此，「保羅所說的是，律法不是解明得救之道的教師」，「律法是引導者，可使人們有所依循……它最多也只能讓他們感到需要救恩，從而向他們指明帶來救恩的神」（Morris, p. 119）。故此，律法的功能十分有限。

不過，保羅在第23至25節的討論卻要強調，律法有一個起始的功能。第23節的一句片語暗示了律法的獄吏功能，直至信顯明出來為止，而第25節則表示：「但這信既然來到，我們從此就不在師傅的手下了」註1。在這兩節經文中出現的「信」，按照兩字所在的整體文義格局所得，是指從耶穌而來的信或者從福音而來的信（見第22節）。

布魯斯（F. F. Bruce）寫以下的話，看來是對的：「可以從救恩歷史的階段以及在信徒個人的體驗，這二方面來解釋『這因信得救的理既然來到』的意思」（Bruce, p. 181）。從救恩歷史的層面看，這因信得救的理，既然來到，等同於基督道成肉身，祂受死把干犯律法的咒詛除去（加3：13）。但這並非表示在基督到來之前的人便

沒有信心（參見希伯來書第11章），而是指基督的出現，最後將這因信得救的理所指的對象顯明出來。

從個人的層面而言，這因信得救的理既然來到信徒的生命中，這句話的意思「等同於，那些嘗試以行律法為本的人，想建立一套屬於他們自己為義的標準，現在棄而不用，卻領受了因信基督而有的義」（Bruce, p. 181）。

既然這因信得救的理已然來到，律法在救恩歷史和個人的層面，就雙雙失去其師傅的功能（加3：25）。基督既為世界的罪而死，律法就確實地永遠不再在救恩歷史的層面作猶太國的師傅。至於在個人的層面，律法卻會重複不斷地喪失其師傅的功能。當一個人憑信接受了基督的恩典，律法的師傅角色就會終止，**直至**他離開與基督的關係，這角色又會死灰復燃，這時律法又重新負上其師傅的職責，指出人的錯，引他或她再回到與基督一個信的關係上。

第26節說所有人「因信基督耶穌都是上帝的兒子」，這一說把保羅的論點提升到更高的層次。這對猶太人的思想而言，確是一個激進的觀念。猶太人認為，上帝的兒女是不折不扣的亞伯拉罕後裔——他們既有應許又守律法。受割禮是作為上帝兒子的外顯記號。可是保羅卻稱，如今外邦人憑信就是上帝的兒子了。

保羅在第26節的立場也跟許多現代的教導鬧矛盾，這些教導聲言全人類都是上帝的兒女。聖經宣告上帝創造世人，但這並不表示上帝就是全人類的父親。反之，只有信基督的人才是上帝的兒女。在這一教導上，保羅認同約翰的觀點，約翰說：「凡接待他的，就是信他名的人，他就賜他們權柄作上帝的兒女。這等人不是從血氣生的，不是從情慾生的，也不是從人意生的，乃是從上帝生的」（約1：12、13；比較約3：5、7；羅8：14—17）。

　　加3：27把浸禮與信基督聯繫起來，說：「你們受洗歸入基督的，都是披戴基督了」。重要的是要認清，使徒並不是指我們藉浸禮來成為上帝的兒女，因為，正如斯托得主張：「保羅在這裏以浸禮取代割禮，還教導我們是藉著浸禮得以在基督裏，這是難以想像的事！使徒說得很清楚，我們與基督聯合的方法是藉著信……信保證了聯合；浸禮把這種聯合以肉眼可見的方式顯示出來」（Stott, p. 99）。

　　保羅在第28至29節領他的讀者來到辯論的高潮，這辯論始於加2：12猶太人和外邦人不可同桌用餐。基於所有人——猶太人和外邦人——都不是因行律法而是因信稱義（參見2：16），所以保羅力言：「並不分猶太人、希利尼人、自主的、為奴的，或男或女；因為你們在基督耶穌裏都成為一了。你們既屬乎基督，就是亞伯拉罕的後裔，是照著應許承受產業的了。」

　　這就是保羅一直要申論的要點。他實際上主張「與上帝建立一種嶄新的豎向關係，從而與他人建立一種嶄新的橫向關係」（Hansen, p. 112）。

　　保羅把信徒在教會之間的種族、階級、與性別於社會上的分野一舉掃除。他並非指一切分野從此就不再存在了，而是指它們從此不再重要，因為它們不再構成信徒之間團契的障礙。對猶太人來說，保羅的教導尤其具有革命性的突破，因為這教導把猶太男性每天禱告中的思想感情顛倒過來，在禱告中他們感謝上帝沒有把他們造成外邦人、奴隸、或女人。韓申提醒我們：「保羅的論點是：外邦人無需要成為猶太人才能完全融入教會的生活。黑人無需成為白人、女人無需成為男人，才能在教會的事工和生活上得到完全的參與」（Hansen, p. 113）。

　　在二十一世紀的教會，有許多人會感到保羅的教導與古猶太

教徒的教導同樣具有威脅性，原因就如布魯斯所指：「保羅主張男性和女性、猶太人和外邦人、為奴的和自主的在基督裏的同等地位一概不受約束。要是在平常的生活中，在基督裏的生命是在教會的團契中公開表現出來，那麼，倘若一個外邦人可以跟一個猶太人一樣，有相同的自由在教會中作屬靈領袖，或者一個為奴的人和一個公民享有相同的自由，為什麼一個女人就不可以跟一個男人一樣有相同的自由？」（Bruce, p. 190）。保羅的邏輯對教會確實含有重大的意義。從靠恩得救所衍生出來的社會性結果，並不只限於猶太人與外邦人之間的界線。

保羅在加3：29重提應許這個題旨——在第6至9節和第15至18節一直在他腦際縈繞的主題。上帝應許亞伯拉罕，外邦人（即萬國）要因這位先祖得福（加3：8；創12：3），他被算為義是因著他的信心，而不是他的行為（加3：6；創15：6；比較羅馬書第4章），這些一直留在保羅的腦海之中。上帝所應許給亞伯拉罕的真正後嗣，是那些相信基督，而非空有血緣關係的人。保羅以此結論推翻猶太教徒的論點。不過，他關於亞伯拉罕對基督徒的含義之論述還沒有結束，在加拉太書第4章他將繼續詳細論述這一主題。

註1：《和合本》聖經的第23及25節「但這因信得救的理」中，「因」及「得救的理」這些字是《和合本》聖經譯者加上，原文並沒有該些文字，必須加上才清楚，這都是要叫原文的意思更顯明。

得兒女的名分

加4：1—7

> ¹ 我說那承受產業的，雖然是全業的主人，但為孩童的時候卻與奴僕毫無分別；² 乃在師傅和管家的手下，直等他父親預定的時候來到。³ 我們為孩童的時候，受管於世俗小學之下，也是如此。⁴ 及至時候滿足，上帝就差遣祂的兒子，為女子所生，且生在律法以下，⁵ 要把律法以下的人贖出來，叫我們得著兒子的名分。⁶ 你們既為兒子，上帝就差祂兒子的靈進入你們（原文是我們）的心，呼叫：「阿爸！父！」⁷ 可見，從此以後，你不是奴僕，乃是兒子了；既是兒子，就靠著上帝為後嗣。

從某種意義上說，加4：1是第3章最後一節經文的延續，該節經文說：「你們既屬乎基督，就是亞伯拉罕的後裔，是照著應許承受產業的了。」（3：29）而連結這二節經文的詞便是後裔。

保羅把這兩節經文作這樣的聯繫，當中含有一個特別的用意。第3章的結束，是因信接受基督，擁有崇高的身分，他們不再受制於須透過律法以換取救恩的方式而行。他們已經接受了上帝全然的恩賜，成為上帝大家庭的一分子。

可是這中間潛伏了一個危機——這危機在當時正影響著加拉太的基督徒。簡單而言，他們正處於背離信心經驗的危險中，回

到重拾一些以行為來賺取稱義的方式——猶太教徒所強加於他們身上的方式。

面對這危機，保羅在加4：1－11採取這條論證思路：「如今（因信基督稱義之後）反而去服從律法的規定就是將時鐘倒轉回去……，也就是在上帝面前退回到一個更加拘束不需如此嚴苛的情況中」（Dunn, p. 209）。使徒把他的論點分成兩個階段，乃是為了說明他的用意：

1. 在加4：1－7扼要地重述加3：23－29，說明人們從受律法的監管，轉而成為上帝的兒女，進一步成為承受上帝應許的後嗣。

2. 在加4：8－11警戒他們不要「歸回那軟弱無用的小學」，就是他們在悔改信主前所倚賴的。

保羅在加4：1 7的思路

1. 信基督之前，你們就像孩童「受管於世俗小學之下」（第1至3節）

但是

2. 如今藉著基督，你們是自由的，是上帝的兒女，擁有長大成熟的一切權利（第4至7節）。

我們將會在本章探討第一階段（第1至7節），而在第十六章處理第8至11節。

保羅不只一次採取第1至7節的方法（參見弗2：1－10），就是以他的讀者令人失望的現況作開始，然後，以他們如今在基督裏是擁有特權的人作結束。他以「及至」這個十分重要的過渡詞彙，突出兩者的分別，同時又把這兩者連繫起來。

加4：1－3形容信徒是未成年的孩童。保羅表示他們是應許中真真正正的繼承人，但他們還未擁有繼承產業的全部權利。其實，儘管他們有可能繼承一切產業，他們的條件並不比一個奴僕好（第1節）。使徒自然知道他們並非真的與奴僕一樣，因為繼承人到了成年時就有指望，而奴僕卻沒有。保羅的重點是：「孩童和奴僕都缺乏自主性」（Betz, p. 203）。

第1至2節描述了一個景象，一個已經去世的人在死前立下遺囑，把所有產業留給他未成年的兒子，遺囑規定男孩要受監護人（校對者註：和合本聖經作師傅）的監管，直至他達到所規定的年齡為止。在此之前，監護人要看守男孩的一切生活，而管家的職責範圍則較小，負責監管他處理之事（Ramsay, pp. 391, 392）。

保羅力言，人在尋見耶穌之前就是處於上述的狀況：「我們為孩童的時候，受管於世俗小學之下……。」（加4：3）被翻譯為「小學」的希臘字是一個重要的詞，這詞在第9節再度出現時，成為了保羅給加拉太人的呼籲中十分關鍵的一詞。遺憾的是，這詞確切的意思並不清楚，它可以表示準則或規定（Rogers, p. 428），或是「希臘世界相信人的命運，受非人類的力量所支配」（Cousar, p.92），諸如星宿和其他天體的力量。兩種解釋都訴諸語言證據，並且加拉太書第4章的上下文也支持此二說。但第8節說加拉太人服事「那些本來不是神的」，這節經文成為支持把詞解釋為超出這世界的靈力之決定因素。

庫沙指出了該節經文出人意外的一個事實：「保羅把受制於律法下的生命等同於『宇宙的諸多驚人之靈』的束縛」（Cousar, p. 93）註1。使徒顯然認為，由於返回猶太制度的老路——包括守節期和受割禮（加4：10）——會導致作奴僕的後果，因此重回猶太教就等同於重返異教。此二宗教都是錯誤的，因為它們都不符合信心

之道——唯一與上帝和好之道。

加4：4以麥當勞（H. D. McDonald）稱為「聖經其中一個決定性的『及至』」作為開始（McDonald, p. 93）。這「及至」標誌著耶穌所帶來的新開始：

- 上帝在時機成熟時差遣祂來，
- 「為女子所生，
- 「生在律法以下，
- 「要把律法以下的人贖出來，
- 「叫我們得著兒子的名分」（第4至5節）。

第4和第5節含義甚深。首先，耶穌來到世間並非偶然。上帝把祂的旨意行在世界的歷史之中。上帝到了「時候滿足」才「差遣他的兒子」。「時候滿足」這片語沒有在新約其他的經文中出現過，我們在可1：14、15倒找到相似的表達，說：「耶穌來到加利利，宣傳上帝的福音，說：『日期滿了，上帝的國近了。你們當悔改，信福音！』」但以理書9：24、25所保存的時間預言有助我們更明白「時候滿足」的意思。該段經文在討論七十個七時表示，當受膏君來到，他就會「贖盡罪孽，引進永義」。《巴比倫他勒目》保存了這題目的一些解釋（見〈論公會〉97a, b）。

加4：4不僅告訴我們耶穌是在時機成熟之際被差來世間，還告訴我們祂是道成為肉身、完完全全的人（「為女子所生」），並且生為猶太人（「生在律法以下」），這是應驗了舊約時先知的預言：彌賽亞是出自亞伯拉罕和大衛這一脈系的（見太1：1）。唯有生於這一脈系，祂才能將亞伯拉罕之福賜給外邦人的「子孫」（加3：14–18）。

加4：5接著告訴我們，基督要為凡接受祂的人作的兩件事情：第一，祂「要把律法以下的人贖出來」。「贖」是市場交易

上的詞彙，意指買或賣。保羅使用這字來講述基督為把人從罪的奴役中解救出來所付上的代價。這代價當然就是祂在髑髏地的犧牲，「就贖出我們脫離律法的咒詛」，祂為我們在十字架上成了咒詛（加3：13）。

　　基督所作的第二件事情是，祂把干犯律法被咒詛的人，贖出來好得著兒子的名分（4：5）。我們在本書的第十四章已經探討過，當人們透過信領受基督是賜給他們的一項恩賜，他們就被納為上帝家庭的成員（見加3：26；約1：12、13；羅8：14-17）。

　　儘管保羅轉變了所使用的隱喻，即由孩童（加4：1-3）轉到得了名分的兒女（4：5-7），他的意思既清晰又一致：藉著基督，我們得釋放、擁有一切的特權、成為上帝大家庭的一分子。而最奇妙的是，這一切都是我們憑信就得到的恩賜。當我們接受基督犧牲的那一刻開始，我們就被納入上帝的家。因著這項聖靈之恩降下，感動我們呼叫「阿爸！父！」（第6節）。「阿爸」是稱呼父親的亞蘭文，波奧士寫道：「人們往往意識不到，在古代稱呼上帝為『父』是多麼不尋常，而耶穌為祂的信徒禱告的這個慣用的模式又是多麼令人難忘」。他又指出：「在耶穌的時代，一、沒有人會直接稱呼上帝為『我的父』，因為這會被指不敬；二、耶穌在禱告中常常使用這稱謂，讓門徒大感詫異；三、耶穌准許門徒像祂這樣稱呼上帝，門徒就照著行」（Boice, p. 474）。我們也可以稱呼上帝為「阿爸！父！」，因為憑信心、藉恩典，我們已經被納入上帝大家庭中，我們不再是奴僕，而是上帝的兒女，藉著上帝的恩賜，我們是亞伯拉罕應許之約的繼承人（加4：7；3：28、29）。

註1：「宇宙的諸多驚人之靈」屬作者譯文，和合本翻譯為「受管於世俗小學之下」。

逆向進步

加4：8—11

> [8] 但從前你們不認識上帝的時候，是給那些本來不是神的作奴僕；[9] 現在你們既然認識上帝，更可說是被上帝所認識的，怎麼還要歸回那懦弱無用的小學，情願再給他作奴僕呢？[10] 你們謹守日子、月分、節期、年分，[11] 我為你們害怕，惟恐我在你們身上是枉費了工夫。

保羅在加4：4－7突出了加拉太信徒擁有的尊貴身分，他們是上帝的兒女，也是亞伯拉罕應許的後嗣。如今來到第8至11節，他指出他們並沒有活出這神聖身分的樣式。

使徒在第8節和第9節的上半部分，比較他們之前和現在的情況。他指出，從前他們是假神的奴僕，但現在他們已經認識上帝。這是一件美事，也是保羅的使命所在——把人從迷惑、靈性的無知、奴役的轄制中拯救出來，讓他們認識上帝是父，而不是一位讓人害怕的人或事物。

他在第8和第9節談到認識。加拉太人由不認識上帝，進而認識上帝。但保羅還要以一些奇特而曲折的文字補充，說：「更可說是被上帝所認識的」（第9節），當中的含意顯示，是上帝採取主動賜下救恩。作為人類的我們，不會因為知識增多就能賺得救

恩。反而是上帝認識我們，尋找我們，又差祂的兒子拯救我們脫離為奴的困境（第4、9節）。上帝率先定下救恩計畫是全本聖經的主旨（參閱創3：9；路15：4、8；19：10）。按照加拉太書第4章的文義脈絡，唯有祂先認識我們，為我們定下計畫，拯救我們離開罪的捆綁，和因干犯律法而被宣告為無望的為奴之境，之後我們才開始認識上帝。

這就是好消息。如上所述，這同樣是一件美事，因為加拉太悔改信主者已經積極地去回應上帝的主動救人之舉，進而使他們離開了假宗教。保羅為他傳講所帶來的結果感到欣慰。他們已經憑信接受了基督，開始在聖靈的引領下朝著正確的方向邁進（加3：2－5）。

上述所討論的領我們來到加4：9那個斬釘截鐵的「**可是**」（譯註：中文沒譯出「可是」）註1。他們有好的開始，**可是**如今卻轉往錯誤的方向，於是保羅就責問他們：「怎麼還要歸回那懦弱無用（軟弱貧乏）的小學」？（作者譯本）還追問他們是否想再作奴僕嗎？在本書的第十五章，我們曾探討加4：3中的「小學」是指假宗教，包括異教和錯謬的猶太人／基督教的預測之事。我們更明確地說，重回猶太教徒所鼓吹的猶太舊制度，即守割禮、尚曆法等，對保羅而言，就是將人重新投入於為奴狀態的異教懷抱。

使徒的加拉太悔改信主者，不難發現異教的宗教本質是懦弱無用的。可是，他們一時之間可能很難看出猶太律法也具備了與異教一樣的特色，特別當大力推行律法的猶太教徒貌似真誠，手持聖經向他們傳「別的福音」（加1：16）。

不過，保羅不會在此妥協。他認為任何倚賴猶太禮儀和律法，好求得與上帝和好之方，都與拜假神同樣錯誤（4：8）。兩條路都不會有真正的希望，因為都是「懦弱無用」之途（第9節）。

我們要問：為什麼連律法都是軟弱毫無用處的呢？巴克萊認為：「它是**軟弱的**，因為它是無用的。它能界定罪，它能顯明人所犯的罪，它能定他的罪；然而，它既不能饒恕他以前的罪，也不能給他力量制服將來的罪。律法的基本和固有的軟弱，從前是，如今也是：它能夠診斷病症，但不能夠提供療法。」（Barclay, p. 39）

可是猶太教徒就是要帶保羅的加拉太悔改信主者投入無能的律法。猶太教徒鼓動巧舌貌似誠懇地主張，加拉太人若渴望得到作為教友的全部特權，他們就要行割禮和守律法。要是他們希望與上帝和好，在信心之上就必須加上嚴守律法。走出信心這第一步之後，現在他們應該走第二步：使用猶太人之法，這樣他們才能成為亞伯拉罕的真兒女。猶太教徒力指，如此道路就是進步之途。

不是這樣的！保羅呼喊道。轉往「那懦弱無用的小學」只會使他們再作奴僕（4：9），他們必會朝著反方向進展，或者如莫里斯指出：「加拉太人以為欣然接受猶太教徒的教導，他們的基督教信仰就會進步。保羅卻認為，他們根本上是向相反的方向走，回到作基督徒前的樣子。」（Morris, p. 134）

加4：10說加拉太人：「你們謹守日子、月分、節期、年分」，這節經文讓我們對他們所作的有一點點的了解。威廉士（Sam Williams）寫道：保羅「所指的大概是猶太教的宗教曆法中，各樣崇拜和禮儀的特定時間。保羅的驚呼緊接於第9節的提問之後，暗示加拉太人希望返回的『小學』之一，就是與宗教曆法所要求的宗教行為。到底是哪一宗教儀式，後來的讀者無從稽考……，可是保羅顯然擔心這些禮儀最終會走到割禮這一步」（Williams, p. 114）。

儘管我們實在無法肯定使徒的「日子、月分、節期、年分」所指為何，不過「日子」可能是指在利未記第23章臚列的每年七個宣告為聖會之休息日（例如逾越節和贖罪日）〔校對者註：英文作安

息日，但根據聖經此七日不一定是安息日，所以譯為休息日〕，「月分」是指與每月常例性的崇拜事件相關的宗教活動，「節期」指超過一天的節期性敬拜事件，「年分」則在某方面是關於安息年和禧年。

有人還會在保羅列舉的清單中，加上禮儀節期以外的每週安息日。但經文本身，或者在保羅其他書信中找到的對應經文（如西2：16、17），均沒有指明這一說。事實上，西2：16、17還反過來證明，每週的安息日不包括在保羅的清單中，因為經文稱月朔、安息日「原是後事的影兒」。所有猶太的祭禮節期皆指向耶穌的再來，它們是「**後事的影兒**」，可是每週的安息日卻回頭指向上帝的創造（創2：1-3；出20：8-11）。故此每週安息日不僅比摩西頒布的律法還要早，而且它負有另一個目的。禮儀節期預告耶穌的來臨（西2：17）；每週安息日是記念創造主、救贖主上帝的過往作為（出20：11）；上帝的十誡是全宇宙永恆不變的道德律，而每週的安息日是明白寫在這上面的其中一條；然而，儀式的節期和其他宗教曆法大事，乃是猶太經濟制度所定的嚴規，該等規定乃只是為滿足他們在基督裏的成就或類型。

不過，在日子問題上作爭論，就是忽視了保羅要說的重點。的確，保羅始終如一地抵抗返回猶太宗教曆法之路，可是，倘若一個人以為正確地遵守主日或者安息日便可以賺取救恩，也是錯誤的。保羅的立場很清楚：「人稱義不是因行律法，乃是因信耶穌基督。」（加2：16）守安息日和守其餘九條誡命是對救恩的回應，它們不是得救恩的方法。他對稱義的理解不會容許在信心之上加諸任何東西——不是為賺取功勞而守的每週安息日，肯定更不是猶太宗教年度的禮儀節日。

加4：1-11的教訓之一是，作為現代的基督徒，我們要謹記

以前我們是什麼人，作基督徒之後我們又成了什麼人。遇見基督之前，為了與上帝和好，受謬道和不適當的方法所奴役，同時也因干犯律法被定上罪的刑罰。然而靠著信基督，以及祂在髑髏地上把犯律法所招致的咒詛解決掉，我們就成了上帝家裏的人，得以成為所應許給亞伯拉罕之國的後嗣。倘若我們要在與上帝同行的路上有分，我們就要避免以「懦弱無用的小學」來確立和保持與上帝和好的關係。我們唯一能靠賴的，是上帝奇異的恩典，我們只有透過信心方可得到這恩典。

註1：第9節的英文譯本以But（可是、但是、然而）此一連接詞開始。

教牧心腸

加4：12 — 20

> [12] 弟兄們，我勸你們要像我一樣，因為我也像你們一樣；你們一點沒有虧負我。 [13] 你們知道我頭一次傳福音給你們，是因為身體有疾病。 [14] 你們為我身體的緣故受試煉，沒有輕看我，也沒有厭棄我；反倒接待我，如同上帝的使者，如同基督耶穌。 [15] 你們當日所誇的福氣在哪裏呢？那時你們若能行，就是把自己的眼睛剜出來給我，也都情願；這是我可以給你們作見證的。 [16] 如今我將真理告訴你們，就成了你們的仇敵嗎？ [17] 那些人熱心待你們，卻不是好意，是要離間你們（原文作把你們關在外面），叫你們熱心待他們。 [18] 在善事上，常用熱心待人原是好的，卻不單我與你們同在的時候才這樣。 [19] 我小子啊，我為你們再受生產之苦，直等到基督成形在你們心裏。 [20] 我巴不得現今在你們那裏，改換口氣，因我為你們心裏作難。

在整本加拉太書中，我們一直聽到作為神學家的保羅，為了申明他的立場，把神學問題剖析得淋漓盡致，可說是過於細分了。來到加4：12－20，我們遇見作為教牧的他。使徒在這數節經文裏，由說之以理改為動之以情。容或保羅曾在之前的經文以「無知的」和被「迷惑」的（3：1）來稱呼他的讀者，或是說他們

是福音的背道者；如今他卻稱他們為「孩子們」，又把自己形容為他們信心的長輩（4：19，作者譯本），如斯托得說：「我們在加拉太書第1至第3章，一直聽到保羅作為使徒，神學家，信心的捍衛者在說話。到了現在，我們聽到保羅乃是一個人，牧者，一位心裏火熱愛人的人在說話」（Stott, p. 111）。

他一開始就勸他們要像他一樣，因為他過去也像他們一樣（第12節）。從字面判斷，經文的意思並不清楚，只有把它放在整本加拉太書的脈絡上，我們才能得以明白。保羅在加2：14對彼得的質問，給我們提供了解明這節經文的一條線索，他說：「你既是猶太人，若隨外邦人行事，不隨猶太人行事，怎麼還勉強外邦人隨猶太人呢？」我們要問：根據加拉太書的前後文，保羅和彼得在哪些方面隨外邦人行事呢？首先，他們都明白到，他們的稱義是本於信心，而不是本於行律法（2：16）。因此，他們已經放棄了藉行割禮，和猶太律法的某些方面來賺得功勞的念頭。對於這一點，他們是很清楚的，正如馮蔭坤指出：「因為保羅以隨從律法來換取信靠基督，這就使他成了『外邦的罪人』，如加拉太人一樣」（Fung, p. 195）。

正是在這樣的基礎上，「現在他懇求他們要像他一樣，從律法的束縛中釋放出來，從而知曉在基督裏的自由。」（Fung, p. 195）簡單而言，保羅明白到恪守猶太教的律法禮節，對確立他在神面前的地位毫無益處。同一道理，加拉太人也要照樣脫離割禮和猶太禮儀的束縛，不再藉此來確立他們在神面前的地位。此外，他們必須重新調整個人的生命方向，體認到稱義是上帝的一項恩賜，他們唯有藉著信心才能得到這恩賜。這就是保羅在第12節對他們的**勸勉**。使徒大可出言威嚇，但當有需要時，他也可以動之以愛。他是一位牧者，他最關心他的羊群得救之事。

117

從加4：12的後半部至第16節，保羅談及加拉太人對他的態度。在第12節他慨嘆：「你們一點沒有虧負我」，意思是對於他在首次前往加拉太傳道之時，保羅對他們怎樣待他，絲毫無任何怨言。也許你會想：**為什麼他們會虧負他呢？**答案出現在第13和第14節。

顯然保羅曾患上令人厭惡的疾病，或者他正處於一種遭人唾棄的狀況，使他容易讓不認識他的人討厭，以至於拒絕他和他的信息。根據加4：13，他明顯不打算長時間留在加拉太，「是因為身體有疾病」他才頭一次傳福音給他們們。菲特拉評論：「要是他能夠繼續上路，他是不會逗留在他們那地方的」。可是，他不僅不適宜立即繼續他的旅程，「使徒的健康狀況，在當時〔還〕成為了聆聽他信息之人的一種試煉」（Findlay, p. 276）。不過，加拉太人不僅沒有虧負他，還以喜樂的心接受他的信息（加4：12、15，作者譯本）。他們聽從他的話，視他如上帝的使者，或更甚而是基督祂自己（第14節）。此外，保羅還說要是可能的話，他們甚至願意把眼睛剜出來給他（第15節）。

有研究加拉太書的學者認為，第15節表示保羅的疾病一定與他的眼睛有關。有人猜測其原因，他在往大馬色路上，由於天上有一道讓他眼瞎的亮光（見徒9：3），使其視力一直無法復原——上帝允許他的身上有一根刺，叫他保持謙卑，並且永遠承認他已經被恩典救贖過來（見林後12：7-9）。又有人引用加拉太書信中末了的地方為理由（「請看我親手寫給你們的字，是何等的大呢！」加6：11），以此進一步證明保羅的疾病與他的眼睛有關。

他的病也許牽涉到眼睛，可是這一點在聖經中完全不明顯。畢竟，加拉太人連眼睛都願意剜出來給他，可能只表示他們願意為這位把傳福音給他們的人，付上一切罷了，而這一點正是十分

重要的。我們無需為了明瞭保羅的意思，而去探究他到底患了什麼病。他所說的重點是，加拉太人帶著喜樂的心（4：15），毫無保留地接受他和他的福音信息。

到目前為止，一直都還不錯。可是接著就出現第16節——在加拉太書中重複出現的負面老調。保羅又再申述：你接受我和我的信息，**但是**，有些情況出現了！他們對他和他的信息的回應大轉一百八十度。

這一點領我們來到第17至20節，以及保羅對加拉太人的態度。縱使他們改變了對他的反應，他卻沒有改變他對他們的反應。但這並不表示問題就此得到解決。現下的問題原本就不是出於加拉太人，而是出於那些假教師，假教師一心藉著討好他們，使他們離開保羅和他的福音，最後令他們與基督隔絕（第17節）。保羅怒斥的對象，並非他的加拉太悔改信主者，而是那些來自耶路撒冷的人，他們教導加拉太信徒說，保羅並不是真正的使徒（見本書第一章就加1：1的評論），又指他們的得救單靠他所傳講因信稱義的信息並不足夠。這些人裝作很友善，可是骨子裏卻是敵人，毫不關心加拉太人的切身利益。

牧者保羅對他在基督裏的兒女的關愛之情，其意義之重大就在他的論證中呈現出來。他告訴他們，在他們成為基督徒之際，他曾為了他們忍受生產之苦，這雖是難當之苦，可是為了使基督在他們心裏成形（4：19），他願意再忍受這苦。加爾文認為，這就是牧者真正的工——不是叫別人像自己，而是叫別人像基督（Calvin, p. 83）。誠摯的基督徒的傳講和教導，總是必須幫助別人愈來愈像耶穌，儘管他們得面對世上的困難，但還是要使他們有能力找到在基督裏的喜樂，並且過一個喜樂的生活。

「律法主義可以偷走喜樂，因為

・它使人有罪惡感，不感到被愛；

・它強調表現，不強調關係；

它指出我們所作的多麼不足夠，而不是因為基督為我們所成
就的，可使我們有多麼大的改變。

「倘若你感到有罪和不足，不再喜樂，檢視你所關注的焦
點。你是否因信基督而活？抑或嘗試為了達到別人的要求與
期望而活？」（Barton, p.141）

從保羅的觀點看，就是基督的敵人（加4：15），取走基督教的
喜樂，並且引導人看宗教為週而復始的守律法行為，意圖藉此獲
得保證，以致他們有足夠的把握可以獲得上帝的接納。

每一世代的保羅都必須與這類教導爭戰。但是，比這更糟糕
的是，牧者與教友弄不清這敵人的身分是誰。使徒十分清楚，感
到迷惑的加拉太人並非威脅所在；來自耶路撒冷誤導人者才是。
遺憾的是，歷代以來，教會中總有「來自耶路撒冷」的密探，出
來曲解唯獨憑信心靠恩典稱義的福音。幸而教會永遠有像保羅這
樣的人譴責律法黨派，這保羅一族又能改換口氣（第20節），向教
會內有信仰掙扎的聖徒發出懇求。使徒深願我們每一位都擁有一
顆真正的牧者心腸，傳揚上帝的喜樂。

兩個兒子的故事

加4：21—31

[21] 你們這願意在律法以下的人，請告訴我，你們豈沒有聽見律法嗎？ [22] 因為律法上記著，亞伯拉罕有兩個兒子，一個是使女生的，一個是自主之婦人生的。 [23] 然而，那使女所生的，是按著血氣生的；那自主之婦人所生的，是憑著應許生的。 [24] 這都是比方：那兩個婦人就是兩約；一約是出於西乃山，生子為奴，乃是夏甲。 [25] 這夏甲二字是指著亞拉伯的西乃山，與現在的耶路撒冷同類；因耶路撒冷和她的兒女都是為奴的。 [26] 但那在上的耶路撒冷是自主的，她是我們的母。 [27] 因為經上記著：「不懷孕、不生養的，你要歡樂；未曾經過產難的，你要高聲歡呼；因為沒有丈夫的，比有丈夫的兒女更多。」 [28] 弟兄們，我們是憑著應許作兒女，如同以撒一樣。 [29] 當時，那按著血氣生的逼迫了那按著聖靈生的，現在也是這樣。 [30] 然而經上是怎麼說的呢？是說：「把使女和她兒子趕出去！因為使女的兒子，不可與自主婦人的兒子一同承受產業。」 [31] 弟兄們，這樣看來，我們不是使女的兒女，乃是自主婦人的兒女了。

有人認為加4：21—31是本書信最困難的一段經文。不過，至少有兩個關鍵點將有助我們解開它的意思。朗格奈克指出：

「其中一個關鍵點是，保羅在加3：6—9的亞伯拉罕例證，與加4：21— 31的夏甲／撒拉故事，其所要探討的主旨都是關於自我身分的問題：誰才是亞伯拉罕真正的兒女？猶太教徒跟保羅在這問題上的立場互相對立」（Longenecker, p. 219）。

對於這身分，加拉太的猶太教徒肯定有他們自己的看法，巴列解釋：他們認為「亞伯拉罕真正的後裔，就是居住在耶路撒冷的猶太人，他們是上帝真正的子民。由此推論，如今的耶路撒冷，就是上帝重新締造之子民的權力中心，這些人現在被稱為教會。凡不以認可的方式（割禮）預備自己歸屬此團體的，必須被驅逐。這些人是不可能希冀繼承要給亞伯拉罕和他子孫的應許。」（Longenecker，p. 217）

保羅當然另有想法。在加4：21—31他利用夏甲／撒拉的故事，把整個猶太教徒的邏輯駁倒。為此他需要採用一種猶太人的獨特辯證法，一些現代基督徒或會感到這方法難以明白。我們要記得，保羅是一位訓練有素的猶太拉比，他擅長使用猶太拉比之法。第一，我們必須瞭解到，任何一段聖經中的經文對拉比來說都有四種意思。巴克萊分列如下：

1. 字面的意思，
2. 啟發性的意思，
3. 藉考據推演而得出的意思，
4. 寓意。

在拉比的思維中，他們認為寓意是這四種意思的最高者，故此，他們會把各種解釋投射到一段簡單的聖經故事上，這些解釋也許在我們看來並不足信，但對於受過傳統拉比解經訓練的人來說卻言之成理（Barclay, p. 44—45）。

正因如此，保羅便採用了亞伯拉罕和撒拉的故事，來建立一個

猶太教徒能明白的論點。你大概記得，不生育的撒拉建議亞伯拉罕娶她的使女為他留後，這是符合她當時文化的做法，結果生下以實瑪利。同時，上帝應許亞伯拉罕和撒拉，他們必會有一個他們自己的孩子。然而這在他們看來是可笑的，這是由於亞伯拉罕已經接近一百歲，而撒拉則已經九十歲。撒拉為之發笑（創18：12），因為這應許的實現牽涉到人力所不能為之事。儘管他們疑惑，上帝還是藉著「賜下」以撒實現祂的應許。故此，可以說，以實瑪利是按著一般的血氣之方式生的，以撒卻是憑著屬靈的應許生的。以撒誕生後，兩個婦人和兩個兒子之間爆發衝突，年紀較大的以實瑪利逼迫以撒，至終導致撒拉硬是要亞伯拉罕趕走夏甲（創16：1－16；17：15－25；18：9－15；21：1－21；羅4：16－25；來11：11、12）。

保羅在加拉太書中從三個層面發展這故事。第一個層面是加4：22、23的歷史層面。在這幾節經文中，他重述兩個婦人和她們的兒子的舊約故事之精髓。兩個兒子的父親都是亞伯拉罕，可是二人之間卻存在了兩個主要的差異：首先，他們的母親身分不同。由於其母親的身分使然，以實瑪利是生而為奴的，以撒則是生而自主的。其次，保羅突顯出差異，一個是按著常人血氣所生，另一個則是藉著上帝的應許，以超自然的方式生下。

保羅的夏甲／撒拉故事的第二個層面是，他在第24至27節採用寓意解經法解釋有關故事。在此他以兩個婦人預表兩約和二個城市。

這裏的兩約代表了兩種與上帝建立正確關係的方法。保羅把其中一約與西乃山相連，摩西在那山上領受上帝的律法。凡隨從這一約者，就是與夏甲相連，也因而與屬血氣的、律法、為奴的相連。他把另一約與撒拉相連，推而廣之，就是與自主和上帝的奇妙應許相連。由於兩個兒子出於同一父親，隱含於保羅陳述中

的問題就是：誰是他們的母親？他們是自主之子還是為奴之子？
（就恩約更詳盡的討論，請見喬治‧賴特著《探索希伯來書》，第27章〈注釋「新」的約〉）。

　　保羅在探討兩城市時，他的論點更明確。他把「現在的耶路撒冷」與夏甲和以實瑪利相連，這一提就把猶太教徒的解釋翻轉過來。保羅在此迎頭痛擊猶太教徒，他們堅持在耶路撒冷所行的（行割禮等），現在加拉太的基督徒都應該照樣行。保羅以「現在的耶路撒冷」對比「在上的耶路撒冷」，前者是為奴者之地，後者則是自主之人——撒拉兒女的住處。然後在第27節他引述賽54：1，證明承受福分的是那不生育的婦人——即撒拉，她憑應許而非血氣而活。根據這文義脈絡推論下去，凡按著血氣而活的，就是靠賴割禮和守律法恢復與上帝和好的關係；凡按著應許而活的人，就是藉著相信地上的萬國都要因亞伯拉罕得福的這項應許，領受上帝的稱義（加3：6-9）。

　　上述的觀點領我們來到保羅使用夏甲／撒拉故事的第三個層面——個人的層面（第28-31節）。在此他視加拉太人等同於以撒，就是那應許之兒女。這樣，他們便不應跟從來自地上耶路撒冷的那些「傳道者」，而應當與保羅持住應許，這應許是要給那因信稱義之先祖的（加3：6-9；創15：6）。可是一旦他們如此行，他們就要準備受逼迫（第29節），正如保羅所經歷的。另一方面，他們卻又得以期待亞伯拉罕的福。與此同時，猶太教徒及凡堅持以守律法來達到與神和好關係的人，最終會被祂趕出去（第30節）。保羅響亮地以一句話總結：加拉太人「不是使女的兒女，乃是自主婦人的兒女了」（第31節）。

　　縱然加4：21-31，以現代的眼光看是有許多難解不明之處，但這段經文對二十一世紀的人有著極其重要的教訓。一件事

是教會仍然分成兩大陣營：一方是那些在諸多屬靈的事上仍然按血氣行的人，另一方則是透過應許仰賴上帝的人——就是說這二大群人：有人靠行律法稱義，有人因信稱義。不過，像斯托得指出，如今教會的攪擾者不是那些「保羅寫信的對象，猶太人或猶太教徒，而是信奉墨守律法的人，他們認為往上帝的道路便是遵守若干規條才能到上帝那裏」（Stott, pp. 121, 122）。

事實上，每一位教友若不是以實瑪利，就是以撒——也就是說：他們不是憑信抓緊上帝的應許，便是仍然需要釋放的奴僕。

斯托得為此做了很好的總結：「以實瑪利的宗教是**本性**的宗教，是在上帝沒有任何特殊介入之下，**人**只要靠自己便能夠作什麼的宗教。然而以撒的宗教卻是**恩典的**宗教，是**上帝**已經作了什麼和祂正在作什麼的宗教，故這宗教由神採取主動，由上帝介入，因為以撒是透過神的應許超越人的本性出生的。這就是基督教——不是『人性的』的宗教，而是『超越人性』的宗教。此世的以實瑪利相信自己是義人；此世的以撒卻是透過耶穌基督只信靠上帝。像以實瑪利的人是在挾制之中的，因為靠自己總是會導致這一後果；像以撒的人享受自由，因為人藉著信基督就得釋放」（Stott，pp. 128, 129）。或者換句話說，像以實瑪利的人，耗盡畢生的力量試圖做律法的主；然而，像以撒的人，卻是把生命降服給主。

「你當竭力在上帝面前得蒙喜悅，

　作無愧的工人，按著正意分解真理的道。」 提摩太後書2：15

第四編 倫理：
自由的責任
（加5：1—6：10）

Exploring
Galatians
& Ephesians

兩條道路的故事

加5：1—12

> [1] 基督釋放了我們，叫我們得以自由。所以要站立得穩，不要再被奴僕的軛挾制。[2] 我保羅告訴你們，若受割禮，基督就與你們無益了。[3] 我再指著凡受割禮的人確實的說，他是欠著行全律法的債。[4] 你們這要靠律法稱義的，是與基督隔絕，從恩典中墜落了。[5] 我們靠著聖靈，憑著信心，等候所盼望的義。[6] 原來在基督耶穌裏，受割禮不受割禮全無功效；惟獨使人生發仁愛的信心才有功效。[7] 你們向來跑得好；有誰攔阻你們，叫你們不順從真理呢？[8] 這樣的勸導，不是出於那召你們的。[9] 一點麵酵能使全團都發起來。[10] 我在主裏很信你們必不懷別樣的心；但攪擾你們的，無論是誰，必擔當他的罪名。[11] 弟兄們，我若仍舊傳割禮，為什麼還受逼迫呢？若是這樣，那十字架討厭的地方就沒有了。[12] 恨不得那攪亂你們的人，把自己割絕了。

加拉太書第5章領我們來到本書信中一個精采的轉捩點。頭兩章經文集中在歷史的主題上，保羅為他的使徒權柄和自由的福音作辯護，因為他面對那些來自耶路撒冷的人同時就這兩方面攻擊保羅，也向他發出挑戰。接著的兩章以歷史為基礎，保羅提出其基督徒的自由在神學方面的解釋。如今在第5和第6章，保羅轉

到自由的福音在信徒之生命中所作出的人倫表現。

根據鄧雅各所說，在加5：1「保羅就其觀點的闡述和呼籲達到最高峰。」「他給加拉太人寫信的全部理由，都綜合在第1節那情緒激昂的公開宣言中」（Dunn, p. 260），說：「基督釋放了我們，叫我們得以自由。所以要站立得穩，不要再被奴僕的軛挾制。」

保羅的熱情在加5：1—12處於最高點，可以這樣說，他是把心扉全然敞開，盡訴深情。鄧雅各力言：「他一定意識到這是關鍵的一刻。要是現在他不能說服他的加拉太聽眾，就再沒有別的機會了；他在他們身上所下的功夫，以及他們在基督裏的自由都可能挽回不了。」（Dunn, p. 260）這是他的情緒如此激昂之故。

「自由」顯然是第1至12節的主題，正如自由是整封信的主題一樣。保羅面對的問題是，因為他教導加拉太的悔改信主者，藉著信即可與上帝和好，但有些人卻引導他們除了這之外，還要更進一步地領受割禮和猶太人的律法才能與上帝和好。故此他迫切地呼籲他們要站立得穩，因為基督死在十字架上是為了要他們得自由（第1節）。斯托得如此寫道：這自由「是良知的自由，免於律法挾制的自由，就是死命地努力守律法，希望可以贏得上帝的喜悅。這是蒙上帝接納和藉著基督來到上帝面前的自由。」（Stott, p. 132）

割禮是危機的重點所在，這清晰地呈現在加拉太書第5章第2至第4節。然而假教師宣稱：「你們若不按摩西的規條受割禮，不能得救」（徒15：2）。保羅知道割禮本身是微不足道的事，他並非總是反對割禮（例如，參閱徒16：3）。可是在他看來，在加拉太環境中所推行的割禮，卻是一種阻礙。保羅將它視為是一條廢掉基督福音的宗教之路，最主要的一項教導。那是教導本於順服律

法，靠好行為而得救的神學緣起，如此觀點認為，信基督並不足以與上帝和好。猶太教徒堅信，稱義包含信心加上割禮和順服律法，這立場等於說基督在髑髏地上的犧牲是不夠的，信徒必須在行為上為這犧牲再添上點什麼。

保羅對這種神學寸步不讓。他以第2至第4節提出四點反對：

- 「若受割禮，基督就與你們無益了。」（第2節）
- 「凡受割禮的人確實的說，他是欠著行全律法的債。」（第3節）
- 「你們這要靠律法稱義的，是與基督隔絕。」（第4節）
- 這樣的人是「從恩典中墜落了。」（第4節）

保羅不認為這是微不足道的事。他力言這兩條道路（信心與信心+行為）不是基督教的二種類別，而是兩種大相逕庭的宗教。呂以曼（Dieter Lührmann）幫助我們看到：「保羅再次申明猶太教所沒有的選擇。猶太人認為，服從律法的軛就是實現自由的意思」，可是這對保羅而言，卻是被奴僕的軛挾制（Lührmann, p. 98）。他本人在早年就曾嘗試以守律法來取悅上帝（腓3：4－6），但是他失敗了。唯有當他靠恩得救之後，他才明白律法的作用是使人知罪，而不是救人脫離罪（加3：21；羅3：20－24）。他開始知道，倘若人要藉守律法來取悅上帝，他就必須毫無瑕疵地遵行律法的每一個細節（加3：10；5：3）。使徒體認到試圖透過守律法來取悅上帝，就是奴僕（5：1）和失敗（羅3：9－24）之路。除了基督之外，從來沒有人能守全律法。保羅還漸漸明白，基督死在十字架上，把男男女女從犯律法的咒詛中救贖出來（加3：10、13）。對他來說，守律法的「福音」是撒但蒙騙人的招數，它只會帶來奴役與死亡。正因為有了這番體認，所以保羅在討論加5：1—12的主題時，他的熱情表露無遺。

　　對於凡接受福音的人，保羅對他們有二項很正面的聲明。首先，他們是「憑著信心，等候所盼望的義」（第5節），很明顯地這是述及主第二次再來。其次，一個得救的人，其信心會生發仁愛（第6節）。有了那個思維，保羅開啟了主導加5：13－6：10的一番論證。莫里斯在評論第6節時這樣寫：「我們不要以為憑著相信基督，而不倚靠自己的好行為便可得著救恩，就以為基督徒的生命是一種蒙福而無所事事的生命。然而，更積極展現信心的做法，便是透過仁愛展現出來[REB譯作「**藉愛心表達出**信心本身」]」（Morris, p. 158）。

　　在加5：7－12，保羅離開他就加拉太信徒的討論，轉而專注於意圖引導他們走歪路的假教師。他在第7節問：他們是誰？他在第8節說：當然不是上帝。在第9節他寫道，這些猶太人的錯誤教導，會像能使全團都發起來的麵酵般，在全教會上下擴散。

　　於是保羅在第10節稍微轉變他的訴求。他深具信心因為加拉太人會站在他的福音這一邊，而不會支持猶太教徒。可是一想到這些注定要走上滅亡之途的人，他就義憤填膺，他認為，他們所造成的麻煩至終必會被審斷。在他看來，他們最可惡的惡行是，顯然趁著保羅不在時，他們企圖透過指出「保羅自己也受了割禮，在割禮的教導上，他跟他們是完全一樣的」這種主張來「贏

取〔加拉太人〕領受他們的教導」（Morris, p. 161；參閱Bruce, p. 237）。保羅質疑：要是第一點所說的真有其事，我「為什麼還受逼迫呢」（第11節）？這逼迫乃是來自猶太教徒和排斥十字架且有十足力量的人。

對於守律法的成就而感到自豪的人，十字架本身就是絆腳石（第11節，作者譯本）。十字架提醒我們，不管人多麼努力地嘗試，都無法從罪中救自己。髑髏地沒有給人性的驕傲留有餘地（參閱弗2：9）。十字架之上不能添枝加葉。我們要不是必須因信接受它，就是拒絕它。這是與十字架相交的唯一之道。

加5：12代表了保羅反對猶太教徒最後所爆發出來的情緒，他大喊道：那些教導割禮的人，自然得依循他們的邏輯所得之結論，把自己閹割了（作者譯本）。他辯白：為什麼只割一部分呢？「他們應該為自己作徹底的清除，割掉整個器官」（Keener, p. 533）。巴克萊幫助我們明白保羅怒火的威力，他指出：「加拉太靠近弗呂家，那裏最熱衷的宗教敬拜，便是拜西比利。西比利的祭司和虔誠的信徒以自行閹割來殘害自己，西比利的祭司都是閹人，所以保羅說：『若你走上以割禮為開始此一途，你最好像那些異邦祭司一樣，以閹割自己為結束。』這是一個富禮的社會為之瞠目皺眉的殘酷例證，可是對於加拉太人卻是千真萬確的事，因為他們十分熟悉西比利的祭司，事實上這些人就住在他們中間」（Barclay, p. 48）。

自由的矛盾點

加5：13 — 15

> ¹³ 弟兄們，你們蒙召是要得自由，只是不可將你們的自由當作放縱情慾的機會，總要用愛心互相服事。 ¹⁴ 因為全律法都包在「愛人如己」這一句話之內了。 ¹⁵ 你們要謹慎，若相咬相吞，只怕要彼此消滅了。

第13節開始便標誌出加拉太書濃濃道德味的段落，巴列寫道：「保羅差不多用了四章半的經文，以單就信的原則便用最強烈可用的措詞。稱義是為有罪的人設立的；一個人的品德不管多麼高尚，沒有人能賺取救恩；由於遵守律法而有的行為，皆是毫無果效的。不過由5：13開始，他警告他的讀者不可濫用自由。」（Barrett, p. 56）他們不要以為他們有權為所欲為。

在此我們看到實事求是的保羅。他在討論神學時可以神思遄飛，但所討論的往往是為了實際情況目的。對他而言，神學本身不是目的，而永遠是達到目的之手段。巴克萊寫道：「除非神學能夠在世上得到落實，否則它一點用處都沒有」（Barclay, p. 49）。這一點可見於羅馬書，保羅在該書的前十一章，就罪以及給猶太人和外邦人的救恩，提出了精湛而複雜的論證。但是從第12章至第15章，他把其教導回歸實際的層面，提出悔改信主的教友如何才

可以活出愛的生命。

保羅在加拉太書有相同的做法。在頭四章半的經文，他論證複雜的理論。但到了最後的一章半經文，他把這些理論應用在教會的日常生活中。許多現代教友就是在此跟使徒出現了意見分歧的情形。他們的神學講得十分動聽，但卻拙於在所屬的群體中表達神的愛。這當然並不是新鮮事。根據加5：15，加拉太教會的信徒就是患上同一種屬靈毛病。

使徒在5：13宣告那偉大而完全的真理，他告訴基督徒：「你們蒙召是要得自由」。請再留意，不是作為人類的我們啟動使人得救，而是上帝首先開始。我們能夠做的，就是作出正面或負面回應。

我們蒙召是為了得自由。可是看著某些教友，我們認為未必是這樣。太多教友顯得沮喪和消沉。我認為這一類教友，是反對基督教的最有力說明。箇中的悲劇是，他們顯然並不曉得，他們是從什麼處境中被呼召出來的，也不清楚他們是為了蒙召去做什麼。某些人只不過脫下了罪的枷鎖，換上律法主義的枷鎖。他們的行事為人往往彷彿活在上帝的慧眼審視底下，好像上帝是處心積慮的，只要他們稍微越軌，上帝就逮住他們。這類教友一點都不自由。

那些憑信接受神恩而稱義的人，確實是自由的。可是我們要問：主從什麼地方讓他們得自由的呢？有幾樣，包括因被罪惡感奴役的良心，因犯律法而招致被定罪的咒詛（加3：10），從透過無休止地以律法為本的行為來恢復與上帝的關係之需要中。從這幾樣捆綁中所獲得的自由，是基督徒喜樂的充分理由。他們已經在基督裏稱義，而且被接納成為恩約的兒女。

但是貝茲（H. D. Betz）認為，他們至少可以在兩種情況下會失去

這自由：律法主義和放縱（Betz, p. 258）。保羅在加5：2－12論及第一種情況，在第13至24節處理第二種情況。巴列寫道：「一個只按個人的享樂來表達自由的人，他是束縛自己，作他自己的慾望與情慾的奴僕」（Barrett, p. 56）。耶穌在談到這類人時，告訴猶太人說：「所有犯罪的就是罪的奴僕」（約8：34）；保羅在寫給提多的信中，形容這樣的人「服事各樣私慾」（多3：3）；現代社會科學家則指他們是上癮的人。

這樣看來，保羅所說的自由就不是絕對的自由。雖然在某些事上得了自由，但並不表示我們可以放縱行事。有人這樣說：那是脫離罪的**自由**，不是**犯**罪的自由。

有些人就是在此混淆了保羅的神學。那些沒有留心聆聽他話語之意思的人，他們所面對的潛在危機就在於此。正因為他們只知道一部分的自由，然後決定任意隨從肉體或者別的心之所好而行。他們假定，反正他們不用守律法來建立與上帝的正確關係，而恩典又是保證了寬恕的。保羅在羅6：1就遇到這種挑戰。他對此挑戰的回答是：基督徒不應仍在罪中活著，因為他們已經向罪死了，並且已經重生行在上帝的道中（第2—11節）。在羅馬書第12章，他把同一經驗形容為基督徒的心意更新變化（第1、2節）。事實上，得救的基督徒不會想犯罪；倘若他們犯了罪，他們會悔改。他們從不受情慾的支配，而是讓聖靈引導。因此，他們不該視個人的自由為「放縱情慾的機會」（加5：13）。

相反——這正是基督徒自由的矛盾點所在——他們要「用愛心互相服事」（第13節）。用麥當勞的話說：基督徒「向著律法主義是自由的」，「向著愛[卻是]被約束的」（McDonald, p. 131）。如此說來，基督徒就是那些上帝從情慾的奴役中拯救出來的人，可是卻成為愛鄰舍之奴僕。

　　而且他們並不是不受律法約束，反倒是他們與律法有了一種新關係。他們不再視律法為攀上天國的階梯，而是愛神和愛人的機會。保羅在加5：13、14把這一點說得明白：他們不用為了得救，而拼命遵守律法；正因為已經得救了，所以他們遵守律法。

　　他們遵從律法是因為愛，而非基於律法的責任。保羅附和耶穌（太22：37-40）跟從舊約（申6：5；利19：18）的教導，把全律法都歸納在「愛人如己」這一句話之內（加5：14）。

　　在較早前他論到「生發仁愛的信心」（加5：6）。雖然保羅的神學表達守律法主義和信之間的衝突，而不是信和愛之間的衝突，信心反而表達出愛本身。

　　巴列解明當中的大能時這樣寫：「情慾的反面是愛；愛表示互相服事。當保羅繼續引述愛人如己的誡命時（5：14），這一點顯得更清楚。所以，從其相反的一面來定義，情慾是指以自我為中心、以利己為本位的生活，它並非特別傾向於性慾的罪（正如我們可以這樣定義），而是集中關心自己……再一次……我們從另一角度看到信與愛心是如何彼此相關。兩者都是離開罪。信把眼睛轉離自我，並且轉離專信自己來贏取神的功績；愛把眼睛轉離自我，並且轉離自我的意願——即使是自己真正的需要，轉而關注鄰舍，並讓自己的資源供他使用」（Barrett, pp. 72, 73）。

　　這樣看來，自由的矛盾點並不如乍聽起來那麼混淆不清。作信的奴僕對悔改信主的基督徒是沒有痛苦的。在聖靈的大能之下，他們的信在愛人之時，便會自然地流露出來。

　　保羅的神學以自由的恩典為基礎，這恩典憑信接受，但他的神學卻不是一個沒有律法的神學。他認為每一位基督徒永遠肩負兩項責任：第一是有責任愛上帝；第二是愛別人。除此之外，使徒在羅13：8-10直接把這些責任與十誡連結起來，經文中他明

顯把愛鄰舍與十誡相提並論。如前所述，信之路是指基督徒不用守律法來得救恩，但信之路也顯示，基督徒首次得著自由與能力，乃是以正確的動機來活出神愛之律法。

加拉太人的問題之一是，他們不是透過信活出愛的律。恰恰相反，他們「相咬相吞」（加5：15），這幾個字的古典希臘文「意指野獸的垂死爭鬥」（Burton, p. 297）。律法主義者的大毛病之一是，他們十分地自我中心——重視自己和個人成就，另一方面又注重別人的錯處，路以曼認為，這導致他們「彼此紛爭，完全不能彰顯他們一心想委身其中的律法所要求的愛心。」（Lührmann, p. 104）

以律法／順從為本位，而不以信／恩典為本位，其在歷代教會的歷史中所引致的後果，是好爭吵和具破壞性的教友。在加拉太教會是這樣，在今日的教會也是如此。

要是所謂的基督徒願意將保羅在加5：13－15中有關律法的勸勉付諸實施，教會便會是一處更可愛的地方。每所教會都有所謂的「虔誠的教友」，他們彷彿是愛上帝的人，可是卻惡待眾人。此外，我們又常常遇到一些人，他們對於如何守十誡還有／或是吃什麼食物格外謹慎，但他們自己卻是比魔鬼更惡劣的人。這些人想弄清楚律法和救恩的關係時，他們都得仔細研究加5：13－15，同時也要細細地處理整合信與愛之關係。

情慾之路

加5：16—21

> [16] 我說，你們當順著聖靈而行，就不放縱肉體的情慾了。[17] 因為情慾和聖靈相爭，聖靈和情慾相爭；這兩個是彼此相敵，使你們不能做所願意做的。[18] 但你們若被聖靈引導，就不在律法以下。[19] 情慾的事，都是顯而易見的；就如姦淫、污穢、邪蕩、[20] 拜偶像、邪術、仇恨、爭競、忌恨、惱怒、結黨、紛爭、異端、[21] 嫉妒（有古卷在此有凶殺二字）、醉酒、荒宴等類，我從前告訴你們，現在又告訴你們，行這樣事的人，必不能承受上帝的國。

保羅在加5：13－15教導，上帝呼召信徒得自由，並不是叫他們放縱其罪的本性，而是叫他們像「奴僕用愛心互相服事」（作者譯本）。可是現在我們要問：這有可能嗎？很顯然地，這正是加拉太的信徒敗筆之處（第15節）。

使徒給加拉太人和我們的回答是：唯有聖靈才能使我們自由。聖靈在第16至25節占據了這一段經文的主要位置，祂被提及了七次。與聖靈聯合是維持基督徒自由的唯一之途。沒有聖靈的工作，我們生命中的自由，要不是轉向律法主義，就是轉向放縱。律法主義和放縱，都被保羅視為情慾的事，儘管在某些方面它們有著相當大的分別，因為律法主義是「宗教上的虔誠」，放縱則是頗為「反宗教的」。但兩者都是情慾的事，因為都一樣集

中焦點放在我們自己身上和我們的成就，而不是看上帝和祂對我們的作為。

最重要的是要明白，並非所有的罪都是反宗教的。罪喜歡穿上宗教的外衣，也喜歡穿上世俗的外衣。加拉太人最大的問題，是他們那宗教上的虔誠犯罪意圖，希望設法透過律法為自己做那些只有上帝藉基督在十字架上方能做到的事。在二千年後今日的教會，依然因這情慾的宗教上虔誠之罪而受苦。這些信徒要停止走在聖靈的前頭，讓祂進入他們的生命中，好叫他們在基督裏得自由。

基督徒要應付的主要問題之一，是他們每一位都是聖靈和情慾的戰場，善與惡在他們的生命中作激烈的爭戰（加5：17）。這是一個嚴肅的問題，表示我們接受基督和加入教會之後，並不是永遠安全的。鄧雅各認為「爭戰的兩邊」都有信徒（Dunn, p. 299），意指在情慾與聖靈之爭上，一位信徒有可能走向任何一方。

關於「虔誠的情慾」
魯益斯（C. S. Lewis）寫道：「真基督徒的鼻孔是會一直地留意內心罪惡淵藪所發出的味道」（引自Barton, p. 184）。

有教友並不喜歡這教導。他們宣稱，在他們成為一位基督徒之後，他們已經向罪死了，同時也將他們的邪情私慾已一次釘死在十字架上了。但保羅在此指出，事情並不是這樣的。只要我們還在此世，我們就會和情慾的諸多誘惑爭戰。這個事實在路得撰寫以下的話時得到承認，他說：「上帝的真聖徒不是『樹幹和石頭（好像修士和教授們所夢想的），以致永不為事物所動、永不感受到任何肉體上的慾望或情慾；而是如保羅說，他們的情慾與聖靈相

爭，因此他們是有罪的，他們也會犯罪」（Luther, Commentary, p. 508）。

那些反對保羅的淺白教導的人，一般都比那些經常地把守律法和無罪的完美主義掛在嘴唇邊的人要好些。只是他們並不明白，他們並沒有擺脫「情慾」，「情慾」只不過變成了「宗教上虔誠的情慾」而已。

此類「好人」通常愛挑剔教會內達不到他們「崇高」標準的人，故此他們與在加拉太中設法受法利賽人影響的猶太人是同一伙的。可以說，他們可能用一生把魔鬼連同其卑鄙的罪趕出前門，可是魔鬼卻轉過頭來裝扮成貌似基督徒的／愛律法的敬虔，再從後門進來。

如何解決這使人類左右為難的處境呢？對此保羅說得清楚。唯一解決之道就是讓聖靈引導我們的生命。這是保羅在加5：18後面所指的意思，說：你們「不在律法以下」。馮蔭坤注釋這節經文時說：「倘若猶太人標榜律法為唯一抵抗作情慾之奴僕的防護，那麼保羅便力證被聖靈引導就是最好的防護」（Fung, p. 252）。保羅在第16節告訴基督徒要「順著聖靈而行」，也是同一道理，就是說基督徒要無時無刻都在聖靈引導之下（Ladd, p. 475）。

如果保羅在加5：16－18所說是正確的，那麼在基督徒的生命中，沒有比與聖靈同工更重要。伍以思（Kenneth Wuest）主張：「聖靈是賜給」基督徒「對抗邪惡劣根性的中間者」，當我們降服於祂，祂就為我們如此行。**聖徒必須與聖靈合作，讓祂進行聖化生命的工作。聖靈不是一具不斷運作的機器，在信徒的生命中自動就會操作。祂是一位有位格的上帝，祂的職事是等待人們倚靠祂，祂深盼聖徒與祂合作。因此，信徒要選擇順從聖靈還是服從邪惡劣根性，這全在乎他的選擇**」（Wuest, vol. 1, p. 154）。根據保羅所言，沒有一個選擇比這個更重要。接受聖靈注入我們的生

命，和接受基督的代贖——祂為我們在十字架上承擔了犯律法的咒詛（加3：13）——都是一樣重要。

雖然在加5：16—18保羅的焦點，是聖靈對於得勝的基督徒生活的必要性，但在第19至21節他把重點轉往情慾的事上。在討論第13至15節時，按加拉太書的上下文，我們必須把情慾界定為一切對抗仁愛的事，就是如巴列所說：「情慾的反面是愛；愛表示互相服事（5：13、14）……所以，從其相反的一面來定義，情慾是指以自我為中心、以利己為本位的生活，它並非特別傾向於性慾的罪（正如我們可以這樣定義），而是集中關心自己」（Barrett, pp. 72, 73）。

同一道理，罪是愛的反面，愛自己比愛上帝和愛人更多（參閱Knight, I Used to Be Perfect, pp. 13—24）。推動情慾的力量與推動犯罪的力量是同一件事。任何使我們以自我為中心，而不是以他人為中心的事，都是情慾的事。按此觀點而論，心中的罪引致罪行；專注於情慾引致情慾的事。這樣，若我相信，我在我的世界中就是最重要的，最終我就會不榮耀祂、利用你的身體、或者奪取你的東西。當然，這些都是顯而易見的情慾之事。較為不明顯的情慾之事是，僅是我那愛自己的情慾就能使我挑你的毛病，因為我比你更獻身奉行上帝的全部律法。如此「宗教上虔誠」的態度在教會便結出紛爭和爭競的果子，這正是強調律法的信徒在加拉太構成的問題（參見加5：15、20）。

巴列說中這一論點，他寫道：「關於情慾的事（5：19—21），應注意的是它們不全都是我們應該形容為性慾的罪。有一些是肉體的罪：姦淫、污穢、邪蕩、醉酒、荒宴。性慾的罪排行最先，是因為它們在這些例子中是最明顯的，一個男人或一個女人，僭取他或她所沒有的權力，放縱一己之私慾，不僅剝奪他人的產業，還有他人的伴侶，使人受到最大的傷害。但諸如拜偶像、邪

術、仇恨、爭競、忌恨、惱怒、結黨、紛爭、異端、嫉妒，都是情慾的事，而教會歷史已經被它們弄污。並非全都是性慾的罪，但卻都是以自我為中心的罪。它們突出了罪就是自私自利，因為情慾就是人類自私自利的先天傾向」（Barrett, p. 46－77）。

保羅所列舉的情慾之事，大致可分為四類：

- **性慾的罪，**
- **宗教偏差，**
- **個人關係的失序，**
- **無節制的罪**（參閱Fung, p. 254）。

他最後說：「行（這個動詞的時態，表示恆常地如此行，而非偶犯）這樣事的人，必不能承受上帝的國」（加5：21）。

上帝基於兩個理由必須驅逐他們：第一，他們的行為成為證據，證明他們不是在基督裏的，因此他們不是按應許所指的亞伯拉罕的子孫和後嗣（3：29）。第二，他們在上帝的國裏不會快樂，因為他們完全與這國向別人輸出愛心的基本原則不協調。因此，抱著按情慾原則行事的他們，不僅會在那裏感到不自在，他們置身其中也會造成永久的破壞。

142

聖靈之路

加5：22—26

> [22] 聖靈所結的果子，就是仁愛、喜樂、和平、忍耐、恩慈、良善、信實、 [23] 溫柔、節制；這樣的事，沒有律法禁止。 [24] 凡屬基督耶穌的人，是已經把肉體，連肉體的邪情私慾同釘在十字架上了。[25] 我們若是靠聖靈得生，就當靠聖靈行事。 [26] 不要貪圖虛名，彼此惹氣，互相嫉妒。

在上面的經文中，我們該注意的第一點是，當我們比較聖靈所結的果子和情慾的事時，「果子」一詞是單數，而「事」一字是複數[註1]。當勞‧格思里（Donald Guthrie）寫道：「保羅使用單數而非複數的『果子』，當中的意義值得注意，因為後者乃表示各色各樣的產物，而他真正的用意，卻是要顯示在一次收割中得到的多種果實。保羅所提到的那些特質，沒有一樣可以被獨立看待」（Guthrie, p. 139）。

以另一個方式來解釋，在每一位真信徒的生命中，都可以找到果子的多樣性特質。舉個例子，一個愛上帝和愛人的人，不可能沒有和平、喜樂、溫柔。同一道理，一個有忍耐的人，不可能沒有節制、溫柔等等。可是，同一原則卻不適用於情慾的事上，因為一個人可以犯姦淫，卻不一定是拜偶像的或是醉酒的。這樣

看來，我們應該把聖靈的果子，視為一整簇結合起來的美德，而不是一系列互不相連的美德。

　　情慾的事與聖靈的果子的另一個顯著的分別是，後者代表將情慾所做的事造成人的自我成就，予以轉離，正如馮蔭坤形容：「聖靈所結的果子」這一句話「不是直接把結果子的能力歸給信徒自己，而是歸給聖靈，因此這句話有力而含蓄地說明，臚列出來的品格，並不是憑著竭力奉行客觀的律法規條來達到的成果，而是生命由聖靈掌管和引導下的自然產物[收成]」（Fung, p. 262）。這一觀點特別與那些傾向猶太人的「為上帝而行」的立場，背離了保羅以「讓上帝代我們行」為方向的加拉太人有關。

　　在我們繼續討論之前，關於聖靈的果子，還有一點是我們該注意的，就是我們必須區分聖靈的果子與屬靈的恩賜。保羅在其他地方說得分外清楚，這些諸般恩賜——好像醫病、作先知等，是賜給人服事之用，並不是每一位基督徒都具備所有恩賜（林前12：4–11）。意思是沒有人擁有聖靈所賜的全部恩賜，但各人都有一種或者多種的屬靈恩賜，讓我們可用以幫助別人。但上面所提的果子，每一位受聖靈所引導的真基督徒都會有它的每一特質。總之，菲特拉認為，聖靈果子的那幾句經文「包含了基督的福音所滋生的理想品格」，加5：22、23所描繪的果子是「耶穌實行出來的宗教」（Findlay, p. 375）。正是那樣，遺憾的是，加拉太的律法主義者及每一世代的完美主義者，都傾向專注於律法的外在形式和消極的一面，而無視保羅和耶穌（見太5：43–48）所提出的聖靈果子。

　　第22和23節描繪了果子本身，第一、是「仁愛」。麥當勞論證：「居於聖靈果子首位的『仁愛』，不應純粹被視為屬於這一整簇的其中之一。它反而是其他果子賴以依存的莖幹。仁愛居於

果子系列之首，它就是整體的核心」（McDonald, p. 137）。保羅在之前強調了愛，他宣稱愛是信自然的流露（加5：6），愛是成全律法的總綱（第14節），這證明了麥當勞的觀點是正確的。此外，保羅力勸加拉太基督徒所需要的正是愛（第15節）。另一點支持愛是核心的理由是，我們在本書的第20和21章的研究：以自我中心為本的情慾行為，對比完全以他人為本而生發出的愛心。

巴克萊提醒我們，希臘文以四個字來形容愛，但保羅在第22節卻只採用了agapē一字。當約翰撰寫「上帝愛世人，甚至將祂的獨生子賜給他們，叫一切信祂的，不至滅亡，反得永生」（約3：16），他所用的是同一個字。這個字也被保羅在哥林多前書第十三章用來描繪基督徒美德中最大的。耶穌談到我們當愛我們的仇敵，並且為逼迫我們的禱告時，祂也用這字（太5：44）。最重要者，若我們要完全，像天父般完全，愛便是我們所必須具備的特徵（太5：48）。

> 四個關於愛的希臘文
>
> 1. Eros，「意指一個男子對一個少女的愛」
> 2. Philia，「對我們最親密的摯愛，所感受到的溫暖之愛」
> 3. Storge，代表「深情之愛，特別形容對待父母和對待孩子的愛」
> 4. Agapē，表示「無可比擬的仁慈。意指不管一個人怎樣侮辱、傷害、羞辱我們，我們總是什麼都不求，只求他最大的益處」（Barclay, p. 54）。

對保羅而言，agapē是果味最濃的果子，它是律法的總綱（加5：14；羅13：8—10），也是處於基督徒生命的核心位置。缺了它，就

是最熱心的基督徒所作的信仰表白，都只不過是響亮而無意義的噪音罷了（林前13：1）。

人有了**愛**（agapē）就會與上帝並與人和睦（這是兩塊法版的十誡之焦點所在，見太22：37－40），他們又有喜樂，因為任何人都不會閒來無事想去傷害人，還有忍耐、恩慈、良善、節制，全因為它們構成**愛**（agapē）的固有之質。

「這樣的事沒有律法禁止」（加5：23），保羅寫道。莫里斯稱：「這是一句巧妙而含蓄的陳述，使我們注意到保羅就所描述的那種操守，是每個地方的立法者都希望發生的」（Morris, p. 175）。好幾個世代的立法者所不能做到的，只要讓聖靈在他們的生活中行出上帝的旨意，聖靈便可予以補足和完成其不足之處。

不過，保羅告訴我們和加拉太人，若要這事情發生，人們就必須做兩件事：第一步，他們必須「把肉體連肉體的邪情私慾同釘在十字架上」（加5：24）。請注意，「釘」這個動詞是主動語態，按上下文的意思，這一動作不是由別人代勞，而是他們自己動手。保羅借用了耶穌被釘十字架的意象，耶穌告訴門徒，若有人要跟從祂「就當捨己，背起他的十字架來」（太16：24）。在聖靈的引導和祂的大能下，我們必須把自我本位（情慾）的生活方式釘在十字架上。加5：24的釘十字架，其希臘文動詞是不定過去時態，這顯示了該動作是一個發生在某一特定時刻的特定動作，也就是這動作是發生在悔改信主的時候。事實上悔改信主就是這個意思：向一套原則死了（情慾的事），向另一套原則生（聖靈的果子）。可是，就歷史上而言，釘十字架是一個費時的過程。如我們在前文討論加5：17所說，舊的生命原則可能已經被釘了，但依然在我們的日常生活中爭取主權，這就是耶穌告訴我們，每位基督徒都要「天天背起他的十字架」（路9：23）的一個原因。

把情慾釘在十字架上，只是每位基督徒需要行的第一步，畢竟，有什麼比一個沒有悔改生命之信主者的景況更壞和更令人沮喪？第二步是必須渴慕聖靈的果子，意思是不僅要把自己釘在十字架上（加5：24），還要「靠聖靈行事」（第25節）。「行」的希臘文在此有獨特的意義，它與第16節的「行」字不同：後者是「行走」的意思（作者譯文），第24節的「**行**」則是stoicheō，意指「列成一行」，或者引伸作「在直線上行走」之意（見Rogers, p.432）。藉著耶穌與上帝有信靠關係的基督徒，會與上帝的旨意站在同一條線上，聖靈就在這種人身上結出第22和23節的果子。

　　要那果子成為真正的聖靈果子，基督徒便必須把它活出來，而不光是空口說。這正是保羅在第26節懇請加拉太人和我們所說的：「不要貪圖虛名，彼此惹氣，互相嫉妒」。威仁敦（Ben Witherington）指出：「第26節是第25節的鏡中倒影，保羅在告訴了他們應該作的事情後，如今他告訴他們不當作的事情來總結他的論點」（Witherington, p. 413）。雖然他直率地指出加拉太信徒的毛病，但他所說的話對活在二十一世紀的我們也是具有相同的意義。

註1： 加5：19中的「情慾的事」，作者的譯文是 "the works of the flesh"，"works" 的意思包括功勞、行為等。

順聖靈而行（上）

加6：1—5

¹ 弟兄們，若有人偶然被過犯所勝，你們屬靈的人，就當用溫柔的心，把他挽回過來；又當自己小心，恐怕也被引誘。 ² 你們各人的重擔要互相擔當，如此，就完全了基督的律法。 ³ 人若無有，自己還以為有，就是自欺了。 ⁴ 各人應當察驗自己的行為；這樣，他所誇的就專在自己，不在別人了。 ⁵ 因為各人必擔當自己的擔子。

令人遺憾地，加拉太教會似乎是很多教會會眾的典型代表。保羅勸他們不要相咬相吞、彼此惹氣、互相嫉妒（加5：15、26），並且不要做類似他所列舉情慾的事，如爭競、忌恨、紛爭、嫉妒等（20節）。在積極面，他提出積極的解決之道，他宣稱基督教的本質是「生發仁愛的信心」（第6節），「全律法都包在『愛人如己』這一句話之內」（第14節）、仁愛是聖靈的果子最重要的一項（第22節）。

加拉太人在這些方面顯然犯了嚴重的毛病，因此，在告訴他們靠聖靈行事之後，現在保羅準備給他們一些實質的建議，如何做到靠聖靈行事。這些建議是以發生在他們中間的問題為依歸，就是他們從倚靠恩典轉而倚靠守律法來得到個人滿足，這不僅使他們的神學，還使他們對自己和對別人的態度，朝著一個不正確

的方向偏斜。閱讀加6：1－5，當中隱含了他們不再以恩慈相待（第1、2節）；他們的自我膨脹——可能由於他們有「傲人的屬靈成就」（第3節）所致；他們開始拿自己和教會中的其他人作比較——大概這些人不那麼熱心遵守那些「進步」的教導，這教導視割禮和奉行猶太人的規定，為真正與神確立關係的方法（第4節）。

保羅已經聽夠了這類出自他們新的神學所衍生的態度和行為之語了。他會在加6：1－5直接作出回應，他的回應將以一個人最終要面對上帝的審判作為結束（第5、7、8節）。保羅在第1至5節坦率地指出：「我們與聖靈同行或者被聖靈充滿的最大證據，不是我們自己的一些神祕經驗，而是我們與別人相愛所建立的實質關係」（Stott, p. 155）。

使徒的第一個勸告，是針對那些並非在凡事上都行為端正的信徒，他們「偶然被過犯所勝」（第1節）。他所選用的「過犯」這詞是個令人感興趣的一個詞。該詞意指「被某東西絆倒」（Kittel, vol. 6, p. 170），或者「走錯一步以致失去平衡」（Danker, p. 770）。布魯斯解釋，該詞不表示「一個固定不變的動作，而是一次個別性的動作」（Bruce, p. 260）。換言之，我們所討論的犯罪教友，並不是四處炫耀、又毫不知恥地繼續犯罪，正如保羅在加5：21所討論的——他在那裏宣告「行這樣事的人必不能承受上帝的國」。保羅在加6：1所說的不是心硬的叛徒，而是暫時跌倒的基督徒。

同為教友，我們可以有兩種方式看待這些犯錯（即使是大錯）的教友。我們可以鼓勵他們來到施恩寶座前，悔悟他們在道德上的失腳，從而得饒恕（約壹1：9）；我們也可以進一步地責難他們早已感到罪惡深重的良心。後者的行徑「似乎就曾經在加拉太教會中發生。那些律法狂熱的人待犯罪之人是毫無憐恤之心的」（Hansen, p. 184）。對保羅而言，這就是他們重新強調律法所引致的悲劇，

這律法早已取代他之前傳給他們以信和恩典為中心的福音，如貝茲解釋：「看來保羅敏銳地意識到，這些告發人自以為義之姿態對這個團體所造成的破壞，可以比一個做錯事的人所犯的錯更大」（Betz, p. 298）。

譴責粗心或者任性的人，似乎是相當正常和正確的——至少從常人的角度來看。但是保羅卻告訴加拉太人和我們，這並非基督徒的所作所為。被聖靈引導——與聖靈同行的人（加5：25）——反而會對「偶然被過犯所勝」（加6：1）的人，顯出聖靈仁愛的果子（5：22），當中包含了溫柔的美德（第23節）。他們不僅要以溫柔對待犯錯的人，他們還必須謹記自己曾經是怎麼樣的人，因為沒有人沒有跌倒過（加6：1）。只要我們有一刻的反省，我們就會回想，我們自己也是被恩典拯救過來的同時，在上帝溫柔的恩慈下，我們一再得到饒恕。和上帝再三地挽回我們一樣，若我們是基督徒的話，我們也當彼此「挽回」，而不是指責。「挽回」是一個醫治用語，「特別被用作形容動手術的意思，例如接駁骨骼或者關節」（Lightfoot, p. 215）。可1：19使用這個希臘字形容西庇太兩兄弟「補網」。那些在基督徒中間跌倒犯罪的人，基督徒要成為他們的醫治者。因此，我們不應指責那些陷在罪中的人，倒要「互相擔當各人的重擔，如此，就完全了基督的律法」（第2節）。

「基督的律法」這一句話，放在加拉太書的上下文中是引人注意的。毫無疑問，它暗指保羅在加5：14所說的：「全律法都包在『愛人如己』這一句話之內了」。第14節可能是根據耶穌在太22：37－40所提及的觀念，在該處祂把律法定義為愛，而在約13：34祂宣稱祂的「新命令」就是祂的信徒「要彼此相愛，像我愛你們一樣」（約15：12）。

猶太人和許多現代基督徒的悲劇在於，他們專注於聖經中表

面的律法，使他們輕忽上帝在舊約和新約的律法中心——愛人如己（加5：14；羅13：8－10；太22：37 — 40；申6：5；利19：18）。特別與我們的鄰舍有關的誡命，是源於愛之律法的中心（參閱羅13：8－10；太22：40）。保羅整個教訓的中心點，凡從猶太律法主義中得釋放的人，還有不想利用律法來確立與上帝之關係的人，當他們與聖靈同行，最終就活出律法，正如保羅在羅馬書指出：「那些在基督耶穌裏的」，是「脫離罪和死的律了……使律法的義，成就在我們這不隨從肉體，只隨從聖靈的人身上」（羅8：1－4）。

保羅在加6：3轉往自我評價的主題。基督徒面對的最大錯覺是，他們自以為有，但事實上卻是無有。當我們開始拿一己的「好」成就，和那些日常生活不一定像我們般「公義」的人比較時，我們就開始自以有。法利賽人高聲說：「上帝啊，我感謝你，我不像別人……我一個禮拜禁食兩次，凡我所得的都捐上十分之一」（路18：11、12）。當我們和別人比較時，我們似乎是多麼好啊！可是，當我們以上帝作為衡量自己的標準，當我們記得上帝以祂無價的恩典饒恕了我們以往的罪，當我們知道即使我們在當下的驕傲之中，祂還以溫柔來待我們，相形之下，我們就顯得多麼微不足道啊！

保羅的勸勉是，我們要察驗自己的行為（加6：4）。按照加拉太書的上下文，該種察驗是要根據聖靈的果子與情慾的諸事（5：19－23）作為基礎來進行的。我們是否在行情慾的事，以致有屬靈的驕傲和紛爭？或者，我們是否正在與聖靈同行，以致有仁愛和溫柔？根據保羅的意思，非此即彼。我要誠實地捫心自問：我是按照什麼原則與其他教友相交？我譴責那些曾經犯罪的人嗎？抑或，我以溫柔的愛心服事他們？

唯有當我們與聖靈同行，我才有「誇口」的根據（6：4）。加

拉太人沉醉於兩種誇口：有一等人表明自己靠守割禮和其他律法來與上帝建立關係；另一等人，包括那些知道自己已經被基督的死（加3：10、13）拯救脫離違犯律法的咒詛、從情慾的領域被轉換到聖靈的領域（5：19－23），以及有聖靈的大能得以運行在聖靈的路上等（第25節）。這第二等人的誇口，自然包括讚美上帝在基督裏為他們所作的（參閱2：20），這種誇口實際上代表了一種謙卑，明白若是沒有上帝無價的恩典，我們是無有。故此，這種誇口自是以愛和溫良去擔負別人的重擔（6：1、2）。

可是，第5節卻令我們感到意外：「各人必擔當自己的擔子」。我們怎麼會各人的重擔要互相擔當，又擔當自己的擔子呢？答案是我們正讀到兩個不同的希臘字。第2節的「**重擔**」（baros）是壓倒人的重擔，第5節的「**擔子**」（phortion）是指一位士兵能應付得來，「足敷他所需用」的行裝，（Lightfoot, p. 217）。這樣，雖然當我們與上帝同行，我們本著一生以溫柔的心幫助其他基督徒，但我們每一位同樣有責任在生活中天天住在聖靈裏頭。我們的擔子就是行在上帝的旨意中。當加爾文把每個人的擔子與他或她要承受上帝最後審判的擔子連繫起來時，他毫無疑問說對了：「每一個人要為自己在沒有比較之下交帳」（Calvin, p. 111）。正如加6：7、8此處所提，順著情慾撒種所得的結果，以及順著聖靈撒種所得的結果，印證了這一結論。

順聖靈而行（下）

加6：6—10

> [6] 在道理上受教的，當把一切需用的供給施教的人。 [7] 不要自欺，上帝是輕慢不得的；人種的是什麼，收的也是什麼。[8] 順著情慾撒種的，必從情慾收敗壞；順著聖靈撒種的，必從聖靈收永生。[9] 我們行善，不可喪志；若不灰心，到了時候就要收成。[10] 所以，有了機會就當向眾人行善，向信徒一家的人更當這樣。

保羅在他寫給加拉太人的信中，論到的基督徒自由，是指因違犯律法招致的咒詛，從中得拯救；和一心想靠守律法以建立與上帝的關係，所產生的重負中得釋放。然而，這自由並不是一種放縱到什麼都不做。相反地，得救的基督徒反倒要切慕以愛心的行動彼此服事。

加6：5告訴我們：「各人必擔當自己的擔子」。正如我們在本書的第二十三章所解釋，這節經文的意思，最有可能是指我們的擔子，就是每天靠聖靈活在上帝的旨意中（5：25）。與聖靈同行的要義，就是活出聖靈的果子。保羅從加6：1開始就一直展示基督徒與聖靈同行的方法：

- 他們用溫柔的心挽回那些跌倒的人（第1節）；
- 他們互相擔當重擔（第2節）；

> · 他們不再拿自以為是的成就，與別的信徒比較，並且開始
> 專注上帝在他們個人生命中所定的旨意（第3—5節）

第3至第5節的含義，不僅指出自我省察和個人責任的重要性，推而廣之，還指出了審判的重要性。這些主題在第7和第8節再度浮現，保羅在第7節力言：「不要自欺，上帝是輕慢不得的；人種的是什麼，收的也是什麼。」

實際上使徒正在呼召加拉太教會的每位信徒作出決定，到底他們準備順著情慾而活，還是順著聖靈而活。兩種生活不可兼得（見太6：24），非此即彼。

他呼召的一部分內容，是參考了人所共知的耕種原則。農夫都曉得，若要有好收成，就必須把種播在田裏。此外，他們又知道所下的種，決定了怎麼樣的收成。若撒下蒺藜，就別想收到麥子。良種出產好莊稼；敗種結出壞收成。此外，農夫又知道要是只耕種了田地的三分之一，就別期望休耕的地土會有好收成。

斯托得寫道：「一模一樣的原則照樣適用在道德和屬靈的領域運作。**種瓜得瓜；種豆得豆**。所收的是什麼，取決於撒種的人而不是收割的人。要是一個人對他所種的有忠心和盡責，他就可以充滿信心地期待好收成。如果他『播野燕麥』[註1]，像我們有時所說的，他就不能期待收割到草莓！正好相反的，『耕罪孽、種毒害的人都照樣收割』（伯4：8），又或好像何西亞警告他同時代的人說：『他們所種的是風，所收的是暴風』（何8：7）[即上帝的審判]」（Stott, p. 166）。

撒種和收割的法則，是上帝的自然世界和屬靈世界可以一體適用的法則。保羅引述一句格言式的警告宣稱：「上帝是輕慢不得的」。「面對上帝不能有二心，因為祂知道人心中所有的意念與意圖」，正如祂知道農夫下了哪些種一樣（Rendall, pp. 189, 190）。

表面上我們都同意，沒有人能瞞騙全知的上帝，韓申卻敏銳地注意到「人們有一個共同的傾向，以為這個通則有一例外：『儘管對所有人都是真的，可是對我卻不是。我並不一定自食其果，我可以任意妄為而依然收得正果』。這種普遍的想法正好證實了耶利米先知的話：『人心比萬物都詭詐，壞到極處』（耶17：9）。我們的自我欺騙能力真是可怕。聰明的人對自己生命的屬靈方向竟然如此盲目，真是令人驚訝。事實上，人愈聰明，就愈有辦法製造理由欺騙自己和躲避上帝。亞當和夏娃穿上少得可憐的布塊，甚至編造薄弱得可憐的藉口躲避上帝，這故事是我們人類的共同經驗。我們要聽保羅的警告[不要自欺]，還要常常留意，以此自我警惕，抵抗我們那最聰明的自欺」（Hansen, p. 194）。

　　在給加拉太人的信中，使徒已經兩次提及欺騙，在加3：1他說：「誰又迷惑了你們呢？」又在6：3談到自欺。到底加拉太的信徒（和我們）在什麼事情上有被欺騙的危險呢？從本書信的整體文義脈絡看來，這兩個欺騙的重點是真宗教的本質，以及我們要如何在日常生活中把這本質表達出來。在第3和第4章，他討論了第一個重點；在第5和第6章，他集中處理第二個重點。他一再論證說，他們要順著聖靈而非情慾而行。

　　如今在加6：6－8，保羅把情慾和聖靈這兩個主旨加以擴充，將之納入到審判的局面，他宣稱：「順著情慾撒種的，必從情慾收敗壞；順著聖靈撒種的，必從聖靈收永生」。不能確切肯定他所說的「敗壞」意指什麼，但他心所想的意思，可能是指「永生」的反面，這至少是較安全的說法。

　　但我們要問：什麼是「順著情慾撒種」？根據加拉太書的上下文，最概括的意思就是自私的、以自我為中心的生活方式，更明確地說，那包括了加5：19－21所列出的情慾的事。與6：8的

上下文更相關的是，「順著情慾撒種」論及那些相咬相吞、彼此惹氣、互相嫉妒的人（5：15、26），因為他們從保羅以恩典／信為基礎的福音，轉移到猶太人提倡的律法主義之法。這一危機差不多摧毀了加拉太的基督徒。彼得和巴拿巴的疏失（2：1–13），不過說明了假教導所引致的不和而已。

保羅指「順著聖靈撒種」又是什麼意思呢？他顯然是想到以上帝為中心／以他人為中心的生活方式，所表達出來的「聖靈所結的果子」（5：22、23），他又指這就是與聖靈同行（第25節）。

在加拉太書第六章的頭五節經文，保羅提到加拉太人要與聖靈同行，或者「順著聖靈撒種」的幾個例子。以審判作為例子的上下文裏，他繼續在第6至第10節提出更具體的例子。

例如在第6節，他說到支持事工一事。他提及這事正好說明了支持事工是加拉太會眾的問題。鑑於教會內部分裂，很容易就知道情況發展下去會是怎樣。從保羅所提到支持事工一事，我們可以從中知道早期基督教會的幾件事：一，他倡導正確教義的正規教導與實務，而負責施教的人是活躍於加拉太。二，第6節暗示這些教師要不是全職的，至少也為他們的呼召奉獻了一部分時間，因為保羅勸勉教友應當支持他們。他在哥林多前書講了類似的話，他如此寫道：「主也是這樣命定，叫傳福音的靠著福音養生」（林前9：14）。三，根據他勉言的上下文，若教會要團結和強壯，她就需要「有恩賜的教師……為準確解釋和實踐『福音的真理』獻身。」（Hansen, p. 193）綜觀基督教會的歷史，這一點一直是正確的。可是魔鬼總是積極地暗中破壞有益的教導，又透過微薄的薪酬，但肯獻身的好教師，使他深覺氣餒。

保羅在第6至10節的最後勸告，是討論在群體中彼此行善，特別是對信徒同道（第10節），但他明白，行善很容易令人喪志，

尤其是在一個分裂的教會中，似乎不會有人欣賞肯獻身事工的。這就是加拉太的處境，即使保羅本人也變得氣餒，恐怕在他們身上枉費工夫（4：11）。

在整體和個人的屬靈健康上，加拉太信徒的唯一盼望，就是離開猶太教徒的分裂精神，把屬靈的果子全然吸收進生命之中。這對二千年後的我們一樣是正確的。教會最需要的是這種教友，他們完全明白在救恩計畫中，他們謙卑的位置，以及讓上帝的靈在他們生命中活出祂的愛、喜樂和溫柔。只有當這一點發生，上帝在地上的家才會漸漸像祂在天上的家。

註1：「播野燕麥」原文sows wild oats，英文俚語，意謂過放蕩生活。

「你當竭力在上帝面前得蒙喜悅，
作無愧的工人，按著正意分解真理的道。」 提摩太後書2：15

第五編　總結

（加6：11～18）

Exploring
Galatians
& Ephesians

25
最後的勉言與祝福

加6：11—18

¹¹ 請看我親手寫給你們的字，是何等的大呢！ ¹² 凡希圖外貌體面的
人，都勉強你們受割禮；無非是怕自己為基督的十字架受逼迫。 ¹³
他們那些受割禮的，連自己也不守律法；他們願意你們受割禮，不
過要藉著你們的肉體誇口。 ¹⁴ 但我斷不以別的誇口，只誇我們主
耶穌基督的十字架；因這十字架，就我而論，世界已經釘在十字架
上；就世界而論，我已經釘在十字架上。 ¹⁵ 受割禮不受割禮都無
關緊要，要緊的就是作新造的人。 ¹⁶ 凡照此理而行的，願平安、
憐憫加給他們，和上帝的以色列民。 ¹⁷ 從今以後，人都不要攪擾
我；因為我身上帶著耶穌的印記。 ¹⁸ 弟兄們，願我主耶穌基督的
恩常在你們心裏。阿們！

在第11節開始，保羅親筆來一個總結。他讓他其中一位同道
為他筆錄本信的其他部分，如今他特意指出他親手寫的「字是何
等的大」。經文沒有告訴我們為何他的字那麼大，但卻出現了三
種解釋。一個可能性是他視力不良，因此手跡特別大。支持這一
說的人以加4：13他「身體有疾病」，以及信徒連他們的眼睛也
情願剜出來給他作為理由。第二種解釋指保羅不是專業文士^{註1}，
故他信中的文字潦草不整。

這些說法在一定程度上也許是正確的，但根據他最後幾節經文的內容判斷，最有可能是他用大大的字體來強調重點。今天我們（使用英文）大寫字、斜體字或者在文字底下加上底線，都是出於同一用意。這些文書技巧提醒讀者需要注意，因為下文就是重要的內容。貝茲以同一論調寫道：書信最後部分「包含了探究保羅全信主旨的解釋線索，故此應當被用作解明使徒用意的詮釋鑰匙。」（Betz, p. 313）

的確，保羅在第12至16節，一再強調又費盡唇舌申明全封信的主題，其主題之一是關於他跟猶太人之間的問題，這從第1章的第1節就已經浮現。在此，他以最坦率的風格，略述了那些企圖引領加拉太信徒離開他所教導的福音真理的人所使用的技倆。割禮毫無疑問是他們信息的中心。他們跟使徒行傳所記載：「你們若不按摩西的規條受割禮，不能得救」（15：1）的人顯然是同一批人。這樣的教導在宣揚以憑信靠恩得救為中心（加2：16；弗2：8）的保羅看來，根本就是異端。

好消息是他們尚在「勉強」（加6：12）加拉太人行割禮的階段。有些信徒可能已經朝那個方向行，但從加6：12看來，似乎大多數人中有一些還未走到這一步。這正好解釋了保羅在信中所表現迫切的、有力的和積極的行文風格。在他看來，他們正處於生死存亡的掙扎中。「勉強」一詞表明了猶太教徒加諸加拉太信徒身上的壓力，莫里斯寫道：「這些教師並不是說，割禮對於選擇接受的人是一個有益的儀式，而是說它是必不可少的真基督徒入門禮。」（Morris, p. 187）

保羅就這樣的策略說出兩點：第一，凡推動割禮的，「無非是怕自己為基督的十字架受逼迫……不過要藉著你們的肉體誇口。」（加6：12、13）科爾認為保羅的重點是猶太教徒「希望有『教

161

EXPLORING GALATIANS & EPHESIANS

會會務的統計數字』；一年當中有這麼多人受割禮肯定是誇口的憑據。我們對他們很容易就置之一笑。但是教區講求『受洗數字』有時也是同樣危險」（Cole, p. 181）。

第二，保羅高舉十字架。要是猶太教徒的神學以割禮為象徵，保羅的神學就以十字架為記號。前者在羅馬法律中是得到認可的標記，割禮讓猶太人免於受到迫害，因為官方正式承認猶太人的宗教，又准許猶太人（即凡已經受割禮者）進行宗教儀式。沒有受割禮的基督徒得不到這些保障。我們要記住，羅馬政府視早期基督徒屬於猶太人的一個分支，當局還未把基督教列為自成一派的宗教。

另一方面，羅馬人認為十字架是可恥之物。事實上，十字架是「最不光采的東西──始終是一樁羞辱有加的事情，並不值得誇口。超過十六個世紀之後，十字架方才成為了神聖象徵，我們是很難明白，在保羅的時代，只要提起或想到十字架，便會令人想起難以言喻的恐怖和厭惡感。在有教養的羅馬社會，不可提及 Crux[**十字架**]一詞（Cicero, Pro Rabirio 16），即使有人被處以釘十字架死刑，判決的方式也只會以古老的套語提出來的，好讓判詞顯得委婉：arbori infelici suspendito，其意為『**將他掛在不祥的樹上**』（Cicero, Pro Rabirio, 13）」（Bruce, p. 271）。

但是，十字架的形象卻在保羅的人生和思維中處於中心位置。格思里說：「除了把十字架提升為他唯一可誇口的對象之外，保羅再找不到更確切的方法可以表達十字架在他的思維的中心位置⋯⋯對他來說，十字架就是人類救恩的關鍵，而他也假定了他的讀者會明白，當他提到十字架時他所指的意思。很明顯地，它並非僅代表耶穌被釘十字架的這件歷史事實。它代表了這事件的更深一層意義，不僅是為全人類，更特別的是為保羅。他很清楚十字架在猶太

人是絆腳石，但他一直無法明白，為何基督徒總是不能視十字架為他們最大的榮耀。現代教會很多見證的主要弱點，很可能就是在於未能以十字架為可誇口的」（Guthrie, p. 150）。

基督教歷史的嚴重矛盾之一是，多少自稱是基督徒的人迴避基督在十字架上的代贖死亡，這十字架的代贖死亡在保羅的加拉太書中格外重要（參閱3：10–13）。導致這種失真的一個原因，是因為釘十字架把我們作為人類的醜態反照出來。它如實指出我們是不能自救的罪人，不管我們是誰，不管我們做了什麼。十字架把我們縮小到原來的身量，在這過程中，它為靠恩典得救的神學提供了唯一可行的基礎。恩典以外的唯一選擇，是某種靠人為成就的得救，無論那種成就是割禮、嚴謹的食物規條、或者其他神聖的宗教行為，都沒有分別。保羅的福音清晰明白：以十字架和復活為本，憑信靠恩典得救（弗2：8–10；林前15：1–4）。然而，儘管他充分說明了這一主題，人們在他寫下他的大字之後的二千多年，還是對猶太人曲解式的教導（或者以某種形式）神魂顛倒。

保羅嘲笑猶太教徒，他們想別人守律法，自己卻沒有真正守律法，這是在加拉太書重覆出現的另一主題。意思是，那些靠守全律法來得救恩的人，實際上並不可能做到（3：10；5：3；3：21、22）。雖然保羅認為猶太教徒完全是偽君子，但是至少他們對於外邦人的宣稱是一致的：「你們若不按摩西的規條受割禮，不能得救。」（徒15：5）儘管如此，保羅把他們的宣稱看作是人為的宗教。這宗教把基礎建立在人能為上帝做什麼，而非上帝能為人做什麼，如此宗教是以自我為中心，不是以十字架為中心。可是，不是憑信，便是靠行為，非此即彼；不是「敬拜」那尚未重生的人心所甚為戀慕的個人成就，就是把自我降伏在十字架的腳下。

在加6：15，保羅揭櫫了讓每位基督徒完全更新、重生、或

者重設方向的重要性。基督教不是一種外表的改變，它不是受割禮，連受洗也不是。它是讓上帝使我們成為「新造的人」（比較林後5：17）；耶穌把同一種體驗稱為從聖靈「重生」（約3：3、5）；保羅在羅12：2論到這是更新而變化；其他地方則指它是得到一顆新的心和新的心意（腓2：5；來8：10；羅12：2）或者悔改信主（太18：3；徒3：19）。這一切的比喻說法都是描繪改變生命的同一件事。對保羅來說，基督教永遠是內在而非外在的體驗。可是綜觀歷史，猶太教徒卻總是著重外表的樣式。這樣看來，保羅在當年寫給加拉太人的勸勉在今天同樣適用。

使徒在加6：16記載，凡照他的恩典福音之理（標準）而行（活）的，就會有他們所迫切需要的憐憫，還有隨著因信稱義與上帝以及與人相和的平安賜給他們（羅5：1、10）。他還提醒他們在加3：29的教導，那些有亞伯拉罕之信心的人才是「上帝的以色列民」。他最後向他們呼籲，不要繼續以質疑他的使徒權威（參閱加1：1）來攪擾他，因為他本人的身上帶著作耶穌僕人的印記。毫無疑問，他心中想到的是多次受逼迫所導致的傷痕（參閱林後11：23－28）。

保羅以恩典來結束他這偉大的信。這封信以同一個詞作為開始，又在全文提及這詞，這樣的總結是合宜的。

註1：文士指猶太教專門從事研究律法和摩西五經的學者，也指專事抄寫或整理文書的人。

第二部
探索以弗所書

《以弗所書》導論

　　以弗所書在基督教享有備受珍視的地位，羅賓遜（J. Armitage Robinson）視此封書信為「使徒保羅作品之冠冕」（Robinson, p. vii），巴克萊則主張它是「使徒諸多書信之皇后」（Barclay, p. 71）。

　　在接下來的篇幅裏，我們將會讀到這封短小精幹的信，向我們談到今天的需要，這信息的大能與它向二千年前的教會和教友們發出的大能不遑多讓，因此馬丁（Ralph Martin）斷言：「新約中沒有任何一個地方比以弗所書更切合現代的需要」（Martin, p. 1）。這一說法是正確的，而同樣正確的是，倘若我們能夠掌握此書信的一些背景，我們會更明白這封信。

關於作者、寫作年代、收信人

　　以弗所書兩次提到，其作者是使徒保羅（1：1；3：1）。在基督教歷史的大部分情況下，信徒們都認為這些聲明真如其所記載的那樣。可是在過去的二百年，跟聖經的其他很多方面一樣，這點受到質疑。有人辨駁說，以弗所書出自保羅其中一個門徒之手，他以保羅的名義撰寫，藉以得到認可。布魯斯謹慎地反映了這一觀點，他寫道：「要是以弗所書不是直接由保羅撰寫，而是由他其中的一個門徒以使徒的名義下筆，那麼這位作者就是空前最偉大的保羅主義者——他可是一位比任何人更能透徹地表達他師傅之思維的門徒。這人能夠寫出以弗所書，其在思想境界與屬靈洞見方面，即使沒有超越保羅，也必是與使徒不相上下……這位作者——要是他不是保羅本人的話——也把保羅的觀點以符合邏輯的系統傳達出來」。尤其重要者，布魯斯又說：「在早期基督教

的歷史找不到這第二個保羅」（Bruce, Epistle to the Ephesians, pp. 11, 12）。相反地，早期的基督徒寫作之人跟隨以弗所書本有的宣稱，以保羅為作者。直至1792年之前，該立場並未遇到顯著的挑戰（見Hoehner, pp. 2−6）。說到底，最好還是讓此信本身道出誰是它的作者。在以弗所書中我們會發現到匯聚保羅思想大成之所在。

雖然以弗所書的本文清晰地表明了作者的身分，但收信人的確實身分卻不詳。問題在於，在希臘文最古老和最完好的抄本中，沒有弗1：1「在以弗所」這幾個字，故此最準確的英文翻譯該是「寫信給同樣在基督耶穌裏忠心的聖徒」（RSV），而不是「寫信給在以弗所的聖徒，就是在基督耶穌裏有忠心的人」。

除了最早的抄本沒有「在以弗所」這幾個字之外，信中又沒有任何向朋友和同道的個人問安，也令本信與保羅的其他書信明顯不同。當我們憶及保羅在以弗所工作比其他地方工作的時間都要久時，這一點就顯得特別奇怪。根據使徒行傳記載，他在以弗所城傳講幾乎達三年之久（見18：19−21；19：1−20；20：17−38）。

除了沒有個人問安語之外，以弗所書又沒有提及任何特別的教會問題，也沒有就信心和行為方面給與特別的勉言——要是保羅是針對某一特定的會眾而去信的話，我們便期望保羅會就這些主題有所發揮。拿以弗所書與寫給加拉太或哥林多教會的信作一比較，不同之處就會突顯出來。以弗所書提及的諸多議題都是一般性，可以適用於當時任何一個外邦人團體。

為了顧及這封信的適用性，於是保羅撰寫這精彩絕倫的著作，即可當成一封在小亞細亞各教會之間傳閱的信，因為以弗所是小亞細亞的中心城市，亦是這地區最主要的基督徒聚落所在。如果事情是這樣的話，則可能過了一段時間，以弗所的名字終於被記載在比較晚期的希臘手抄本中，作為一個識別記號，使書中

的第一節經文與保羅其他載有收信地點的書信風格一致。

　　此信顯然是他後期作品中的一封信。他多次表示自己身陷囹圄（弗3：1；4：1；6：20）。綜觀他的生平，最佳的預估著寫時間，約莫落在公元60至62年前後撰寫以弗所書，即在他死於羅馬之前的數年，就是可能在尼祿皇帝於公元64年的大逼迫時期。

以弗所書與歌羅西書的關係

　　當保羅在羅馬的監獄時，並不是單單只有這封以弗所書信，被送到小亞細亞。慕勒（H.G.C. Moule）毫無疑問是對的，他認為：「同一信使還帶著其他兩封使徒的書信，一封是寫給位於較偏遠地區的歌羅西教會，當中談及有關當日發生在當地和老底嘉教會（西4：16）所遇著的危險之處；另一封則是寫給歌羅西人腓利門的短簡，向他舉薦腓利門的奴僕阿尼西母，這阿尼西母曾經逃跑，又或者曾經是小偷，如今卻已經真正歸信重生，成了有新生命的人。所以，保羅希望腓利門不計任何代價重回其原先的職分」（Moule, pp. 23, 24）。

　　以弗所書和歌羅西書不僅一同被送到目的地，兩封信還有著比其他新約的任何書信之間更多的共同點。事實上，「以弗所書的一百一十五節經文中，有七十五節的內容在不同程度上與歌羅西書的經文相似」（Foulkes, p. 25）。最相似的例子，是打發推基古遞送兩信的經文，原文顯示兩處經文連續有二十九個字是一模一樣的（西4：7、8；弗6：21、22）。除了這兩段經文之外，我們還看到其他許多相類似的經文（例如，參閱弗5：22－6：9和西3：18－4：1，及Hoehner, p. 34與Lincoln, p. xlix之多方面的圖解比較表）。

　　雖然兩封信如此互相呼應的確令人驚訝，但箇中原因很容易

明白。凡是常要在一天之內寫好幾封信的人，都會使用相同的內容，按照不同的目的加以修改。研究檔案資料的歷史學家，便經常意識到這種情況。與此同時，拿以弗所書和歌羅西書作一次性的比較研讀，既是蒙福又能啟發思考的一種練習。按照一本書的文義脈絡去理解書中的特殊用語，常常能幫助我們解明保羅在另一本書所要表達的意思。

以弗所書的寫作目的

保羅於公元52至55年在以弗所及其周邊地區辛勤作工。在這些年間，福音工作在外邦人中得到很大發展。所以，即使許多新信徒沒有親眼見過他本人，很顯然地他們還是很敬重他的使徒傳道之名。

亞諾（C. E. Arnold）表示：「從希臘羅馬的宗教環境——神祕宗教、法術、天文學——轉過來的悔改信主者，這些人需要由使徒親身教導正確的保羅福音基礎。他們對邪靈和宇宙勢力的恐懼，也分外叫人關注，特別是關乎基督與這些勢力的關係上所衍生的問題」（引自Hawthorne, p. 246）。

除了必要的理論基礎之外，他們也需要更多的背景知識，以便知道如何活出一種不帶惡行色彩之希臘文化的基督化生活，那些惡行如醉酒、淫亂、偷盜。還有，外邦悔改信主者和猶太人成為基督徒的這一小群需要指引，幫助他們克服彼此之間出現的緊張。他們也需要得到指導，如何才能在基督這一個身子或是在教會之下更加合一。

所以，對於以弗所和其四周的地區，保羅是有實質的問題要討論的，即使這些問題不像他在其他大多數的書信中那麼具體。

以弗所書的主題

以弗所書在神學和頌讚方面都是十分豐富的。此書至少有六大神學主題，研究這些主題能使人明白，上帝的恩典不僅把救恩賜給每位猶太人和外邦人，還以一個合一的教會把他們結合在一起，這教會就是天國的延伸。馬丁主張：「以弗所書的作者」緊握上帝的恩典，「這單一的主題恰如一條細絲，貫穿在論述當中」（Martin, p. 6）。謹記這一觀點，**我們把恩典視為一個先決條件，這先決條件鞏固了信中其他神學主題的基礎，又讓其他神學主題融入上下文的研究中。**六大主題是：

1. 上帝的偉大與基督的高升。以弗所書的第一部分（1：3–14）是對上帝無比的讚美，因祂在人類歷史中展現祂偉大的宇宙救恩計畫。此封書信對上帝基本的概念是，祂的旨意（1：9、4）和祂的慈愛（1：5；2：4）如何感動祂為祂的子民所行的作為。

父上帝絕對是以弗所書的中心。在保羅作品中出現了四十次稱上帝為父，其中八次記載在以弗所書（1：2、3、17；2：18；3：14、15；4：6；5：20；6：23），在保羅別的著作中，提及父，最多的則有四次。

和以弗所書著重父上帝一樣重要的，是祂使基督高升。此封書信沒有忽略基督的死亡（例如，參閱1：7；2：13、16；5：2、25），卻把焦點放在祂的復活和祂在天上的榮耀，因為祂與父聯合從而成就祂們偉大的計畫（例如，參閱1：20–23）。

2. 宇宙的爭戰。以弗所書是新約書卷中最能讓我們清楚看到，歷代以來這場屬靈大爭戰中，深藏於地上諸力量背後的這些宇宙諸勢力。一方是父在「天上」的領域（1：20），那是基督復活之後進入之地，在那裏，基督「遠超過一切執政的、掌權的、有

能的、主治的，和一切有名的；不但是今世的，連來世的也都超
過了」（第21節）。

　　與基督處於相對的，是「管轄這幽暗世界的」（6：12）。亞諾
表示：「魔鬼和各種『權勢』在本書信中被提到十六次」（Arnold,
Ephesians, p. 1）。

　　本書信不僅談及兩股對立的超自然力量，在第6章還有一個
大段落，關於教導地上的信徒對抗幽暗權勢的屬靈爭戰（第10－20
節）。他們要知道，基督的能力是絕對勝過在另一方他們所懼怕
的各種權勢。

　　3. 救恩是一件已經成就了的事實。這封信沒有完全忽略在末
時的得救（參閱1：10、14；4：30；5：27），卻專注於信徒的得救是一件
已經成就了的事實。此一觀點明顯見於弗2：5、8「你們得救」
的一句話，當中的動詞是過去時式。信徒不僅已經得救了，且與
基督「一同復活，一同坐在天上。」（第6節）

　　形容信徒得救狀況的關鍵用語是，他們是「在基督裏」的，
此觀點在以弗所書中出現了三十四次。斯圖爾特（James Stewart）說保
羅總共使用這片語一百六十四次，在以弗所書其中一段（1：3－14）
開場白中就用了十一次（連代名詞和同義詞都計算在內），他指
出：「與基督聯合是保羅宗教的核心，這一概念比其他概念更加
重要……是開啟他心靈隱密處的鑰匙」（Stewart, pp. 147, 152, 153）。

　　歷代以來的最大奧祕（參閱3：3、4、9；5：32；6：19），就是上帝同
時拯救猶太人和外邦人，又藉著基督在教會這一個身子，使他們
合而為一。救恩的奧祕不是上帝事後諸葛所產生的想法，而是祂
「創立世界以前」的計畫之一（3：9；1：4、5），這計畫的應驗已經
在凡接受它的人身上開始了，但要到了「日期滿足的時候」才得
以完成（2：7；1：10）。這樣說來，「基督得勝的果子」已經為信徒

所擁有，只是「還『尚未』完全實現」(O'Brien, p. 33)。

4.過基督徒的人生。在以弗所書的「已經實現，但尚未完全臨到」的得救，為信徒的生活添上不少張力。他們可能與基督「一同坐在天上」(2:6)，可是他們的日常生活卻仍然在地上進行，得面對著世界的諸多問題和引誘。因此，保羅從兩方面給與倫理指導。第一，他要求信徒放棄他們作基督徒之前具有的惡行，好像貪婪、淫亂、污穢、拜偶像等(見5:3-13)。第二，保羅期望他們的心志不斷「改換一新」(4:23)，「並且穿上新人；這新人是照著上帝的形像造的，有真理的仁義和聖潔」(4:14)，又要「效法上帝……憑愛心行事」(5:1、2)。使徒按照同一思路，特意在家庭和職場方面給與進一步的教導(5:21-6:9)。因此，和加拉太書一樣，以弗所書的前半部分是神學，後半部分則是論及倫理。

5. 猶太人與外邦人合一。以弗所書呼應加拉太書同樣的主題，也強調唯有在基督裏的救恩，才能拆除猶太人和外邦人之間，所存在於一切種族和社會的阻隔之牆(弗2:14；比較加3:28、29)。事實上，上帝使猶太人和外邦人與祂自己和好，「既在十字架上滅了冤仇，便藉這十字架使兩下歸為一體」(弗2:16)。在「一體」裏合而為一(例如，參閱3:6；4:3-6)是本信的主旨。

6. 教會的本質。以弗所書瀰漫著教會學的重點。ekklēsia，意指「教會」的這個詞，在信中出現了九次(1:22；3:10、21；5:23-25、27、29、32)，每一次都是指整個教會全體而非地方會所。在其他的書信中，保羅談論某一個會所，例如在林前1:2，他說：「在哥林多上帝的教會」。但以弗所書中所提及教會卻是擁有如馬丁所說的「一種超越性的身分」(Martin, p. 7)。意思是指地上教會不單是天上教會的一部分，又融入天上教會的崇祀中(弗1:

22、23；2：6；5：27）。至少可以這樣說，以弗所書對教會的觀點，乃是一種更為提升和廣義的看法，那是一個不僅跨越這個地上，還包括了全宇宙的上帝之子民所構築而成的身子。柯布里恩（Peter O' Brien）認為，對保羅來說，許多的地方會所「是具體可見的表達方式，把信徒與主同在的新關係表達出來。許多地方性的聚會——無論在教會中或者家庭教會進行——都是以地上的形式來表現在復活之主身邊的天上聚會」（O' Brien, p. 26）。

這封書信以不同的隱喻來形容教會。可是有別於許多關於教會的現代討論，本信沒有把教會描繪為機構，反而視教會為建築學上的一座建築物，以基督為房角石（弗2：19–22）；或是視教會為生物學上的一整個身子或者有機體，乃以基督為頭（1：22、23；4：16；5：23）；或是視教會為社會學上的一個家庭單位，乃以基督為新郎，祂愛祂的新婦（即教會，5：23–32）。每個隱喻從不同的角度給我們拍下了教會的一幀快照。

以弗所書的結構與大綱

與其他保羅書信一樣，以弗所書分成兩個主要部分。第1至第3章專注於神學，其餘的三章論及如何把教義轉化為信徒日常的操行。

I.稱呼及問安（1：1、2）

II.教義主張（1：3–3：21）

　　A.讚美上帝和基督的各種賜福（1：3–14）

　　B.為「以弗所人」代禱，使他們得以明白上帝在基督裏對他們的偉大作為（1：15–23）

　　C.上帝拯救的恩典，乃教會的根基（2：1–10）

D.與上帝和好，同時是指在教會中弟兄姊妹彼此和好，恩典
　是基督徒合一的基礎（2：11–22）

E.保羅蒙恩的職任與上帝奧祕的關係（3：1–13）

F.保羅總結他為以弗所人的代禱，求上帝使他們明白基督的
　愛，並讓神的豐盛充滿他們（3：14–19）

G.讚美上帝（3：20、21）

III.實用的勉言（4：1–6：20）

　A.教會合一的重要（4：1–16）

　　1.合一的懇求（4：1–3）

　　2.合一的聲明（4：4–6）

　　3.在達至合一中聖靈的諸般恩賜所擔任的角色（4：7–16）

　B.活出基督徒生命樣式的重要（4：17–5：20）

　　1.脫去舊人，使生命更新，擁有上帝的樣式（4：17–24）

　　2.活出基督徒生命的具體吩咐（4：25–32）

　　3.效法上帝（5：1、2）

　　4.避免惡行，要活在光明中（5：3–20）

　C.基督徒關係的重要（5：21–6：9）

　　1.夫妻關係（5：21–33）

　　2.親子關係（6：1–4）

　　3.主人與僕人的關係（6：5–9）

　D.以上帝的大能與幽暗權勢爭戰的重要（6：10–20）

IV.個人報告及結束祝福（6：21–24）

切合二十一世紀的以弗所書

斯諾格里斯（Klyne Snodgrass）寫道：「這封書信是聖經中最具現

代感的書卷。除了某些詞彙和對待奴僕的部分之外，以弗所書可以說是寫給現代教會的。這是關於我們的事，因它描述人類，以及他們的困境、罪、迷惑，但它更加深入地描寫上帝接觸人，從而再創造和更新他們，使他們成為一個新社會」（Snodgrass, p. 17）。

以弗所書最切合現代之處在於，它描寫得勝的基督與上帝在天上一同掌權。在度過人生的過程中，也許我們會感到沒有能力和沒有希望，但以弗所書卻反覆重提這個事實，只要我們持住信心，穿上上帝所賜的全副軍裝，我們就一無所懼。好消息就是，基督已經擊敗了幽暗的權勢，那勝利是屬於教會和我們每位「在基督裏」之人的。

以弗所書具有現代感的第二點，是當中救恩的這幅堅固不變的圖像。我們或許沉溺在罪中，「然而，上帝既有豐富的憐憫；因祂愛我們的大愛，當我們死在過犯中的時候，便叫我們與基督一同活過來（你們得救是本乎恩）；祂又叫我們與基督耶穌一同復活，一同坐在天上」（2：4–6）。這是何其強而有力的經文呀！這就是賜與我們的安慰。但這只是上帝幫助我們的開端，祂還要把「極豐富的恩典，就是祂在基督耶穌裏向我們所施的恩慈，顯明給後來的世代看」（第7節）。這便是基督徒找到盼望和靈魂之錨的所在。

給今天的我們之第三個重點是，以弗所書把教會描繪為一群得救的人這幅美景。斯托得寫道：「我們的傳道主要盲點之一，是忽略教會的重要性。我們傾向於宣揚個人得救，卻沒有進一步推廣至群體得救。我們著重基督『為我們捨了自己，要贖我們脫離一切罪惡』，卻不強調『又潔淨我們，特作自己的子民』（多2：14）。……我們的信息較著重於一個新生命的福音，而不是新社會的福音。沒有人在小心閱讀保羅的以弗所書之後，還視它為

私有化的福音，因為以弗所書就是為教會寫的福音」（Stott, p. 9）。教會教義可能是二十一世紀最被忽略的聖經概念。作為現代基督徒，我們需要以弗所書在這一觀點上的教導。

今天的教會極需要的相互與共的未來展望，是以弗所書合而為一的教導。它不僅闡明在天上和在地上上帝子民之關係，還推而廣之，教導人「拆毀那使上帝教會互為同等的肢體分離之冤仇的牆」（2：14）。今天的教會要注意保羅的信息，讓基督裏合一的種族障礙和其他事物得到剔除。

這封「使徒書信之皇后」（Barclay, p. 71）切合現代需要的其他點，還有其對家庭生活和雇主和雇員間之關係的教導，以及關於讚美和禱告大能的指引。深入研究以弗所書這些主題，對我們每一位都有益處。

英文書目

Abbott, T. K. A Critical and Exegetical Commentary on the Epistles to the Ephesians and to the Colossians. The International Critical Commentary（《達以弗所人及歌羅西人書之批評與釋經學注釋》，國際聖經評注）. Edinburgh：T. & T. Clark, 1897.

Ante-Nicene Fathers（《尼西亞前教父》）, 10 vols. Alexander Roberts et al., eds. Peabody, Mass.：Hendrickson, 1994.

Apostolic Fathers（《使徒教父》）, 2d ed. J. B. Lightfoot and J. R. Harmer, trans. Michael W. Holmes, ed. Grand Rapids: Baker, 1989.

Arnold, Clinton E. "Ephesians." In Zondervan Illustrated Bible Backgrounds Commentary（〈以弗所人書〉，載於《桑德梵插畫聖經背景注釋》）. Clinton E. Arnold, ed. Grand Rapids: Zondervan, 2002, III: 300-341.

——. Ephesians, Power and Magic：The Concept of Power in Ephesians in Light of Its Historical Setting（《以弗所人書，權能與法術：以弗所人書的權能概念之歷史研究》）. Cambridge：Cambridge University Press, 1989.

——. Powers of Darkness：Principalities and Powers in Paul's Letter（《掌管幽暗世界的：保羅書信中執政和掌權的》）. Downers Grove, Ill.：InterVarsity, 1992.

Barclay, William. The Letters to the Galatians and Ephesians, 2d ed. The Daily Study Bible（《加拉太人書與以弗所人書》，每日聖經研究）. Edinburgh: The Saint Adrew Press, 1958.

Barth, Markus. Ephesians：Introduction, Translation, and Commentary on Chapters 1-3. Anchor Bible（《以弗所人書：第一至三章之簡介，譯文與注釋》，安克聖經大辭典）. Garden City, N. Y.： Doubleday, 1974.

——. Ephesians： Translation and Commentary on Chapters 4-6. Anchor Bible（《以弗所書：第四至六章之簡介，譯文與注釋》，安克聖經大辭典）. Garden City, N. Y.: Doubleday, 1974.

Barton, Bruce B. et al. Ephesians. Life Application Bible Commentary（《以弗所人書》實用聖經注釋）. Wheaton, Ill.: Tyndale House, 1996.

Best, Ernest. A Critical and Exegetical Commentary on Ephesians. The International Critical Commentary.（《以弗所人書之批評與釋經學注釋》，國際聖經評注） Edinburg: T. & T. Clark, 1998.

Bratcher, Robert G., and Eugene A. Nida. A Handbook on Paul's Letter to the Ephesians. UBS Handbook Series（《以弗所書手冊，UBS手冊系列》）. New York: United Bible Societies, 1982.

Bromiley, Geoffrey W., ed. The International Standard Bible Encyclopedia（《國際標準聖經百科全書》）, rev. ed. 4 vols. Grand Rapids： Eerdmans, 1979-1988.

Bruce, F. F. The Epistle to the Ephesians： A Verse-by-Verse Exposition（《達以弗所人書：逐節解說》）. n.p.: Fleming H. Revell, 1961.

——. The Epistles to the Colossians, to Philemon, and to the Ephesians. New International Commentary on the New Testament（《達以弗所人，歌羅西人，腓利門書》，新國際新約全書注釋）. Grand Rapids： Eerdmans, 1984.

Calvin, John. The Epistles of Paul the Apostle to the Galatians, Ephesians, Philippians and Colossians（《保羅達加拉太人，以弗所人，腓立比人及歌羅西人書》，加爾文注釋）. T. H. L. Parker, trans. Calvin's Commentaries, Grand Rapids： Eerdmans, 1965.

Dale, R. W. The Epistle to the Ephesians： Its Doctrine and Ethics（《達以弗所人書：教義與倫理》）, 7th ed. London： Hodder and Stoughton, 1893.

Danker, Frederick William, ed. A Greek-English Lexicon of the New Testament and Other Early Christian Literature（《新約與早期基督徒文學作品：希英辭典》）, 3d ed. Chicago： University of Chicago Press, 2000.

Edwards, Mark J., ed. Galatians, Ephesians, Philippians. Ancient Christian Commentary on Scripture（《加拉太人書、以弗所人書、腓立比人書》，古代基督教聖經注釋》）. Downers Grove, Ill.： InterVarsity, 1999.

Findlay, G. G. The Epistle to the Ephesians. The Expositor's Bible（《達以弗所人書》，評經者聖經）. New York： A. C. Armstrong and Son, 1905.

Foulkes, Francis. The Letter of Paul to the Ephesians, rev. ed. Tyndale New Testament Commentaries（《保羅達以弗所人書》，丁道爾新約注釋）. Grand Rapids： Eerdmans, 1989.

Hawthorne, Gerald F., and Ralph P. Martin, eds. Dictionary of Paul and His Letters（《保羅及其

書信辭典》）. Downers Grove, Ill.: InterVarsity, 1993.

Hodge, Charles. Commentary on the Epistle to the Ephesians（《以弗所人書注釋》）. Grand Rapids： Eerdmans, 1994.

Hoehner, Harold W. Ephesians： An Exegetical Commentary（《以弗所人書釋經注釋》）. Grand Rapids： Baker, 2002.

Horn, Siegfried H. Seventh-day Adventist Bible Dictionary.（《基督復臨安息日會聖經辭典》）Washington, D. C.: Review and Herald, 1960.

Johnston, Robert M. Peter and Jude： Living in Dangerous Times. Bible Amplifier（《彼得前後書與猶大書：活在危險的時代》，聖經放大器）. Boise, Ida.: Pacific Press, 1995.

Josephus. Complete Works（《約瑟夫全集》）. William Whiston, trans. Grand Rapids： Kregal, 1960.

Knight, George R. My Gripe With God： A Study in Divine Justice and the Problem of the Cross（《我緊握神：神的公義與十字架問題之研究》）. Washington, D. C.: Review and Herald, 1990.

Kreitzer, Larry J. The Epistle to the Ephesians. Epworth Commentaries（《達以弗所人書》，葉活夫注釋）. Peterborough, U.K.： Epworth Press, 1997.

Liefeld, Walter L. Ephesians. The IVP New Testament Commentary（《以弗所人書》，IVP新約注釋）. Downers Grove, Ill.： InterVarsity, 1997.

Lincoln, Andrew T. Ephesians. Word Biblical Commentary（《以弗所人書》，聖經文字注釋）. Dallas： Word, 1990.

Lloyd-Jones, D. Martyn. Christian Unity： An Exposition of Ephesians 4：1-16（《基督徒的合一：以弗所書4：1－16之解說》）. Grand Rapids： Baker, 1998.

———.Darkness and Light： An Exposition of Ephesians 4:17-5:17（《幽暗與光明：以弗所人書4：17－5：17之解說》）. Grand Rapids： Baker, 1998.

———. God's Ultimate Purpose： An Exposition of Ephesians 1（《神的最終旨意：以弗所人書》第一章之解說》）. Grand Rapids： Baker, 1998.

———.God's Way of Reconciliation: An Exposition of Ephesians 2（《上帝和好之法：以弗所人書第2章的解說》）Grand Rapids： Baker, 1998.

———. Life in the Spirit in Marriage, Home, and Work：An Exposition of Ephesians 5:18-6:9（《婚姻、家庭、工作生活之屬靈樣式：以弗所人書5：18－6：9之解說》）. Grand Rapids： Baker, 1998.

———. The Unsearchable Riches of Christ： An Exposition of Ephesians 3（《基督豐盛的奧祕：以弗所人書第三章解注》）. Grand Rapids： Baker, 1998.

Mackay, John A. God's Order： The Ephesian Letter and This Present Time（《神的秩序：以弗所人書與當代》）. New York： Macmillan, 1953.

Maclaren, Alexander. Ephesians. Expositions of Holy Scripture（《以弗所人書：聖經解說》）. Grand Rapids： Eerdmans, 1938.

Martin, Ralph P. Ephesians, Colossians, and Philemon. Interpretation： A Bible Commentary for Teaching and Preaching（《以弗所人書、歌羅西人書、腓利門書》，解釋：教導與傳導之注釋）. Louisville: John Knox, 1991.

Meyer, F. B. Power for Living: Studies in Ephesians （《生活的能力：以弗所人書之研究》）. Greenville, S.C.: Ambassador, 1997.

Mishnah： A New Translation （《米示拿新譯》）. Jacob Neusner, trans. New Haven, Conn.： Yale University Press, 1988.

Mitton, C. Leslie. Ephesians. New Century Bible Commentary （《以弗所人書》，新世紀聖經注釋）. Grand Rapids: Eerdmans, 1973.

Morris, Leon. Expository Reflections on the Letter to the Ephesians. （《以弗所人書的說明之思》）Grand Rapids: Baker, 1994.

Moule, Handley C. G. Ephesian Studies （《以弗所人書之研究》）. London： Hodder and Stoughton, n.d.

Neufeld, Thomas R. Yoder. Ephesians. Believers Church Bible Commentary （《以弗所人書──教會信徒聖經注釋》）. Scottdale, Penn.： Herald Press, 2002.

Nichol, Francis D., ed. The Seventh-day Adventist Bible Commentary （《基督復臨安息日會參考文庫》）. Washington, D.C.： Review and Herald, 1953-1957, VI： 991-1047.

O'Brien, Peter T. The Letter to the Ephesians （《以弗所人書》）. Pillar New Testament Commentary. Grand Rapids： Eerdmans, 1999.

Patzia, Arthur G. Ephesians, Colossians, Philemon. New International Biblical Commentary （《以弗所人書，歌羅西人書，腓利門書》，新國際聖經注釋）. Peabody, Mass.： Hendrickson, 1990.

Perkins, Pheme. Ephesians. Abingdon New Testament Commentaries（《以弗所人書》，亞比當新約注釋）. Nashville；Abingdon, 1997.

Ridderbos, Herman. Paul： An Outline of His Theology （《保羅神學大綱》）. John Richard De Witt, trans. Grand Rapids： Eerdmans, 1975.

Robinson, J. Armitage. St Paul's Epistle to the Ephesians： A Revised Text and Translation With Exposition and Notes（《聖徒保羅達以弗所人書：新修訂版經文、譯本及評注》），2d ed. London： James Clarke, n.d.

Rogers, Cleon L., Jr., and Cleon L. Rogers III. The New Linguistic and Exegetical Key to the Greek New Testament （《希臘文新約，新語意及釋經》）. Grand Rapids： Zondervan, 1998.

Schnackenburg, Rudolf. Ephesians： A Commentary（《以弗所書：注釋》）. Helen Heron, trans. Edinburgh： T. & T. Clark, 1991.

Scott, E. F. The Epistles of Paul to the Colossians, to Philemon and to the Ephesians. Moffatt New Testament Commentary （《保羅達歌羅西人書，腓利門書，以弗所人書》，莫法特新約注釋）. New York： Richard R. Smith, 1930.

Snodgrass, Klyne. Ephesians. The NIV Application Commentary（《以弗所人書》，見新國際

譯本實用評注）. Grand Rapids： Zondervan, 1996.

Stedman, Ray C. Expository Studies in Ephesians 1-3： Riches in Christ（《以弗所人書第一至
三章之釋經研究：在基督裏的豐盛》）. Waco, Tex.： Word, 1976.

Stewart, James S. A Man in Christ： The Vital Elements of St. Paul's Religion（《在基督裏的人：
聖徒保羅宗教中的重要元素》）. New York： Harper & Row, n.d.

Stoeckhardt, George. Ephesians. Concordia Classic Commentary Series（《以弗所人書》，協同
古典釋經系列）. St. Louis： Concordia, 1987.

Stott, John R. W. The Message of Ephesians： God's New Society. The Bible Speaks Today
（《以弗所人書的信息：神的新社會》，聖經在今天說話）. Downers Grove, Ill.：
InterVarsity, 1979.

Thompson, G.H.P. The Letters of Paul to the Ephesians to the Colossians and to Philemon. The
Cambridge Bible Commentary（《保羅達以弗所人，歌羅西人及腓利門書》，劍橋聖
經注釋）. Cambridge： Cambridge University, 1967.

Trench, Richard Chenevix. Synonyms of the New Testament（《新約中的同義字》）. Robert G.
Hoerber, ed. Grand Rapids: Baker, 1989.

Westcott, Brooke Foss. Saint Paul's Epistle to the Ephesians（《聖徒保羅達以弗所人書》）.
London： Macmillan, 1906.

Wood, A.： Skevington. "Ephesians." In the Expositor's Bible Commentany.（《解說式聖經注
釋：以弗所人書》）. Frank E. Gaebelein, ed. Grand Rapids：Zondenvan, 1978.XI：1-92

中文書目

懷愛倫著，《天路》，台北：時兆出版社，1985年版。

懷愛倫著，《歷代願望》上、下冊，台北：時兆出版社，2006年修訂版。

懷愛倫著，《教育論》，台北：時兆出版社，1999年版。

Yoder著，廖湧祥譯《耶穌政治》，香港：信生出版社，1990年。

「你當竭力在上帝面前得蒙喜悅，
作無愧的工人，按著正意分解真理的道。」提摩太後書2：15

第一編　問安

（弗1：1—2）

Exploring
Galatians
& Ephesians

意味深長的問安

弗1：1—2

> ¹ 奉上帝旨意，作基督耶穌使徒的保羅，寫信給[在以弗所的] *聖徒，就是在基督耶穌裏有忠心的人。² 願恩惠、平安從上帝我們的父，和主耶穌基督歸與你們！

保羅是一位出色的書信作者，即使是在問安語中，他也是充滿基督教色彩。大體上雖然他沿用了當時的書信體例，但他還是按照自己的需要作出更動。以弗所書的序言有三個部分：

- 發信人的身分，
- 收信人，
- 問安。

關於這三個部分，要注意的首要事項之一是，基督與每一部分都有關係。對保羅來說，基督和祂為保羅（和我們）所作的，總是處於中心位置。以弗所書從頭到尾都充滿著耶穌基督。

保羅希望馬上讓他的讀者知道，他是「作基督耶穌使徒的」（1：1）。Apostle（使徒的英文）是希臘文apostolos的音譯，意指奉差遣的人或者使者。莊斯頓（Robert Johnston）寫道：「一位使徒是指有一個任務在身的人。**傳道者**（missionary）是來自拉丁文的同義詞（mitto，『差遣』之意）」（Johnston, p. 39）。

這字本身蘊含了濃厚的猶太教傳統。在耶路撒冷的猶太人領袖，派遣代表到散居世界各地的猶太人那裏，巴克萊表示：「當這樣的一位apostolos出去辦事，他不是純粹仗著他自己的權柄和能力辦事。在他背後和手中有來自他所代表的猶太公會的權柄，可資證明他是誰的代表」（Barclay, p. 86）。在歸信基督之前，保羅早已是猶太公會的使徒。事實上，當主耶穌在往大馬色的路上遇到他，並使他歸信基督教時（徒9：1-9），保羅正在執行猶太公會的一項使徒任務。經過那次失明的經驗後，保羅不再作猶太公會的apostolos，他作了基督耶穌的apostolos。從那時開始一直到死為止，他都是基督的僕人。

保羅特意強調，他的使徒身分是「奉上帝旨意」而來的（弗1：1），意指他乃是由上帝委派而不是自封為使徒。史科特（E. F. Scott）指出：他的「宣稱必須放在加拉太書第一章的背景下解釋。保羅的敵對者指他自封為使徒，所以他與耶穌有親密關係的使徒並不同等，他們藉著這種堅決的主張來剝弱他的權威。他教導福音的任何權柄都是來自他們的，所以，要是他所傳的跟他們所傳的有出入，錯的必定是他。保羅卻回答：他與他們一模一樣，都是由上帝任命的」（Scott, p. 13）。

這樣看來，保羅是預先為他所傳講之信息其背後之權威來源做了解釋，意謂其他人必須注意聆聽。這信息不是個人私自的表述，而是來自上帝自己，透過祂所差遣的保羅傳講出來。他是基督授權的代表，正如霍奇（Charles Hodge）激動地高呼：「聖經寶典所彰顯出神之真理的自明光輝與大能，沒有一處比[以弗所書]這裏更集中」（Hodge, p. xv）。

表明了身分之後，保羅談到收信人。他形容他們是：

1.〔在以弗所的〕聖徒，

2. 在基督耶穌裏有忠心的人（1：1，作者譯文）

聖經中的「聖徒」不是指德蕾莎修女，不是指為道殉身的人，也不是指信心英雄，如聖徒彼得。恰恰相反，聖經中的聖徒是指普通的基督徒。「聖徒」這字的根本之意是「分別」，指上帝把基督徒分別出來留給自己，這字的希臘文也有聖潔的含意。因此，聖徒是指被上帝分別出來作聖潔的人。

新約稱那些信耶穌是救主的人為聖徒，故此，即使混亂不堪的哥林多教會的人，保羅也稱呼他們為「蒙召作聖徒」（林前1：2）。對以弗所教會的信眾，保羅也如此稱呼他們，同樣地也適用在你我身上。從聖經的角度看，我們都是聖徒，因為上帝呼召我們出離世界來到祂面前。

> **保羅明確的用意**
>
> 「我們當以合宜謙卑的態度和關注，聆聽以弗所的信息。我們不可視此信的作者為一個將個人意見付諸公開自由討論的人，他也不是一個有天賦卻易受騙的教師，更不是教會無上的傳道英雄；他是『一位奉上帝旨意，作基督耶穌的使徒，』因此，他是一位教師，他所擁有的權柄，嚴格地說就是耶穌基督的權柄，他奉祂的名和被祂的靈感動去寫作」（Stott, p. 21, 22）。

保羅形容他去信的聖徒是「有忠心的人」（1：1），他使用的字（pistos）有靜態或者動態的意思。即是說，它可以指「忠心」，又或者「有信心」。我們當然可以辯論說，一個有忠心的人在日常生活中會有信心。同一道理，一個有信心的人也擁有忠心。因此當羅賓遜如此主張時，他無疑是對的：「『在基督耶穌裏有忠心』是一個綽號，所指的是兩種 pistis 的意思，即『**信任**』與『**忠誠**』，兩者看來是混為一體的」（Robinson, p. 141）。

不少譯本把保羅所指的聖徒翻譯為「『在以弗所的』聖徒」。然而，正如我在《導論》中關於作者和收信人的一節所說，那幾個字並不見於最古老及最好的希臘文抄本，因此我在我的譯本中把那幾個字括起來。儘管我這樣說，不過，這封書信原本是送到小亞細亞這地區的，而以弗所這個地方，極有可能就是保羅希望信徒讀此信的地方，這一點毋庸懷疑。你或許記得，使徒行傳第19章記載，以弗所是供奉狄安娜或亞底米女神的中心地點[註1]。事實上，城中的居民由於保羅宣教成功而攻擊他，因為倚靠製造亞底米女神像的銀匠其生計受到威脅（第23-41節）。這些神祇在以弗所及其鄰近地區廣受尊崇與敬畏，可見以弗所書中一再提到那些執政的和掌權的，向基督徒和基督教發動戰爭（例如，參閱弗6：12），足可見其意義之深遠。

不過，也許最重要的一點是，保羅去信的聖徒還有另一住處，因而他們有兩個家，意思是他們既「住在基督裏」，又「住在以弗所」（或其他地點）。我和你也一樣，亦是有兩個家。我們已經是天國的子民，但同時我們又在這地上生活。斯托得指出：「我們許多的屬靈問題之所以出現，是因為我們忽略了我們是兩個國度的子民。我們不是傾向於追隨基督並退出世界，就是被世界占有，忘記我們仍然是在基督裏」（Stott, p. 23）。我們需要學習按照基督的原則在世上生活，藉以平衡這兩種子民的身分。

如我們在引言讀到，保羅喜歡用「在基督耶穌裏」，來指一個在基督裏有救恩的人。使徒將會在全封信充分解釋這一句話。

弗1：2中有三個特別有意義的詞：第一個是「恩惠」，這詞構成了全封信的一個主題。對保羅而言，恩惠永遠是上帝藉著基督白白賜下的救恩。「你們得救是本乎恩，也因著信；這並不是出於自己，乃是上帝所賜的」（2：8、5）。這節經文是以弗所書和

保羅神學的高潮，亦是他福音的核心。

第2節的另一個重要的詞是「平安」。我們有上帝同在的平安，是因為上帝賜下醫治的恩典。在保羅的思維中，這平安不僅使我們與上帝和好，更使我們與別人和好，更存於我們自己的生活中。新約中的「**平安**」源於希伯來shalom的概念，這詞的意思不是光指沒有衝突和麻煩而已，更是指「有奇妙的事情發生了：上帝豐足完滿的福分」（Morris, p. 13）。它代表「一種幸福的狀況」（Danker, p. 287），這狀況是來自與上帝相交的結果。只有一個方法使人得到這種平安，那就是藉著個人信心的行動，接受上帝赦罪的恩典（見羅5：1、9、10）。

我們在保羅的問安語中要檢視的最後一個字是「父」（弗1：2）。我們再一次接觸到保羅常見的主題，在以弗所書中，這個主題得到特別的看待。信中指所有基督徒都是上帝的兒女，因此他們都歸屬在上帝的大家庭中（2：19；3：15），彼此是弟兄姐妹。成為這個家庭中的一分子，是恩典的結果，也是福音和約中的一部分。

在短短的兩節經文中，保羅強而有力地論及他信中的好幾個主題。就這些主題，他在其充滿洞見的信中將有更多話要說。

＊作者按：「在以弗所的」這幾個字不見於最好及最古老的希臘文抄本。
註1：狄安娜（Diana）是羅馬月神，即是希臘的亞底米女神。

第二編

教義主張

（弗1：3—3：21）

02
上帝的旨意（上）

弗1：3－10

³ 願頌讚歸與我們主耶穌基督的父上帝！祂在基督裏曾賜給我們天上各樣屬靈的福氣：⁴ 就如上帝從創立世界以前，在基督裏揀選了我們，使我們在祂面前成為聖潔，無有瑕疵；⁵ 又因愛我們，就按著自己的意旨所喜悅的，預定我們藉著耶穌基督得兒子的名分，⁶ 使祂榮耀的恩典得著稱讚；這恩典是祂在愛子裏所賜給我們的。⁷ 我們藉這愛子的血得蒙救贖，過犯得以赦免，乃是照祂豐富的恩典。⁸ 這恩典是上帝用諸般智慧聰明，充充足足賞給我們的；⁹ 都是照祂自己所預定的美意，叫我們知道祂旨意的奧祕，¹⁰ 要照所安排的，在日期滿足的時候，使天上、地上、一切所有的都在基督裏面同歸於一。

弗1：3－14的希臘原文是由一個句子組成的，巴特（Markus Barth）將之描述為「一句冗長沉重又累贅的句子，當中充塞著從屬子句、離題句、詳述句、複述句等類」（Barth, Ephesians 1-3, p. 77）。諾敦（E. Norden）稱它為「我在希臘文所見過最龐大的混合體句子」（Barth, Ephesians 1-3, p. 77）。戴爾（R. W. Dale）的評論較為正面，他認為第3至第14節猶如一條環環相扣的「黃金鏈子」（Dale, p. 40）。羅賓遜則說它是一管「五光十色的萬花筒」（Robinson, p. 19）。

總之，第3節至14節是聖經中最錯綜複雜、最具屬靈意味卻又最深刻的句子之一。保羅毫無停歇一個句子接一個句子表達出他的讚美和興奮之情。讀者所要面對的問題，一般是如何去領會這紛繁精細又雄奇壯麗的經文內容。我所知道的譯本，都盡力把保羅這一句奇偉的句子分成若干小節。此外，解經家又把他的思路組成各種類別。縱然傾注了這許多釋經功夫，經文的整體意思絕非我們屬世的腦袋所能理解，它的稱頌和它所稱頌的豐富含意，在我們能力可以測透的領域之外高高翱翔，它的確是那種我們可以天天誦讀和不斷得著新亮光的經文之一。

　　第3節展開了使徒對三一真神所生發的偉大稱頌。首先，他讚美父，「祂在基督裏曾賜給我們天上各樣屬靈的福氣」。父是我們基督徒得到一切福氣的源頭，如斯托得指出：「一開始就坦率地談到祂是主動，因為祂本身幾乎是這些經文每個主動詞的主語」（Stott, p. 33），故此父上帝

- 「賜給我們……福氣」（第3節），
- 「揀選了我們」（第4節），
- 「預定我們」（第5節），
- 把「恩典……賜給我們」（第6節，「充充足足，」第8節），
- 「叫我們知道祂旨意的奧祕」（第9節），
- 在日期滿足的時候，完成祂的計畫（第10節）。

　　倘若我們要以一句話來總結父上帝在弗1：3－10的角色，那就是，祂有一個計畫和一個目的，是源自於祂定意要拯救罪人。

　　保羅接著頌讚子基督，他在第3至14節中提到基督十五次。此外，英文譯本的「在基督裏」或「在祂裏面」這些片語出現了十一次之多。使徒筆下的基督就像「一個上帝的福氣在當中被賜下和被領受的領域」（O' Brien, p. 91），我們在祂裏頭，藉著祂的血

191

得救恩（第7節），上帝藉著基督成就祂的計畫，使天地的萬有都同歸於一（第10節）。

雖然只有第13及14節直呼聖靈的名字，但聖靈在第3至14節中相當顯著，祂也在第3節出現，「屬靈的福氣」藉著祂被賜下。

要開始明白第4至10節其意的方法之一，就是察看上帝在過去、現在、將來所賜的諸多之福。首先，第4和5節告訴我們，上帝為了使我們聖潔，「從創立世界以前，在基督裏揀選了我們」（第4節）。祂不僅選上我們，還「預定」或者揀選我們成為祂的兒女（第5節）。

有些人不喜歡預定論這項教義，但這確是新約和舊約的教導。我們在舊約讀到上帝召以色列人特作祂的子民，新約又說祂呼召一個全世界的群體「得享祂永遠的榮耀」（彼前5：9）。救恩計畫不是事後諸葛的想法，而是上帝「從創立世界以前」就預定的計畫（弗1：4）。

> **信徒過去的福氣**
> 上帝預定罪人得救（第4、5節），但這預定：
> ・必須憑信接受
> ・必須先被視為服事而非特權

雖然預定論教義是聖經的教導，但它一直受到誤解。很遺憾的，有人教導說，基督預先決定了一些人上天堂，而另一些人下地獄，每一個人都不能左右一己之命運。但真實的情況是，上帝渴望每一個人的得救是永遠的。祂預定人人得救。基督死了「一次」（來9：26），接受那因祂的死亡而成就的恩典卻有一個條

件——信心。意思是說，人們必須接受上帝的這項恩賜，才能在上帝的大家庭中有分，正如保羅在弗2：8說：「你們得救是本乎恩，也**因著信**」。這信心的根源就是基督在十字架上的犧牲（羅3：21－25）和「上帝羔羊的血」，祂犧牲自己為世人除罪（弗1：7；約1：29）。

明白上帝預定人人得救是重要的，但只有接受祂所賜的恩賜成為上帝家裏的人，他們才能住進「天上」的家（弗2：19；3：14；1：13）。

與聖經預定論教導有關的第二個誤解是，上帝沒有呼召人得特權，而是呼召人去服務。成為基督徒誠然是一種特權，但人們光坐著沒事幹，還吹噓他所擁有的身分地位，這樣的人就不太了解上帝呼召的意義了。簡單說，那些蒙揀選得救贖之福的人，他們的生命負有對主和其他人的責任。就如耶穌奉獻自己作他人的僕人一樣，祂的信徒要是真心接受祂，也會效法祂的榜樣（太20：26－28）。換言之，上帝不僅命定我們從罪中得拯救，還命定我們作祂在世上的器皿。聖經的預定論教義是既美好又有意義的教訓，我們要與保羅一樣，不應拒絕它，卻要因它有喜樂。它帶給使徒的就只有充滿頌讚的心。

弗1：3－10不僅討論過去的福氣，還討論現在的福氣，這是第5至8節的主調。我們特別發現三個保羅式的偉大詞彙，它們把基督徒現在的處境突顯出來。第一，祂使他們得兒女的名分（第5節）。無論他們曾經與上帝疏遠或祂其他的兒女疏遠，如今他們與上帝聯合，成為祂天上家庭的成員之一。教會關於上帝賜下兒女名分的教導不足，可是保羅卻深知這教導的重要。使徒約翰也一樣，他告訴我們，就在接受和相信基督的那一刻，我們就成為上帝的兒女了（約1：12、13）。有些人花了好一段時間教導說，我們

生來就是上帝的兒女。聖經卻不是這麼說。當人們憑信決定跟從耶穌，並且在聖靈裏重生（約3：3、5；羅8：14－17），他們就變成是上帝的兒女。

基督徒第二個現在的福氣是「蒙救贖」（弗1：7）。古時這詞一般用來指贖買奴隸或者人質，好讓他們重獲自由。在保羅的著作中，得贖必然是指從罪的捆綁中和犯律法的刑罰中得釋放（羅6：16、18、20；加4：8－10）。再者，如同其他的救恩隱喻一樣，他總是把救贖與基督的血和／或髑髏地的十字架連繫起來（見Knight, p. 77）。保羅只知道上帝的羔羊是與基督的代贖犧牲相連結的救恩論。

第三個給每位基督徒的現在福氣是赦罪（弗1：7）。這一切現在的福氣——得兒女的名分、得贖、赦免，及其他的福氣——都是上帝恩典的結果，祂把這恩典「充充足足的」賞給我們（第8節）。神不吝嗇祂的恩典。保羅的措辭彷彿說祂恐怕對我們施恩不足。因著這恩典，基督徒成了得救的子民，他們的得救是當下發生的實情。

> **信徒將來的福氣**
> 「在日期滿足的時候」上帝會成就祂的計畫，「使天上、地上、一切所有的」都同歸於一（第10節）。

並不是只有當下的救恩而已，根據弗1：3－10，上帝還為祂的子民準備了將來的福氣，這是第9和10節的主題。祂會像一位忠心的管家，到了日期滿足的時候，作成祂偉大的計畫。當耶穌第二次復臨，時間進入永恆，主會更完全地把祂的百姓歸在一個大家庭裏。藉著基督建立祂的教會之工，這同歸於一已經展開

了。但有一天，宇宙的一切不和諧都會終止，上帝會「使天上、地上、一切所有的」完完全全地同歸於一。

故此，縱使基督徒已經得救，他們仍然還在等候他們的救贖完全成就。保羅把我們的得救解釋為一種既是當下又是將來，既是現在的，卻又未完全實現的體驗。簡單而言，到了日期滿足，上帝「從創立世界以前」（第4節）就定下的計畫（奧祕，見第9、10節）將這計畫推上高峰之際，我們目前所擁有的福氣就會加倍增多。身為基督徒，我們在地上所面對的諸多問題不會永遠一直存在的，難怪保羅說，基督的再來是「盼望的福」（多2：13）。

信徒現在的諸多之福

1. 得兒女的名分（第5節）

2. 得贖（第7節）

3. 赦免（第7節）

03 上帝的旨意（下）

弗1：11－14

> [11] 我們也在祂裏面得（得：或譯成）了基業；這原是那位隨己意行作萬事的，照著祂旨意所預定的，[12] 叫祂的榮耀從我們這首先在基督裏有盼望的人可以得著稱讚。[13] 你們既聽見真理的道，就是那叫你們得救的福音，也信了基督，既然信祂，就受了所應許的聖靈為印記。[14] 這聖靈是我們得基業的憑據（原文作質），直等到上帝之民（民：原文作產業）被贖，使祂的榮耀得著稱讚。

使徒在第9和10節論及祂旨意的「奧祕」。奧祕在保羅著作中指的是，「一件長久以來一直被保守住的祕密，如今被揭露出來；或是一件奧祕之事物，因為沒有人為它解明其意，使它仍究處在無法明白的情況」（Barclay, p. 96）。說的更明確一點，以弗所書所指的奧祕，便是指外邦人和猶太人都可以得到福音。上帝從起初便叫祂地上教會的子民同歸於一，但要到了「日期滿足的時候」，「上帝使天上、地上、一切所有的都在基督裏面同歸於一」（第10節），這奧祕才會成就。祂最終的目標是使凡接受祂是主的都合而為一。我們在第二章已經討論過，這奧祕要等到未來才會完全地成就。

不過，上帝朝著外邦人與猶太人是站在同一基礎上得救恩的

方向，已經大大推進。從弗1：11－14所用的代名詞，我們即可看到成就這奧祕所踏出的這一步，乃是從經文中的**我們**，流到**你們**，再到**我們的**。

首先，**我們**是指猶太人，包括保羅本人在內：「我們也在祂裏面得了基業……照著祂旨意所預定的」（第11節）；「……我們這首先在基督裏有盼望的人……」（第12節）。這些經文反映了舊約當時的實際情況，指猶太人是上帝的選民。而這在新約亦得到回應，福音信息是先臨到猶太人，之後才給外邦人的（徒1：8；羅1：16）相呼應。

不過在舊約時代，猶太人是將其他國家的子民不算在上帝的子民之列。外邦人若要成為上帝子民的一分子，就只有信猶太教一途。保羅卻告訴他的讀者，那種情況已經轉變了。

弗1：13中的**你們**就是在此出現：「你們既聽見真理的道，……也信了基督，既然信祂，就受了所應許的聖靈為印記。」對一個猶太人來說，這真是不可思議又奧妙莫測；因為那些接受基督的外邦人同樣成為上帝子民的一分子。

到了第14節中的**我們**，那可更有意思了。應許給亞伯拉罕和猶太人的基業，就是**我們的**基業，這基業**同時屬於**猶太人和外邦人。保羅採用了「產業」來突出這一概念。布魯斯指出，該詞在舊約中是「指屬於上帝的以色列民——特別在出19：5，耶和華呼召以色列人『作屬我的子民』……如今這話語當應用在外邦信徒身上，象徵他們在屬上帝的子民群體中所賦與的新地位，以作為保證的一項表徵。他們與他們的猶太裔信徒伙伴，一起分享現在的福氣與將來的盼望」（Bruce, Epistle to Colossians…, p. 267）。

柯布里恩解釋，保羅透過在弗1：11－14使用「我們」、「你們」、「我們的」，「預先準備了弗2：14－18論及猶太人

與外邦人和好的主旨，這與上帝和好及與人和好的關係，已經藉著基督死在十字架上生效了」（O' Brien, p. 115）。

當我們再看清楚一點外邦人的新地位時，便會注意到是上帝起始便已將他們含括進來。因此祂便差遣救主，然後又派遣像保羅這樣的使者，好叫他們聽到福音信息並奉之為信仰。整部聖經都在述說，不是人尋找上帝，而是上帝尋找人：犯罪後的亞當和夏娃在伊甸園是如此（創3：8－10）；失錢和失羊的比喻是如此（路15：4、8）；耶穌的傳道亦是如此（約3：16；路19：10）；揀選猶太人是如此（羅9：9－13）；把外邦人含括在上帝的子民中亦是如此（弗1：4、11－14）。救恩總是植基於不配得的恩典，也是由上帝所先行發動的。

這並不表示人在救恩計畫中就不起作用，關於人的角色，弗1：13提出幾方面的真知灼見。首先，我們「聽見真理的道，就是那[叫你們]得救的福音」。我們當注意幾種「聽見」上帝信息的情況。有人光只聽字句，但內心和生活並沒有發生變化。他們並不明白。有人聽見又明白了，但沒有相應的行動。還有人聽見、明白，並以信心回應。

上述所說的，使我們知道人類在救贖計畫中扮演的第二種角色。人們選擇向上帝說「是」，而非「不」。意思是說，他們聽到福音信息之後，便接受不是拒絕。儘管信心──是相信的能力，向上帝說「是」的能力──是從祂而來的一項恩賜，但我們是否願意使用祂信的這恩賜好接受祂的福音，還是由我們決定。

聽道和信道是救恩計畫很重要的二個面向，它們同時令傳道和見證變成必不可少，正如保羅在羅馬書形容：「『凡求告主名的就必得救。』然而，人未曾信祂，怎能求祂呢？未曾聽見祂，怎能信祂呢？沒有傳道的，怎能聽見呢？若沒有奉差遣，怎能傳

道呢？……可見，信道是從聽道來的，聽道是從基督的話來的」（羅10：13-15、17）。難怪，上帝希望我們為祂作見證，直到地極，直到世界的末了（太28：18-20），這就不足為奇了。祂使全宇宙的子民合一的計畫尚未實現（弗1：10、14），而最奇妙的是，祂渴望我們每一位在這計畫中有分——不單是聽道和信道，還藉著見證讓其他人聽道和信道。

在繼續討論之前，我們還要注意一件事。有研究弗1：10的解經家總結說，上帝最終會拯救全部人類（普救論）。可是這不是保羅的信息。對他而言，福音或好消息是給凡聽見又以信心回應的人的。他告訴我們，這些人都「受了所應許的聖靈為印記，」這印記是上帝的憑據或者擔保，保證當祂完成祂產業的救贖大工（此處的產業是指承認祂主權的一群特殊的子民，弗1：13、14），他們便可得享將來的救贖。

我們從這段經文中學習到三件事：第一，祂是「應許的聖靈」。柯布里恩認為，保羅可能以這片語說明舊約時賜下聖靈的應許這件事（參閱珥2：28；結36：27），同時說到聖靈「在五旬節時是由升到天上的耶穌所傾降下來」（O' Brien, p. 119-220）。耶穌當然也應許說聖靈會臨到，指引祂的百姓（參閱約翰福音第14章至16章；徒1：4、5）。保羅是要告訴以弗所人，他們自己擁有所應許的聖靈。好消息是聖靈的能力和諸般恩賜仍然存在我們這二十一世紀的基督徒中間，並且直到末時仍會繼續這樣行。

第二，聖靈是上帝的印記。聖靈在所有基督徒的身上都烙下印記。印記是擁有權的標誌，羅馬人的社會風俗往往會在所飼養的牲畜和奴僕身上蓋印，以示擁有權。在以西結書中，上帝為祂的百姓畫下記號或印記，以資作為識別屬於祂的產業，並且救他們不至被擊殺（結9：4-9）。藉著在外邦信徒身上蓋下印記，上帝

使他們歸祂所有。在以弗所書的後面，保羅會告訴以弗所人，他們所受的印記是為了「等候得贖的日子來到」（弗4：30）。意思是說，上帝將會與祂的子民一同度過今生的一切考驗，直至「日期滿足的時候」（1：10）臨到，祂的產業（即祂的子民，見第14節）得贖為止。

上帝論到聖靈的第三件事，聖靈祂是「信物的象徵」或者「擔保」。在聖經中用作信物的詞其意指一筆「**分期付款的頭期款、押金、定金、抵押品⋯⋯**，是指對有疑慮之物取得法律上的要求權而言。」（Danker, p. 134）聖靈的賦予代表了上帝不僅應許那些透過信接受祂賜下這恩賜的人，必會獲得最後的勝利，同時保證必會如此。事實上，聖靈就是上帝諸般美好恩賜的首選。

我們要注意弗1：11－14的最後一點是，它聚焦在頌讚之上，這在第3和第6節已經早作強調。稱頌上帝在許多方面來說，既是以弗所書第1章的主旨，又是回應上帝在基督裏為我們所作的，唯一合宜的表達。在此，出自人類以人為中心，終必與上帝的兒女是以上帝為中心互相衝突。斯托得寫道：「墮落的人類，囚禁在他個人狹小的自我之中，對於自己的意志力擁有幾乎無限的自信心，對於個人榮耀的歌頌有幾乎無法滿足的慾望。但上帝的子民至少會先省察自我。新社會有新的價值和新的理想，因為上帝的子民是上帝的產業，他們憑上帝的旨意生活，也為上帝的榮耀而活」（Stott, p. 50），他們把這一切頌讚都歸給上帝。

04 大能的禱告

弗1：15 — 23

¹⁵ 因此，我既聽見你們信從主耶穌，親愛眾聖徒，¹⁶ 就為你們不住地感謝上帝。禱告的時候，常提到你們，¹⁷ 求我們主耶穌基督的上帝，榮耀的父，將那賜人智慧和啟示的靈賞給你們，使你們真知道祂，¹⁸ 並且照明你們心中的眼睛，使你們知道祂的恩召有何等指望，祂在聖徒中得的基業有何等豐盛的榮耀；¹⁹ 並知道祂向我們這信的人所顯的能力是何等浩大，²⁰ 就是照祂在基督身上所運行的大能大力，使祂從死裏復活，叫祂在天上坐在自己的右邊，²¹ 遠超過一切執政的、掌權的、有能的、主治的，和一切有名的；不但是今世的，連來世的也都超過了。²² 又將萬有服在祂的腳下，使祂為教會作萬有之首。²³ 教會是祂的身體，是那充滿萬有者所充滿的。

在弗1：15 — 23，保羅從第3至第14節一氣呵成的頌讚，轉向同樣是一氣呵成的禱告。使徒在兩段經文中都以大量的詞藻，一句接一句地緩緩流露他對上帝的體悟，以及上帝在基督裏對祂百姓的所作所為。以弗所書第一章可能是新約行文最緊湊的散文。

保羅在第3至14節稱頌上帝，乃是因祂在基督裏賜福給祂的子民。如今到了第15至23節，他祈求祂的子民更充分地從心裏體認上帝豐盛的福惠。下述大綱將有助我們掌握他禱告的要點。

弗1：15－23的結構

1. 保羅禱告的因由（第15節）

2. 禱告的內容（第16節至18節上半段）

   a. 為以弗所人感恩（第16節）

   b. 為聖靈光照他們的心代求（第17節至18節上半段）

3. 祈求他們被光照的重點（第18下半段至19節）

他們更充分明白

   a.「祂的恩召」（第18節下半段）

   b.「祂在聖徒中得的基業有何等豐盛的榮耀」（第18節下半段）

   c.「所顯的能力是何等浩大」（第19節）

4. 上帝大能的表現（第20節至23節）

   a. 祂叫基督從死裏復活（第20節上半段）

   b. 祂與基督一同作王，藉此基督擁有無與倫比的權能（第20節至22節上半段）

   c. 祂使基督作教會之首（第22節下半段至23節）

     第15至23節首要注意的是，保羅作這莊嚴禱告的因由。他聽見他們信從主耶穌，又彼此相愛（第15節）。這是好消息——比他聽見加拉太人被「迷惑」（加3：1）的消息好多了。以弗所人是一群走在正途上的人，他們表現了「任何真教會必須有的兩種特質」：「**忠於基督以及關愛他人**」（Barclay, p. 102）。有些人只有其中一項。畢竟，有些人聲稱忠於基督，但卻不關心別人；又有些人十分關心別人，卻忽視基督和十字架的道理。兩種人都步入歧途。以弗所人同時具有這基督教必要的兩項特質。

     據勞埃德瓊斯（D. Martyn Lloyd-Jones）表示，保羅禱文的最卓越之處在於，他選擇為兼具這些特質的基督徒獻上如此熱切的祈禱；

勞埃德瓊斯寫道：「我們可能會以為，對於體驗到這崇高恩福的人，是不需要為他們代禱的」。但我們在此學到一課：「悔改信主不是終結，而只是開始；那只不過是[基督徒生命的]第一步而已」（Lloyd-Jones, Ultimate Purpose, p. 338, 339）。上帝希望祂的兒女在艱苦的生活情況下，愛心的知識仍能成長。上帝對我們的作為，將是我們在永恆無盡的歲月裏要研究的功課。

就保羅的禱告，我們必須強調的另一點是，他不是為以弗所人將要領受的福氣祈禱，而是為他們已非常清楚擁有的代求。根據使徒所言，基督徒是已經得救的子民（弗2：5、8中「得救」是過去時態）。更加明白何謂作一個得救的人，屬上帝得贖的子民、更清楚地明瞭父、基督、聖靈在救恩中的角色，便是我們作為基督徒的喜樂。這些主題不光是以弗所書第1章的讚美和禱告，也是全封信的讚美和禱告。當然，若沒有聖靈賜下智慧和啟示，人是不可能知道這些的（1：7）。

保羅尤其希望以弗所人更明白三件事：第一件是祂恩召的盼望（第18節）。我們在研究第4和第5節時注意到，我們的得救是由上帝起意的，我們不是一覺醒來突然自己感到需要祂和需要救贖。不是這樣的！聖經自始至終都教導，是祂先呼召我們。我們僅是回應祂的召喚。而上帝召我們所得的盼望，並不光是在這地上有較好的生活，更是在基督裏有永生（參較羅6：23）。基督徒已經得著這永生（約3：36；5：24），但由於基督的再來，永生才會水到渠成，那是我們這受地上限制的人所不可能完全明白的。

保羅渴望以弗所人更徹底明白的第二件事，就是「他在聖徒中得的基業有何等豐盛的榮耀」（弗1：18）。不少解釋集中討論，到底基業是指上帝的基業還是聖徒的基業。希臘原文允許這兩個翻譯同時並存。雖然聖徒的「指望」肯定與他們天上的基業有所

連繫，但從以弗所書整體的上下文判斷，該節經文應該翻譯為聖徒是上帝的基業（參閱第二章就第14節的解釋），這就跟舊約的作者教導說上帝的子民是祂的「基業」或「產業」非常一致（例如，參閱申4：20；詩33：12；耶10：16）。在以弗所書中，上帝全部的子民——猶太人和外邦人——都是祂的基業，「祂會在他們身上向全宇宙展現祂說不盡的豐盛榮耀」（O' Brien, p. 136）。正如布魯斯寫道：「我們簡直無法明白，上帝如何得以看見祂的旨意成全、看見祂一手創造的受造物——罪人，被祂的恩典救贖，從而反映祂本有的榮耀」（Bruce, Epistle to the Ephesians, p. 40）。

保羅為以弗所人代求，好叫他們更徹底地明白的第三件事，是上帝「所顯的能力是何等浩大」（弗1：19）。保羅論及這一主題時，其情感比他之前談到的兩個主題更興奮。所以，就基督徒所能知曉的上帝之大能，他在第20至23節加倍充實了其中的三個重點。

第一點是上帝使基督從死裏復活（第20節）。基督復活絕對是保羅對福音之體悟的中心所在。他在林前15：1－4為福音所下的定義中，給基督的復活與死亡一致的地位，並且提出充分的理由。說到底，一位死亡的救主不能給人盼望，如馬基（John Mackay）指出：「若不是因為基督復活，一切關於耶穌基督的身分、祂的生平、死亡，以及祂的言行都將化為烏有和徒勞無益，人們非常有可能遺忘祂」（Mackay, p. 93）。然而墳墓囚禁不了基督，上帝使祂從死裏復活，因此祂「拿著死亡和陰間的鑰匙」（啟1：18），祂要與信靠祂的人分享祂戰勝死亡的勝利。這就是「恩召」的「指望」（弗1：18；帖前4：13、18）之一。得著戰勝死亡的權能並非小事。

保羅希望他的讀者更了解上帝大能的第二點是，祂不僅使基督從死裏復活，還叫祂在天上坐在自己的右邊。在此保羅引用詩

110：1的彌賽亞應許，這是常見於新約中常引用的舊約經文之一（例如，參閱太26：64；可14：62；16：19；路22：69；徒2：33－35；7：56；羅8：34；林前15：25；西3：1；來1：3；8：1；10：12），我們從詩篇中讀到：「耶和華對我主說：『你坐在我的右邊，等我使你仇敵作你的腳凳』」（詩110：1）。復活的基督不僅與上帝一同坐王，祂已經穩操最後的勝券在手，尤其是祂「遠超過一切執政的、掌權的、有能的、主治的，和一切有名的；不但是今世的，連來世的也都超過了」（弗1：21）。在此保羅腦海中是浮現那些「管轄這幽暗世界的」或「天空屬靈氣的惡魔」（6：12），他呼召基督徒起來與他們爭戰。基督同時遠超過「一切有名的」（1：21），亞諾（Clinton Arnold）指出：該片語「向曾涉及行法術的人──就像以弗所的許多基督徒──傳達異常強烈的信息。知道正確的名字與召喚最有威力的名字，是行使法術的關鍵之舉」。因此，「保羅力證基督的至高無上，一點都不猶疑。可以想像得到的神祇、女神、權勢、靈體或者惡魔，沒有一種不是服在基督的權下」（Arnold, Powers, p. 107）。在昔日和今日，這都是好消息。基督徒──凡服事和敬拜基督的人──在任何領域中都一無所懼。

保羅渴望他的讀者知道基督的第三點是，上帝不僅「將萬有服在祂的腳下」（第22節），還「使他為教會作萬有之首」，這教會就是「他的身體」（第23節）。保羅在較早期的著作中，曾提到教會是基督的身體這一概念，這身體當像一個健全的有機體般和諧同工。但類似哥林多前書第12章的經文，其所說的頭只是身體的一部分。如今在弗1：22、23中，使徒論及基督是獨一無二、擁有大能大力的頭，祂滲透整個身體。麥維（John McVay）指出：「基督不光是［在比喻意義上］被指派作『頭』」，「而是作為一個重要的工具，藉以傳達基督的獨特性與重要性」（載於Hawthorne, p.

378）。教會只有一個頭，祂的權能最大，也是最有功效的。藉著祂的大能，祂「以各種可能的方法充滿**萬有**（1：23）。教會作為領受者與施與者，是擺脫不了這**豐盛的**」（Neufeld, p. 88）。身體的各部肢體在頭的領導下作工，把基督的使命帶到世界，因此福音詩歌說，我們是祂傳揚真理的口，我們是祂的腳，把福音帶到世界各個角落。

05 我們本來的境況

弗2：1 — 3

¹ 你們死在過犯罪惡之中，祂叫你們活過來。² 那時，你們在其中行事為人，隨從今世的風俗，順服空中掌權者的首領，就是現今在悖逆之子心中運行的邪靈。³ 我們從前也都在他們中間，放縱肉體的私慾，隨著肉體和心中所喜好的去行，本為可怒之子，和別人一樣。

以弗所書第1章的開始，是稱頌上帝在基督裏對我們一切的作為（第3-14節），接著，是一段宏偉莊嚴的禱告詞，其中述及上帝和基督給與基督徒的指望，正顯出其大能大力（第15-23節）。第2章的起首細緻地描繪上帝為我們在基督裏的作為，其論點同樣有力。我們本是死在罪惡之中，基督卻把我們拯救過來（弗2：1-10）。保羅分兩個階段論及救贖的故事：「他提醒他的以弗所讀者[和我們]，他們是從怎樣的境況中得拯救的，以及他們是被遷到怎樣的境況中」（Moule, p. 66）。第1至3節談及第一階段；第4至10節述及第二階段。

在討論第1至3節之前，我們該注意保羅所用的代名詞。第1節使用「你們」，和「你們的」，指的是外邦人。沒有人會懷疑他們過去的境況，所有人都一致承認他們是淪喪在罪孽之中的。可是到了第3節，保羅卻改用「我們」，這樣就把他自己和有猶

太背景的人都包括在內，以致所有人（外邦人和猶太人）都是罪人，都是可怒之子，都死在過犯罪惡之中，也因此都需要憑信靠恩被救贖（第4－10節）。

論點舖排的次序與羅馬書第1至3章一致。保羅在羅1：18－32描述外邦人「污穢不堪的罪」和他們無望的處境。人們只能想像，聖徒點頭表示贊同這一點。然而接著的羅2：1卻說猶太人一樣是罪人，他們沒有資格幸災樂禍。像我們這些教會中只「犯了無傷大雅的小罪」的「義人」，實在太容易瞧不起那些比較惡劣的人了，可是保羅卻在羅2：1－3：23對有宗教信仰的人說：世人——包括猶太人和外邦人，「都犯了罪，虧缺了上帝的榮耀」（3：23）。他接著馬上在羅3：22－26提出給這兩個群體的唯一出路：接受藉著信靠恩而得救。

羅馬書和以弗所書的兩大主題，一個主題是人類都是失落的，另一個主題是，上帝為失落的人類提出了一解決之道，便是所有的人必須接受，唯有憑信靠恩的解決之道。保羅十分肯定他有猶太人和外邦人都需要的信息。這兩等人都需要十字架和恩典。在十字架的面前，人人平等，沒有任何一個群體優於他人。猶太人和外邦人都是失落的一群，都只能在基督裏找到救恩。

保羅在羅馬書和以弗所書同樣煞費苦心地指出，全然倚靠上帝的恩典必能讓猶太人和外邦人成為合一的子民。這合一既是羅馬書第9至11章的最極至的主題所在，也是弗2：11、22的中心主題，當中使徒談到中間隔斷的牆被拆毀（第14節），又說這個合一的教會大家庭是建在基督這基礎上（第19－22節）。所以，失落與恩典在保羅的救贖論（拯救的教義）和教會論（教會的教義）中同樣是要旨。

除了弗2：1－3的代名詞之外，我們要集中討論能力這一概

念。正如上帝有能力使基督從死裏復活（1：20），上帝照樣有能力藉著「祂極豐富的恩典，就是祂在基督耶穌裏向我們所施的恩慈」將基督徒從死裏解救出來（2：6-8）。上帝的大能這一主題，把以弗所書第1和第2章連結起來。

弗2：1-3的鑰字是「死」。根據保羅的意思，死是在基督之外的人之境況。使徒認為過犯和罪惡是致死的原因。偉大的宗教改革家加爾文寫道，保羅「並非光指他們有死亡的危險；他宣告那是會使他們落到一個現今真的死亡之地。由於靈性的死亡無異於生命離開上帝，因此我們生來就是死的，直到上帝讓我們與基督的生命有了共同的關係之前，我們都是活著的死人。」（Calvin, p. 139）耶穌指那參與在基督裏的生命就是重生（約3：5、7），這以生命為主旨的主題將是弗2：4-10的重點。

按照第2和第3節所說，以弗所人曾被三股權勢所操控。保羅把第一股描述為「隨從今世的風俗」行事（第2節）。「行事」（walk）是聖經中一個重要的詞，邁亞（F. B. Meyer）指出：「我們的行事為人（Our walk）是我們生命的同義詞。生命就是從搖籃到墳墓的一種生活處世方式」（Meyer, p. 109）。按保羅的觀點，一個人若不與上帝同行，便是隨從今世以自我為中心的價值觀而活，而與上帝同行，就是反映以上帝為中心／以他人為中心的基督之標準。

「隨從今世的風俗」行事，這種誘惑威脅著每一個人。它沒完沒了的在我們周遭的環境出現，誘使我們適應身邊的文化生活方式而不是適應上帝的原則，因而令我們變得世俗化、物質主義、不道德、不公義等等。對許多人來說，那就是誘使人們模仿電視節目中的生活型態，那些節目每天都充斥著現今社會的人性表現。我們週遭的墮落世界企圖以其映像型塑我們。

行走世界的路引致我們成為文化的俘虜，難以自拔，使我們

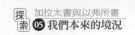
像死人般對上帝的事情毫無反應，卻對「今世」內容刺激的電視節目過分活躍。

第二股使人沉淪的影響力是「空中掌權者的首領，就是現今在悖逆之子心中運行的邪靈」（第2節）。在此我們發覺到，在世界的精神和價值觀的背後，有一股位格的力量（personal force）。以弗所書比其他新約的書信更多地談及有位格的邪惡力量，這主題的高潮是呼召我們在屬靈的爭戰中，迎戰這位「屬靈氣的惡魔」（6：12－17）。保羅在以弗所書中至少兩次稱邪惡之終極源頭是「魔鬼」（4：27；6：11），在第2章他稱他為「空中掌權者的首領」。

明瞭魔鬼不是保羅虛構出來，這是絕對重要的。這魔鬼是一切靈性問題的肇因。撒但巴不得說服人們（包括基督徒）相信，他不是真的存在的，在這一點上，他一向做得分外成功。結果，在世界大多數人的層面和在個人的層面，人們皆被蒙在鼓裡，不認識他真正的影響力，因此不少人在這場善與惡的爭戰中，對於「空中掌權者的首領」毫無自衛能力。我們需要好好看待保羅對諸多的靈力栩栩如生的描述，這股力量企圖把人的靈性置於死亡與失落的境地。

人們不僅得面對影響環境和個人心靈的諸多力量，他們自己的心也是構成問題的主因。第三股使人受罪惡和死亡轄制的影響力，是我們「肉體的私慾」（弗2：3）。亞諾表示，肉體「是保羅最喜歡使用的詞彙，這個詞彙用以表達人們內在的慾望，在許多方面所表現出來的行為，都是偏離上帝公義的標準。它不僅指引發行動背後的、與身體有關的內在驅動力，像性方面的罪行，還指思想生活的層面，如嫉妒和忿怒。這股行惡的推動力，與聖靈引導過道德生活的新動力恰恰相反[參閱加5：19－23]」（Arnold, Powers, p. 125）。

保羅拿肉體與行事為人這兩個概念相提並論，其意義在於一個人可以按肉體而行，也可以按聖靈而行。我們「肉體的私慾」並不是指，讓上帝賜給我們與生俱來的慾望得到滿足，而是指遭誤用的滿足感，就好像遍地遊行的魔鬼，總愛使人從正常的婚姻性關係轉往通姦，從正常地享受食物轉往暴飲暴食，從正常的人生刺激轉往追求危險和／或反常的刺激。再者，也許我們可以預料得到，「空中掌權者的首領」的影響力，以及環境中的諸多文化力量，與「肉體」的任性吸引力，這三者一同攜手，使任何遭誤用的慾望經過包裝之後，比上帝原本所定的目標更吸引人、更刺激。

　　總之，保羅筆下的人類處於一種天生的狀態，他們深深受到來自至少源於三種邪惡的影響：

　　1. **環境，**

　　2. **一位超自然的大能對手，**和

　　3. **固有的邪惡傾向。**

　　這些勢力聯合起來，導致失敗與靈性死亡。這就是以弗所人從前的人生境況。他們沒有能力對抗這每天影響著他們生命的三項邪惡之力。根據保羅的觀點，這就是人類處境的壞消息。

　　不過，正是這壞消息帶出弗2：4－10的好消息。我們在弗1：21讀到：基督的大能「遠超過一切執政的、掌權的、有能的、主治的」，祂讓我們每一位都可以支取這大能。之後，弗2：4的「**然而，上帝**」就在此出現。「**然而，上帝**」是我們生命中最重要的一句話。

我們在基督裏的境況

弗2：4 — 10

⁴ 然而，上帝既有豐富的憐憫，因他愛我們的大愛，⁵ 當我們死在過犯中的時候，便叫我們與基督一同活過來。你們得救是本乎恩。⁶ 祂又叫我們與基督耶穌一同復活，一同坐在天上，⁷ 要將祂極豐富的恩典，就是祂在基督耶穌裏向我們所施的恩慈，顯明給後來的世代看。⁸ 你們得救是本乎恩，也因著信；這並不是出於自己，乃是上帝所賜的；⁹ 也不是出於行為，免得有人自誇。¹⁰ 我們原是祂的工作，在基督耶穌裏造成的，為要叫我們行善，就是上帝所預備叫我們行的。

我們在整本聖經中，再也找不到比「**然而，上帝**」這幾個更重要的字眼。貝斯切（Ernest Best）認為，以弗所書才剛把不信的人描繪為「死在過犯之中，處在超自然的邪惡權勢之下，又被他們本身有罪的慾望掌控，服在上帝的忿怒之下」，他們的處境正是「不能期待有上帝的憐憫」（Best, p. 213）。保羅沒有形容不信的人當中有一部分是失落的；他們是完全失落和沒有指望的。這就是弗2：1－3的信息。

就在這個關頭，使徒拋出他那句「**然而，上帝**」。不管罪人的情況如何，主照樣拯救他們，這就是福音奧祕的基本面。「**然**

而，上帝」是好消息或是福音的根源所在。當罪人走在通向永遠滅亡之路（弗2：2；羅6：23），上帝是不會袖手旁觀。絕不會的！祂反而介入其中，為他們作了他們自己所不能作的事。祂沒有照他們應得的報應他們，反倒賜給他們本不配擁有的。祂向他們賜下恩典而不是傾出忿怒。而保羅就以那引人注意的「**然而，上帝**」，這段吸引人的片語來介紹這恩賜。

林肯（Andrew Lincoln）幫助我們從本信的文義脈絡去解讀弗2：1－10。他寫道，在感恩的段落（1：15－23），「作者告訴他的讀者，他為他們代求，好讓他們知道上帝在他們這些信徒身上，所擁有超乎萬有的大能。如今[弗2：1－10]他親自幫助他們去獲取這知識。他提醒他們上帝的大能如何影響了他們的生命，而這運行的大能所做的改變是何其大呀」（Lincoln, p. 116）。

弗2：4－10告訴我們幾件事：第一點，它迫使我們面對，在基督之外我們是什麼境況，那可以用一個字來總結：「死」（第5節）。人類的過犯與罪孽使我們與上帝——生命的源頭（賽59：2）——隔絕。在保羅的思想中，罪引致束縛、被定罪，最後的結局便是死亡。

上帝的四種特質：

1. 憐憫（第4節）
2. 慈愛（第4節）
3. 恩慈（第7節）
4. 滿有恩典（第5、8節）

是這些特質鞏固了弗2：1－10的「然而，上帝」。

第二點，經文顯示了關於上帝的種種。保羅使用了四個有用的形容詞，使我們知道上帝的什麼性情加強了第4節「**然而，上帝**」的根基。第一個形容詞是祂「有豐富的憐憫」（第4節）。舊約

常常刻畫上帝是憐憫的，比方說，當祂在西乃山見摩西時，上帝宣告祂的名為「耶和華，耶和華，是有憐憫、有恩典的上帝，不輕易發怒，並有豐盛的慈愛和誠實。為千萬人存留慈愛，赦免罪孽、過犯，和罪惡」（出34：6~7；參較詩103：8；拿4：2；彌7：8）。倘若叛逆之子民願意回應祂的呼召，謙卑地來到祂面前，這位憐憫人的上帝並不會以他們本來應得的報應他們。

第二個對上帝偉大的描述是慈愛。在弗2：4，祂以其「大愛」來「愛」我們，這個好消息緊接在「**然而，上帝**」之後。事實上，那慈愛不僅指明祂是誰（約壹4：8），也是祂差遣救主來到世上的原因（約3：16）。

上帝的第三個神的特質是「恩慈」（弗2：7）。對保羅來說，這恩慈不是毫無意義的抽象概念，而是「在基督耶穌裏向我們所施的恩慈」。第四個是「恩典」，這個權威性的概念在保羅的神學中非常重要，以至於他接連在第5和第8節都提及。

恩典是以弗所書的一個中心主題。保羅在第1章的頌讚中宣告：這恩典「是賜給我們的」（第6節），是「充充足足賞給我們的」（第8節），我們「得蒙救贖……乃是照祂豐富的恩典」（第7節）。出於祂的恩典，上帝把我們不配得的賜給我們。祂賜下救恩而不是忿怒。要不是恩典，保羅就永不可能寫出「**然而，上帝**」這句話。

以弗所書不僅道盡在基督之外的人之境況，以及上帝的性情，還刻畫了上帝在基督裏對祂子民的作為。「得救」是形容祂的作為的關鍵詞彙，保羅兩次告訴我們，我們是「得救」的（2：5、8）。務必要知道這詞的動詞時態乃是過去式。根據以弗所書說，救恩不是人們希望期待的一件事。不是！那是在基督徒的生命中一件已經作成的事實。正如我們之前已說過，即使信徒已經

得救了，他們還要等到基督駕雲再來，把他們從這個持續不斷出現難題的罪惡世界中救拔出來，屆時他們才是徹底得救。

不過，按照保羅在以弗所書所說，屆時上帝已經為祂的子民作成了三件事：

1. 「叫我們與基督一同活過來」（第5節），
2. 「叫我們與基督耶穌一同復活」（第6節），
3. 「叫我們與基督耶穌……一同坐在天上」（第6節）。

值得注意的是這三種福分，「與連續發生在耶穌工作中的三件歷史事件是對等的，這三件事件一般被稱為復活、升天、坐在上帝的右邊」（Stott, p. 81）。保羅在弗1：21、22討論基督的權能時，清楚地提及了第一件和第三件。

使徒在弗2：4－10論到救恩時，其令人驚奇之處在於，他所描寫的是關於信徒而不是關於基督。斯托得聲明：「他並非在申明上帝使基督活過來、復活和坐在上帝的右邊；他是在宣告上帝使我們與基督一同活過來、復活和坐在上帝的右邊。上帝的子民與基督聯合，這一概念正是基督教中新約的基本信仰。在上帝的新群體中，是什麼構成了其成員的獨特之處呢？不光是他們讚美甚至敬拜耶穌，也不光是他們贊同教會的教義，更不光是他們按照某種道德規範生活。不是。他們以「在基督裏」的子民身分，凝聚成一個新群體，這才是使他們獨特的原因。靠著他們與基督聯合，他們實際上就分享了祂的復活、升天、坐在上帝的右邊」（Stott, p. 81）。簡單說，保羅所宣揚的福音，其最重要的特色之一，就是作為基督徒，我們已經屬於上帝在天上的宇宙大教會。這是一個屬靈的事實，儘管作為教會成員的我們，依然暫時在地球存留。

使徒對救恩的體悟，遠遠超過我們大多數人所瞭解的，難怪

他實在無法抑制他的讚美，就是上帝在基督裏對祂子民的作為（弗1：3－14），他又不住的祈求，使我們知道，我們當下得到的救恩是何等浩大（第15－23節）。

弗2：4－10不單告訴我們救恩的浩大，還描繪了上帝如何成就這救恩。經文從正反兩面立論。反面而言，使徒提出兩點主張：救恩

- 「不是出於自己」（第8節）
- 「不是出於行為，免得有人自誇」（第9節）

保羅總是不停地鼓吹一個真理，那就是人類不能藉行善得到或者增加上帝在基督裏的救恩。鑑於人類傾向於易驕傲，又會受誘惑，他認為這真理不僅是正確的，更是不可缺少的。十九世紀偉大佈道家慕迪（Dwight L. Moody）所說的這番話，足見他捕捉到保羅思想的精華，他稱，假如任何人是因為他做的任何事情進入天堂，那我們其餘的人肯定是絕聽不見它的結局。

正面而言，我們可以用一個語詞總結保羅對救恩的描述：恩典。恩典意指上帝把我們不配得的賜給我們，當我們該被定罪和受死時，祂竟賜福及寬恕我們。

然而使徒於此加註，上帝的恩典附帶了一個條件：我們必須憑信接受它。務必要認清的是，信心並非另一種形式的人為功德。不，信心同樣也是上帝的一項恩賜（徒18：27）。主親自使我們的信心成為可能，我們所要作的就是選擇接受這可能性。信心是把我們的「手」伸出來，領受上帝的恩典。祂十分樂意把祂的諸般恩賜賜給我們，不過祂不勉強我們接受。這樣說來，信心就是我們向上帝說「我要」。

弗2：4－10最後的一個教導是，上帝得救的子民要向世人見證祂恩典奇妙的作為。第7節告訴我們，上帝要永遠「將祂極豐

富的恩典，就是祂在基督耶穌裏向我們所施的恩慈，顯明給後來的世代看」。布魯斯在默想這段經文時認為，上帝得救的子民會「被當成是後來世代祂恩典的一項實據」（Bruce, Ephistles to Colossians…, p. 288；參考Best, p. 223）。

弗2：10為這一項實據增添動力，在此使徒告訴我們，憑恩得救的人「原是在基督耶穌裏造成的工作」。他們不僅是上帝對人類的作為的一個範例，以上帝的教會而言，他們更是「在基督耶穌裏造成的，為要叫我們行善，就是上帝所預備叫我們行的」。

我們需要為第10節作一重要的區分。基督徒不是靠他們的行為賺取他們的救恩（第9節），可是一旦得救了，又在基督裏被造成了（第10節），他們就要過一種與新心和新意相和諧一致的生活，那就是不再反叛上帝。如某位賢達之人所說，基督徒的行為不是救恩的**根**，而是救恩的**果**。保羅再次用「行」（第10節）這個字來形容由聖靈而生的基督徒新生的方向。基督徒由於藉著耶穌與上帝建立新關係，故此就行出上帝愛的善行，這與第2節所提到他們從前的狀況，就是他們隨從世俗的風尚行事，形成對比。讓祂靠恩得救之子民有度過新生活的能力，是上帝彰顯祂恩典之大能的實據之一。

保羅為他所寫的內容興奮不已，那內容是關乎救恩的長闊高深。倘若我們開始深切明瞭他在以弗所書中所要告訴我們的信息，我們也會更進一步分享到他那扣人心弦的激動之情。

救恩中人的部分

「一個人對於他的救贖唯一能做的事，便是他需要從罪中被拯救出來。」（William Temple, in Barton, p. 46）

歸信基督前：大分隔

弗2：11、12

> ¹¹ 所以你們應當記念：你們從前按肉體是外邦人，是稱為沒受割禮的；這名原是那些憑人手在肉身上稱為受割禮之人所起的。¹² 那時，你們與基督無關，在以色列國民以外，在所應許的諸約上是局外人，並且活在世上沒有指望，沒有上帝。

　　以弗所書第2章的兩大主題是隔離與和好，頭三節經文討論人與上帝之間的隔離，第11至12節則探討存在於人與人之間的隔離。同樣，第4至10節處理罪人與上帝的和好，第13至22節則展示將人聚攏在一起。經文的結構顯示，第二個和好有賴第一個和好，意指當人與上帝建立正確的關係（第4－10節），他們就能夠加入上帝的大家庭，與其他人建立正確的關係（第13－22節）。

　　在過去和現在，一些信徒的悲劇是，他們以為不需要真正尊重他人，也可以與上帝和好。這就是發生在猶太人與外邦人分裂的以弗所教會的情況。雖然在二十一世紀，仍然有人不能克服反猶太人主義，但我們大部分人都不會有類似的問題。今天，使我們彼此疏離更深的根源，倒是來自於種族、經濟、甚至是微不足道的神學問題。隔離對教會的合一所導致的問題，在保羅之後的二十個世紀之今日同樣嚴重和慘痛。當教會和其成員尋求接近上

帝理想的心意，他們就需要不斷的和好。

當我們研究以弗所書第二章，有一點是我們永不可忘記的：直到我們心中有愛，並向上帝其他的兒女——即使是向那些與我們有顯著**差異**的人——展示這愛，我們才能真正確立與上帝的關係。保羅清楚指出，上帝的教會就是上帝的家（第19節），那不是一個社團或者種族俱樂部。以弗所書第2章對今天和對保羅下筆撰寫時的世代一樣適切。

我曾經牧養的一所教會中，有一名教友每週往返駕駛一百公里的路到很遠的一所教會聚會，就是因為有一位別的族裔的人來參加我牧養的教會。只有一句話能夠形容這種教友——他是生病的、是迷失的、並且弄不清來教會聚會真正的意義。他仍然受隔離之苦，這種隔離本該是我們在「認識基督之前」的部分光景。要留心聽，因為保羅在第2章並不光是處理古人的問題，相對地，他更是述說你和我的問題。

弗2：11的鑰詞是「從前」，與第13節的「如今」成對比。保羅的第11至12節是描寫外邦人在遇到基督之前的處境。為了在第2章建立論點，使徒呈現了他們作基督徒之前的生命景況，他們「在以色列國民以外，在所應許的諸約上是局外人，並且活在世上沒有指望，沒有上帝」（第12節）。

第一世紀的猶太人與外邦人，當然知道令彼此分隔的多重障礙。割禮是障礙之一。割禮一直被猶太人視為亞伯拉罕與上帝立約的記號（創17：9－14）。可是他們自恃是上帝的選民，因而忘記了要作真正屬祂的子民，其意乃指他們也要行心中的割禮（羅2：28、29）。和基督徒的浸禮一樣，在上帝的眼中，外表的肉體行為唯有成為一個內心轉變的記號才有意義。歷史上許多敬虔的人，他們的問題之一是企圖以外在可見的象徵，取代由上帝改變的生命

事實。在第一世紀，這種情況引致種族／宗教上的輕視，猶太人指外邦人為未受割禮的人，或未受割禮的狗，而外邦人則影射猶太人的割禮醜態來進行報復。

猶太人與外邦人之間的藩籬，還表現在男性猶太人的禱告中，他們每天祈禱，感謝上帝沒有讓他們生來作奴隸、女人、或者外邦人。兩個群體之間最顯著的制度化障礙，出現在耶路撒冷猶太人之聖殿的建築結構上。第一世紀的聖殿建築群中有多個院子，各院子與聖所之間的距離，一個比一個遠，最接近聖所的是祭司院，其次是以色列男院，接著是女院。這三個院子與聖所本身位處同一層。在較低一層的牆壁之後就是外邦人院，那裏是外邦人最能接近聖殿的地方。在分隔外邦人院和猶太人院之間，延伸著一道牆壁，上面有用希臘文和拉丁文寫成的警告記號。第一世紀猶太歷史學家約瑟夫描述這些記號說：「那裏有由石頭做的隔牆……其高度是三肘[約五呎]……；隔牆之上豎起了等距而立的柱子，它們代表著潔淨的律法，有用希臘文寫成的，也有用羅馬文寫成的，說：『外族人不得進入聖所』」（Josephus, Wars V. 5.2）。約瑟夫在另一處寫道，那些碑文「禁止任何外族人進入，違者格殺勿論」（Josephus, Antiquities XV.11.5）。

在過去的一百五十年，考古學家至少已發掘出兩段有關的碑文。保羅本人在寫信給以弗所人之前的數年，曾經歷過與聖殿相關的、使人隔離的威力，當時一群猶太暴徒以為保羅把一個希臘人帶進殿裏，差點對保羅處以私刑。值得引人注意的是，那個成問題的外邦人正是一名以弗所人（徒21：27-30）。

巴克萊在講述猶太人和外邦人之間的隔離時這樣寫道：「猶太人十分鄙視外邦人。猶太人說，外邦人是上帝為了拿他們作為地獄之火的燃料而被造的。他們又說，在祂所創造的列國中，上

帝獨愛以色列……。連幫助一個處於分娩痛苦之中的外邦婦人都有違律法，因為那簡直就是把另一個外邦人帶到世上來……要是一個猶太男孩娶一個外邦女孩為妻，或者一個猶太女孩下嫁一個外邦男孩，人們就會為那個猶太男孩或女孩舉行葬禮，這樣子接觸外邦人就等於是死了……在基督之前，阻隔是高高豎立起來的」（Barclay, p. 125）。

保羅勞苦地作工，把猶太人和外邦人帶到同一個教會中。我們隔著歷史遠距離觀看，一般是很難明白他希望成就的是何等大的工程，這工程導致了一次又一次類似羅馬和加拉太教會中的爭戰。好像在他的羅馬書中，於寫了三章有關的主題後，他說上帝要藉著恩典「憐恤眾人」——猶太人和外邦人（羅11：32）。而反映在加拉太書的那場苦戰中，他告訴加拉太人；「你們因信基督耶穌，都是上帝的兒子。你們受洗歸入基督的，都是披戴基督了。並不分猶太人、希臘人，自主的、為奴的，或男或女；因為你們在基督耶穌裏都成為一了。你們既屬乎基督，就是亞伯拉罕的後裔，是照著應許承受產業的了」（加3：26－29）。

在羅馬書和加拉太書是如此，在以弗所書也是如此：保羅宣告，那些本來「與基督無關，在以色列國民以外，在所應許的諸約上是局外人，並且活在世上沒有指望，沒有上帝」的人，如今卻與上帝的猶太子民合而為一。簡單地說，在基督之前，有阻隔立起；在基督之後，阻隔倒下了。這阻隔被移除，就是弗2：13－22的主題。

不過，在研究該段經文之前，我們要就盼望這議題作一點反思。保羅在第12節聲稱，外邦人在尋見基督之前，是「活在世上沒有指望，沒有上帝」的人。對使徒來說，盼望是一件歷史性的事實，其基本的概念是，歷史並非漫無目的或者循環不息的，歷

史是朝著一個目標發展的。聖經是一本關於盼望的書。事情也許
不如人意，但上帝的子民無需擔憂，因為祂為我們準備了一個計
畫。埃弗切士（J. M. Everts）指出：「在舊約中，盼望與上帝的性情
關係密切。凡在上帝裏面有盼望的人都信靠上帝和祂的應許……
保羅所明瞭的基督徒盼望，就是上帝實現對以色列人所立的
約」，這約包括保證亞伯拉罕的子孫會賜福地上列國。事實上，
舊約提到亞伯拉罕「立下了榜樣，他未曾懷疑上帝會否成就祂的
應許」，不管外在環境如何（載於Hawthorne, p. 415−417）。

猶太人的盼望，當然就是基督的到來。拿撒勒人耶穌的誕
生實現了這個盼望，祂就是「上帝與我們同在」（太1：23），祂是
「要將自己的百姓從罪惡裏救出來」的嬰孩（第21節）。這盼望的
實現為後基督時代的歷史哲學提供了基礎。對於基督徒和對猶太
國，歷史都是一樣──它朝著一個目標發展！對於古代的猶太
國，盼望的高峰就是基督第一次降臨；對於基督徒，盼望的高峰
就是基督的再來，保羅指這一事件為「所盼望的福」（多2：13）。

靠著那第一個盼望的高峰，耶穌使凡接受祂恩典的人（猶太人
和外邦人）「得救」（弗2：5、8）；而第二個盼望的高峰則會讓上帝的
子民與祂其餘的信徒，在天上完全地合而為一。關於基督徒，也
許我們所能說最重要的事情就是，我們是有盼望的人。當人生變
得脆弱無力甚至道德墮落時，盼望使我們繼續向前。每當情況轉
壞，我們要聽保羅的勸勉，「記念」（第11節）若沒有基督──便
沒有盼望，情況會更加糟糕。

08
歸信基督後：大合一

弗2：13 — 18

¹³ 你們從前遠離上帝的人，如今卻在基督耶穌裏，靠著祂的血，已經得親近了。 ¹⁴ 因祂使我們和睦（原文是因祂是我們的和睦），將兩下合而為一，拆毀了中間隔斷的牆； ¹⁵ 而且以自己的身體廢掉冤仇，就是那記在律法上的規條，為要將兩下藉著自己造成一個新人，如此便成就了和睦。 ¹⁶ 既在十字架上滅了冤仇，便藉這十字架使兩下歸為一體，與上帝和好了， ¹⁷ 並且來傳和平的福音給你們遠處的人，也給那近處的人。 ¹⁸ 因為我們兩下藉著祂被一個聖靈所感，得以進到父面前。

「**如今**」這兩個字在弗2：13的地位，足可與第4節的「**然而，上帝**」相比。它們皆顯示有關字句的上文和下文所描述的景況，在根本上的對比。不過不同的是，第4節的「**然而，上帝**」是從人類的全然失落（第1-3節中所描述的），轉變成凡因信接受上帝的恩典而得救（第4-10節）；第13節的「**如今**」則由外邦人的隔離和沒有指望（第11、12節），轉而被納入上帝合一的大家庭之中（13-22節）。可見它們在保羅撰寫的以弗所書第2章中，都扮演著必不可或缺的角色。它們同樣突出了個人和群體，在歸信基督前到歸信基督後，所體驗到的強烈對比。

第13節的「**如今**」是考慮到外邦人而說的，他們是「從前遠
離上帝的人，如今卻在基督耶穌裏，靠著祂的血，已經得親近
了」。從第13節到第18節的演繹中，保羅意味深長地三次提到基
督的血和犧牲的功效和重要性：

- 「從前遠離上帝的人，如今卻在基督耶穌裏，**靠著祂的血**，
  已經得親近了」（第13節）。
- 基督「……將兩下合而為一，拆毀了中間隔斷的牆；而且
  以自己的身體廢掉冤仇」（第14節）。
- 「**藉這十字架使兩下歸為一體，與上帝和好了**」（第16節）。

基督為眾人的罪死在髑髏地的十字架上，這十字架在使徒的
神學中極為重要。為什麼？因為基督在髑髏地為我們承受違犯律
法的刑罰，又「為我們成了咒詛」（加3：10、13）。十字架是恩典
的根基，在這根基之上，基督不僅藉著祂所流的寶血實現了饒恕
（來9：22），祂的犧牲還造作了道德基礎，讓恩典得以傳送給凡願
意藉著信接受祂的人（羅3：24−26）。對保羅而言，沒有代贖就沒有
福音。

弗2：13−18的另一個鑰詞是「平安」（作者譯本），這詞被提
到四次：

- 「基督就是我們的平安」（第14節，作者譯本）。
- 基督「締造了平安」（第15節，作者譯本）。
- 祂「來把平安的福音傳給你們遠處的人」（第17節，作者譯
  本）。
- 也把平安的福音傳給「那近處的人」（第17節）

保羅思想的中心是「基督就是我們的平安」（第14節），祂不
僅使人與上帝和好、使人合一、締造和平，同時祂就是平安。祂
本身就是平安，在使徒的腦海中，毫無疑問這一概念與賽9：6的

彌賽亞稱號有關，該段經文稱那將要來的一位是「和平的君」。

符合邏輯思維的基督教其功能之一，就是把平安帶給每一位基督徒：

- 上帝與人之間的和好，
- 可資辨認不同群體之間的和好，好像弗2：11、12所說的猶太人和外邦人，
- 每一位基督徒因為個人的罪疚被塗抹、被宣告為無罪，因而有內心的平安（參羅5：1、8—10）。

既然保羅對平安的重視，那麼在基督徒中間最大的悲劇之一，就是他們當中有些人，就個人和群體而言，很少感到平安。也許我們還沒有真正明白，為了使我們得救，為了拆毀種族、社會及國家的牆，上帝所行的作為。我們所抱持的現代部落文化和歧視，也許不像猶太人和外邦人之間的不和，可是它們同樣具有摧毀的力量。因此今天人們仍然需要保羅對以弗所教會的話。耶穌給你帶來真正的平安了嗎？你是否得著安穩的確據，肯定已經在基督裏得救呢？作為一位教友，你是平安大使，還是搗亂分子呢？請細心思考這些問題，不要忽視它們，它們是界定何謂基督徒的核心問題。

基督帶來平安的方法之一，就是「拆毀了中間隔斷的牆」（弗2：14）。有人認為這隔斷的牆是指聖殿中分隔外邦人院和猶太人院的一道牆，若外邦人逾越此牆就會招致生命危險。我們早在第七章已經討論過這牆。雖然這一解釋十分引人入勝，可是柯布里恩卻對於「居住在小亞細亞的外邦人，到底能否辨識這一隱喻存疑」（O' Brien, p. 195）。我們在保羅句子的下一句片語中，找到這牆在上下文中的最佳解釋。他把拆毀這中間隔斷的牆與「廢掉……那記在律法上的規條」（第15節）密切地連繫起來。

　　這片語中的文詞，其準確的意思導致了無休止的討論。或許了解保羅原意的最佳方法，就是研究其他暗示律法導致猶太人和外邦人阻隔的新約中之經文。在徒15：1我們讀到：「有幾個人從猶太下來」，教訓外邦人說：「你們若不按摩西的規條受割禮，不能得救」。這些傳律法的宣教隊伍強調割禮和猶太曆法（加6：12；4：10），在加拉太教會造成了無止境的浩劫。同一問題發生在歌羅西教會，那裏有信徒在守猶太聖日的事上彼此論斷，這猶太聖日「原是後事的影兒」（意即是預表基督的到來，像逾越節時，在羔羊基督身上所成就，西2：16、17；林前5：7；比較羅14：5、6）。弗2：15緊接著說「廢掉……那記在律法上的規條」，我們從中找到證據，證明像割禮等事在以弗所群體同樣構成問題（讀第11節）。

拆毀阻隔之牆的工具

「基督教是世上唯一真正可被稱為機會平等的信仰。所有基督徒在基督的十字架前，都是站在高度一致的平地上：老和幼、男和女、猶太人和外邦人、富和貧、黑人、白人、及其他膚色的人。我們都是需要救恩的罪人。別的宗教在人與人之間築起障礙：印度教相信種姓制度；男穆斯林不會和女穆斯林一同敬拜；直至最近，黑人才可以參加某些所謂基督教教會。唯獨基督把這一切的牆一概廢掉。你的教會（或者在你心中）是否有種族、經濟方面、或者性別的阻隔呢？以聖經作為藍本，檢視你的態度和行為。若你發現自己與聖經所說的不一致，悔改並求上帝幫助你。不要在基督把牆拆掉了的地方重建牆垣」（Barton, p. 54）。

　　因此，看來割禮、猶太曆法、還有猶太人的其他禮儀，的確使猶太人與外邦人隔離。所以，透過以祂的死「廢掉」那些規

條，基督就真正拆毀了「中間隔斷的牆」（弗2：14、15）。

福凱士（Francis Foulkes）寫這番話時，正好把這個結論的邏輯突顯出來：「大部分律法[即獻祭的禮儀]都是為基督作準備和預表祂的來臨。因此當祂來了，律法就在祂的工作上成全了」。福凱士另外又指出：「耶穌並沒有放鬆律法的道德要求和原則，而是使之更完全和影響更深遠」（太5：21－48）」（Foulkes, p. 91）。

持相同立場的斯托得注意到，「如果基督自己在福山寶訓中特意宣告了相反的信息，即祂來不是要『廢掉』律法，而是要『成全』律法」，那麼保羅是不可能談及廢掉道德律法的。所以，「保羅在此主要考慮的……似乎是**儀文律法**……祂以**自己的身體**（當然是指祂的肉身）將之廢掉，因為祂在十字架上成全了一切舊約儀文制度的預表和影兒」（Stott, p. 99, 100）。

保羅斷言，藉著「拆毀了中間隔斷的牆」（弗2：14），基督至少成就了兩個目標：一、祂從猶太人和外邦人中間開啟了一條創造新人的道路，或者用保羅的話說：「使兩者……成為一個新人」（15節，新譯本）。保羅會在第19至22節視這個共同的新「人」為上帝的教會，並且加以討論之，我們會在第九章集中研究這一主題。

第二項成就是保羅所指的「和好」（第16節），這是另一個以平安為目標的詞彙。和好是一個與家庭有關的詞彙。罪使人叛逆，粉碎了上帝與人之間，以及人與鄰舍之間的合一。和好給上帝的家庭帶來平安，醫治人們彼此之間以及神與人之間的關係，保羅會在第19節再次討論此一主題。

使徒因為上帝在基督裏的作為興奮不已。主不僅在一視同仁的基礎上（恩典）拯救眾人，這個完全相同的拯救之方，還使基督徒彼此之間得到完全的平等（參閱加3：26－29），把阻隔的牆與自恃

的精神除掉（參閱弗2：9），為上帝全球及整個宇宙的教會中的子民提供了合一的基礎。這就是保羅所明瞭，又十分熱切地要與他的以弗所聽眾，和我們這些在二十一世紀閱讀他這封書信的讀者分享的極大奧祕（參閱弗3：3－6）。

上帝的教會

弗2：19 — 22

> [19] 這樣，你們不再作外人和客旅，是與聖徒同國，是上帝家裏的人了； [20] 並且被建造在使徒和先知的根基上，有基督耶穌自己為房角石， [21] 各（或譯：全）房靠祂聯絡得合式，漸漸成為主的聖殿。 [22] 你們也靠祂同被建造，成為上帝藉著聖靈居住的所在。

「這樣」是一個鑰詞，把第19至22節與第13至18節中所討論的新人與基督十字架的平安相連結起來。基督的工作已經使猶太人和外邦人合而為一了，那又怎麼樣呢？

保羅所寫的「這樣」於焉出現。在第18節之前，他一直在討論合一的過程，「到了現在，他默想合一的本質」（Lloyd-Jones, God's Way, p. 302）。那「合一的本質」，就是一個種族聯合的基督教會的三張快照。

第一張是從政治的角度拍攝：「你們不再作外人和客旅，是與聖徒同國」（弗2：19前半段）。聖徒在此是指猶太人的基督徒。在舊約時代，上帝把猶太人分別出來為一個聖潔的國家，故此猶太人是屬於上帝的聖徒，被選召要活出聖潔的生活。正如保羅在較早前指出，外邦人不屬於這個僅限於猶太人的群體，他們是外人，「在以色列國民以外，在所應許的諸約上是局外人」（第12節）。

不過藉著基督，這一切都被改變了。如今他們是與猶太人
一樣的politeia或**國民**，在上帝的國中有分，主自己作他們的統治
者。這一事實顯示了他們身分的重大轉變，他們擁有與猶太人同
等的地位，是上帝來自多國的聖徒群體中的一分子。從他們的新
角度看，外邦信徒可以歡呼說：「我們不再需要靠護照了……
我們擁有屬於自己的出生證明了，……我們真的有所歸屬了」
（Lloyd-Jones, God's Way, p. 302）。

保羅清楚教導，基督徒是一群人（或者一個國家），他們與別人
不同。一些早期基督徒作家注意到有關概念，《致丟格那妥書》
（The Epistle of Diognetus，約公元200年）稱基督徒為「新族類」（第1章），亞
歷山大的革利免（約公元155－200年）則說基督徒是「得救的一族」
（Clement, Miscellanies VI. 5），藉此把基督徒從猶太人和希臘人中區分出
來。這一個族類的合一，是顯現在基督徒凝聚起來，一同忠於一
位新的統治者，包括忠於祂的權柄、祂國的律法和風俗習慣。當
然，他們的新國民身分也帶來了某些權利，包括：

- **觀見君王的權利**（弗2：18；3：12；來4：16）。
- **享用天國資源**（約16：23）。
- **受到君王保護，免被敵人侵擾**（弗1：20－22），及
- **在君王與「管轄這幽暗世界的，以及天空屬靈氣的惡魔爭**
  戰」中，至終存著必得勝的盼望（弗6：12；1：10；4：30）。

正如人們可以看到的，作上帝之國的公民其權利真是不少。
那些權利與特權同時帶來公民的責任和義務，保羅會在第4章討
論這個主題。

弗2：19的第二幀教會快照是「上帝的家」。這不是以弗所
書中唯一以家庭為比喻的意象，在第1章保羅寫道：「又因愛我
們，就按著自己的意旨所喜悅的，預定我們藉著耶穌基督得兒子

的名分」（第5節）；在弗4：6他談到「一上帝，就是眾人的父」。

給外邦人的好消息是，他們如今是上帝宇宙大家庭的一分子。這是一個令人歡欣的主題。使徒約翰說：「你看父賜給我們是何等的慈愛，使我們得稱為上帝的兒女」（約壹3：1）。

因為上帝如今以新穎而獨特的方式作他們的父，外邦人的確應該感到喜樂，不過，從弗2：19的上下文觀察，保羅希望強調的是弟兄姐妹的關係。早期基督徒稱呼他們自己為弟兄和姐妹，他們往往以這種稱謂來彼此問安。很遺憾的是人們過於容易這樣問安，然而並未完全明白箇中的意義。他們不僅和每位基督徒與同一位父作縱向的相交，還與其他基督徒在親情的關係上作橫向的合一。這至少是一種理想。可是，有些人或者教會卻很難身體力行。他們都需要認真地思考，到底他們是如何成為上帝家裏一分子的，他們每天的生命意義何在。當我們明白上帝給我們的大愛和祂為我們所作的犧牲，還有祂賜給我們的恩典，我們便會被感動在上帝的靈裏接觸我們的屬靈親人。或許保羅為上帝的家所拍下的快照是一種理想，但這卻是他希望我們在個人和群體的層面上活出來的理想。

第三張快照才是保羅最關注的。在弗2：20－22他形容教會是一座殿宇。從所羅門王時代開始，耶路撒冷的聖殿就成為了以色列人身分和敬拜的中心。猶太人相信他們是上帝的子民，因為他們有上帝的聖殿。但耶穌的死亡超自然地使殿裏的幔子裂成兩半（太27：51），顯示了耶路撒冷的聖殿不再是上帝的居所。

按照以弗所書第2章的邏輯，倘若上帝創造了新人（第15節），那麼順理成章的，祂也會有一所新的殿宇，讓自己住在他們中間。那新的殿宇就是祂的教會，為猶太人和外邦人而建造。保羅在林前3：16論及同一主題，他把上帝的教會描述為上帝的殿，

有上帝的靈住在其中。

就教會作為上帝的殿這一點，使徒有幾項相當詳盡的事情要說。他首先討論它的根基，他宣告這根基是被建造在「使徒和先知」上的（弗2：20前半段）。正如任何營建商都知道，根基對於健全的結構是絕對重要的。耶穌論到把房子立在磐石上還是蓋在沙土上時（太7：24－27），透徹地說明了這一點。

保羅斷言上帝教會的根基是立在「使徒和先知」上，這片語最順理成章的解釋，就是以舊約的作者為先知，而新約的作者為使徒。這樣，正如勞埃德瓊斯指出：「根基……就是使徒和先知的教導」（Lloyd-Jones, God's Way, p. 352）。一所把教導結實地建立在聖經上的教會，就是具有穩固根基的教會。

以弗所書就教會作為上帝的殿所突顯的第二點是，耶穌基督就是房角石（弗2：20後半段）。米頓（C. Leslie Mitton）論證說，一座建築物的根基，其房角石是最重要的部分，「因為一座房子的每一部分都要以此基石為標準，根據此計算出建物的準線。只有把此石真正妥善地立好了，才可以把別的磚塊放在上面，並在指定的轉角處把磚塊排列整齊，各就各位。全房都靠這房角的第一塊大石而排列得井然有序，這石就是作根基的房角石，它對於根基的重要性就等同於根基對於整座房子的重要性一樣。」（Mitton, p. 114）

保羅在哥林多前書第3章表示基督就是根基（第11節），但使徒在此希望突出基督把教會團結一致的這一點。正如斯托得提醒我們：「除非教會經常地、牢牢地與基督相交，不然她的合一就會解體；所以，她要不是停止增長，就是變得荒蕪」（Stott, p. 108）。

教會作為上帝之殿的第三個要點，是基督徒個人，他們「被建造，成為上帝藉著聖靈居住的所在」（弗2：22）。經文雖然沒有明言，可是不用提，按照保羅的邏輯推論即知，只有在根基和房

角石都安立穩當後，基督徒才能恰當地得到建造。任何別的建築方法都會造成整體的大災難，這正是發生在教會的歷史中。不是偏離聖經的中心教導，就是偏離了等量齊觀基督的工作和祂的生與死之意義，這些由宗教群體所造成的破壞令教會的歷史蒙污。

上帝的教會是一座充滿動力的宏大建築物，這一點十分重要。她「漸漸**增長**成為在主裏面的聖所」（第21節，新譯本），她的會友「被建造，成為上帝……居住的所在」（第22節）。經文中的動詞是現在時態，顯示「持續的發展……儘管房子的基本結構已經竣工，不斷增添的石頭使房子持續擴充」（Rogers, p. 438）。

保羅在第21節使用「殿」一字，同樣蘊含洞見。那不是hieron，該字指聖殿的整體建築，包括各院子、門廊和柱廊；而是naos，這字是指聖殿的內殿，只限於聖所和至聖所（參閱Trench, p. 27, 28）。正是在naos裏，也是上帝和祭司會晤，上帝的榮光顯現之處。如今教會就是上帝與人相會的地方，或者如福凱士指出：「上帝在祂的居所中尋找男男女女，就是那些會讓祂的靈進入他們生命的人」（Foulkes, p. 96）。然而，從以弗所書的上下文理解，與其說這是個人的居所，不如說這是集體的居所，她是由不同的石頭與來自許多不同背景的家人所組成的，各人融洽和諧聚守一堂，彼此稱頌在基督裏憑恩典而享有的救恩。

10
作上帝奧祕的執事

弗3：1 — 13

> [1] 因此，我——保羅為你們外邦人作了基督耶穌被囚的，替你們祈禱（此句是照對十四節所加）。[2] 諒必你們曾聽見上帝賜恩給我，將關切你們的職分託付我，[3] 用啟示使我知道福音的奧祕，正如我以前略略寫過的。[4] 你們念了，就能曉得我深知基督的奧祕。[5] 這奧祕在以前的世代沒有叫人知道，像如今藉著聖靈啟示祂的聖使徒和先知一樣。[6] 這奧祕就是外邦人在基督耶穌裏，藉著福音，得以同為後嗣，同為一體，同蒙應許。[7] 我作了這福音的執事，是照上帝的恩賜；這恩賜是照祂運行的大能賜給我的。[8] 我本來比眾聖徒中最小的還小；然而祂還賜我這恩典，叫我把基督那測不透的豐富傳給外邦人，[9] 又使眾人都明白；這歷代以來隱藏在創造萬物之上帝裏的奧祕是如何安排的，[10] 為要藉著教會使天上執政的、掌權的，現在得知上帝百般的智慧。[11] 這是照上帝從萬世以前，在我們主基督耶穌裏所定的旨意。[12] 我們因信耶穌，就在祂裏面放膽無懼，篤信不疑地來到上帝面前。[13] 所以，我求你們不要因我為你們所受的患難喪膽，這原是你們的榮耀。

只要看一眼以弗所書第3章的兩個大段落，便會發現當中的頭幾個字是完全一樣的，第1節和第14節的開始都是「因此」。

顯然，保羅正開始為以弗所人代禱，卻突然心有所悟，於是他話題一轉，向讀者分享他的思想。菲特拉表示：「第2至13節是一個中間插入的段落，打斷了始於第1節的禱文，此禱文到了第14節才繼續下去。這一段插曲看似中段插入，實則不然。它所包含的思想，對於信中的論點和結構是如此嚴肅和重要，以至於必須以**純獨白**的形式表達出來」（Findlay, p. 155）。

讓使徒轉變話題的，是他說自己是「為你們外邦人作了基督耶穌被囚的」（第1節）的自述。這一句話就猶太人與外邦人歸為一體的主題提出了兩點，是他在頭兩章經文還不曾提及過的，那就是：

1. 上帝「**奧祕**」的本質，及猶太人與外邦人在這奧祕當中所站的位置；
2. 他本人在傳上帝的奧祕中所扮演的角色。

正是第1節的自述刺激他論及這兩件事情，他在該節介紹自己是「作了基督耶穌被囚的」。現在，任何讀新約的人都應該清楚知道，保羅是因為尼祿皇帝而不是因為基督被囚。雖然「他是該撒的囚犯」，但「保羅從來沒有稱自己是作了該撒被囚的」（Steadman, p. 177）。

保羅的意思是什麼？事情的實況是，他向羅馬皇帝上訴，因而被送到羅馬監獄中候審（徒25：11、12）。他被逮捕的主因，是由於在亞細亞有看見他進入聖殿的猶太人驚動起來，喊叫說：「以色列人來幫助，這就是在各處教訓眾人糟踐我們百姓和律法，並這地方的」（徒21：27、28）。保羅在該次騷亂之後，就被拿住並被拉出了殿（第30節），他被逮捕，最後他上告該撒。這樣看來，儘管保羅的確是該撒的犯人，他的被囚是為了向外邦人傳基督，包括傳講外邦人不需行割禮和守猶太規條的立場，因為只有恩典才

是加入上帝大家庭的獨一途徑（參閱弗2：4－9）。

故此，保羅既因為該撒，也因為基督被囚。可是他總是稱自己為基督被囚的，因為他多次為了傳福音而捲入與官方的衝突之中。

在離開為基督被囚的保羅之前，我們該從他的話中學習到一課。巴克萊在說以下這番話時指出了這一課：「倘若一個人因為某些重要的原因而下在監牢裏，他可以大發牢騷，視自己為遭到別人的惡待又不幸的一條可憐蟲；他也可以神采飛揚，看自己為了某些重要的原因而身先士卒。第一種人認為他入獄是一種懲罰；第二種人認為他入獄是一種特權。當我們為了基督的原則而經歷患難、不受歡迎、物質生活受損，我們可以視自己為受害人，也可以視自己為捍衛基督的人。情況會因著我們的觀點而完全改變。保羅就是我們的榜樣，他不稱自己是作尼祿皇帝被囚的，他稱他是作基督被囚的」（Barclay, p. 142）。

奧祕與作僕人是主導弗3：1－13的兩大主題。「奧祕」這字在第3、4、9節浮現，在第9節保羅還寫道：上帝「照他自己所預定的美意，叫我們知道祂旨意的奧祕」。在弗6：19他重述他被差遣乃是要「開口講明福音的奧祕」。

如此強調這奧祕，很自然人們就要問：這奧祕到底牽涉什麼？在回答這麼重要的問題之前，我們當提醒自己，不應把希臘文的mystērion與英文的mystery（中譯奧祕）混為一談。在保羅的著作中，mystērion的事並非指難以明白的神祕事件。它是指一件久不為人知的祕密，但如今「上帝樂意向願意接受祂啟示的人昭示出來」（Horn, p. 747）。奧祕是上帝已經公開讓所有人明白的祕密。

有了上述的背景，就讓我們一同來研究，以最重要的奧祕作為主旨的弗3：1－13。使徒在第3節告訴我們，啟示讓他知道奧

祕，意思是說，奧祕並不是他能夠憑人為的研究即可明白的事情，而是聖靈光照他的心，向他揭示奧祕的真正本質。與保羅透過啟示領會這奧祕的事，便是上帝沒有向以前世代的人啟示這奧祕（第5節）。第9節加強了這一概念，說這奧祕是「歷代以來隱藏在創造萬物之上帝裏的」，但「如今藉著聖靈啟示他的聖使徒[包括保羅]和先知」（第5節），弗6：19又補充說保羅是奉派「開口講明福音的奧祕」。

好了，到目前為止，我們的討論一直圍繞著mystērion這一概念，但我們還沒有為這字下定義，這一點由弗3：6這節經文的文詞即知，那裏說：「這奧祕就是外邦人在基督耶穌裏，藉著福音，得以同為後嗣，同為一體，同蒙應許」。赫尼拿（Harold Hoehner）形容：「以弗所書認為上帝這極大無比的奧祕，是指信基督的猶太人與外邦人是同為一體。在舊約時代，外邦人可以作上帝子民的一分子，但他們必須先成為猶太人。在新約時代，外邦人不用成為猶太人，猶太人也不用成為外邦人。信基督的猶太人和外邦人一同成為新人，就是基督徒[弗2：15、16]。這就是奧祕」（Hoehner, p. 433, 434）。

謹記這一定義，我們便很容易明白，上帝的mystērion就是以弗所書的中心主旨，書中的首段和末段都提到它。在第1章提及它的頌讚和禱告；在第2和第3章，它的意思被滿有說服力地一再強調；在以弗所書的下半部分，它又被引用。

這一點領我們來到弗3：1－13的第二個關鍵概念：執事。保羅告訴我們，這奧祕曾以超自然的方式向他啟示（第3節），意思是從聖靈而來的啟示使他明白這奧祕。巴特解釋：「藉著啟示，上帝向人敞開顯明祂自己，但祂沒有使自己受制於人的智慧和技術管制之下。啟示是創造了奇妙、敬畏、尊重，而不是消滅這一

切」（Barth, Ephesians 1－3, p. 341）。上帝藉基督向猶太人和外邦人所行的作為，其所產生出來的奇妙與敬畏之情，對保羅造成了深遠的影響。那啟示把他這個迫害外邦基督徒的猶太人（徒8：1－3），改變成向這些外邦基督徒傳講基督的使徒（13：47）；那啟示又使他採用了最高級形式的形容詞，表達他對上帝福音奧祕的思維。在保羅所有的著作中，以弗所書就是這些最高級形式的形容詞的表現之處，這一點不僅可見於第1章的頌讚和禱文，還可見於第3章，類似「基督那測不透的豐富」的話（弗3：8），在本信中俯拾即是。

是什麼啟示向保羅所顯明的奧祕，使他的人生一下子改變過來？他成為了基督傳揚祂好消息的僕人／執事。鑑於當時他所身處的世界景況，他差不多把全部時間都用在使猶太人和外邦人歸在同一個信仰群體裏面。我們不僅在以弗所書讀到這一點，這還可見於加拉太書、羅馬書、以及別的書信。這樣看來，「mystērion」和「福音」就是保羅的神學與使命的兩個中心詞彙。

凡信基督的人「在他裏面放膽無懼，篤信不疑地來到上帝面前」（弗3：12），這一點讓保羅大感欣喜、振奮不已，這的確是好消息。像保羅一樣，我們也要為這好消息打起精神，教導別人知道上帝在基督裏為全人類的所作所為。

為明白奧祕代求

弗3：14 — 21

> [14] 因此，我在父面前屈膝，[15] 天上地上的各（或譯：全）家，都是從祂得名。[16] 求祂按著祂豐盛的榮耀，藉著祂的靈，叫你們心裏的力量剛強起來，[17] 使基督因你們的信，住在你們心裏，叫你們的愛心有根有基，[18] 能以和眾聖徒一同明白基督的愛是何等長闊高深，[19] 並知道這愛是過於人所能測度的，便叫上帝一切所充滿的，充滿了你們。[20] 上帝能照著運行在我們心裏的大力，充充足足地成就一切，超過我們所求所想的。[21] 但願祂在教會中，並在基督耶穌裏，得著榮耀，直到世世代代，永永遠遠。阿們！

你有為自己的禱告好好思考過嗎？我們所禱告的是什麼，便可描繪出我們是一個怎樣的人，這幅畫顯示我們所關心的事情、所想望的事情、所懷抱的志向。

保羅在以弗所書所關心的事情很清楚明白。他最大的期望，就是以弗所教會的教友能完完全全地明白，上帝在基督裏對他們的所作所為，以及為了他們個人和他們這整群，上帝還想要進行的作為。

在弗3：14，保羅從教導以弗所人轉向為他們代求。似乎從第1章的下半部分開始，他就已經嘗試為他們禱告。其實在弗1：

15－23他的禱告已經漂漂亮亮地展開了，只不過因為他希望在弗2：1－10多教導他們一點關於上帝所賜的救恩，以及在第11至22節中，靠恩得救對猶太人與外邦人同為一體的這整個群體其代表之生命意義，所以他才轉變了話題。

使徒在弗1：15以「因此」來開始他的祈禱。我們在弗3：1第二次讀到這兩個字，在該處使徒嘗試以「因此」來重新開啟他的禱告，他的話說到一半又告中斷，因為他發現自己要教導他們，好讓他們知道上帝奧祕的事情，和他在傳講這奧祕中所擔當的角色。這一段插曲一直延續至第13節。他的心懷意念似乎滿載於這封信的前半部分，因為他以瀰漫著最高級形式之形容詞的句子，洶湧澎湃地表達出他的讚美、教導和禱告。

被打斷的禱告，有三個詞句作開始

1.「因此」（1：15）──被教導打斷
2.「因此」（3：1）──被教導打斷
3.「因此」（3：14）──禱告結束

他最後在第14節繼續他的禱告，第三次以「因此」來開始，不過這次他會完成他的禱告文。

值得注意的是，保羅特地告訴我們，他在父面前屈膝，不用懷疑那是指他正跪下，巴特稱這是一種「不尋常的禱告態度」（Barth, Ephesians 1-3, p. 367）。在聖經的世界，屈膝下跪不是一般的禱告姿勢，人們通常是站著禱告的，故此耶穌在勉勵人說：「你們站著禱告的時候」（可11：25），就暗示了這個一般性的姿勢。我們又在路18：11、13讀到法利賽人和稅吏都是站著禱告。不過新約的確記載了一些跪下禱告的例子，一個是耶穌在客西馬尼園禱告

（路22：41），另一個是司提反，當時眾人正用石頭打他（徒7：60）。莫里斯總結所有的事證稱：「每一次當聖經談到跪下獻上禱告時，都是在事態嚴肅的時候」（Morris, p. 101）。這同樣發生在保羅身上，因為他為以弗所的信徒切切代禱。

一再重複「因此」這句話的原因，必定與他懇切地希望他們更明白上帝偉大的奧祕有關，這奧祕就是祂藉著恩典的作為，使信徒結為一體，藉以展示他們靠著基督和聖靈，在復活的大能裏活出新生命的力量。保羅使用與知識、智慧與理解力有關的詞彙，將這兩部分的禱文（弗1：15－23；3：14－21）連結在一起。他知道他們已經在基督裏，已經開始明白上帝的奧祕，就是祂從前和正在為他們所行的作為。不過他也了解，既然他們現在正在被建立成一個屬靈的合一群體，且他們又在融入上帝的家庭中繼續地被建造，那麼他們的理解力還可以得到發展，他們的基督徒生活還可以更深化。因此保羅為他們心裏的力量（3：16）和理解力不斷剛強起來代求，使他們明白上帝的愛是何等「長闊高深」，被「上帝一切所充滿的」充滿（第18、19節）。保羅利用他的通道進到上帝的面前（2：18；3：12），為以弗所信徒禱告。也許正因為想到這一通道，保羅才先後在弗3：1和3：14兩次返回他的禱告，這禱告在他首次嘗試完結時被弗3：2－13的教導打斷。

這禱告本身包含了為以弗所信徒的五項代求：一，他求上帝讓他們「心裏的力量剛強起來」（第16節）。保羅期望他的讀者得著最大的恩賜，就是聖靈的力量。唯有這一股力量才能讓人們有心志和能力戒絕和克勝罪惡。在談到這恩賜時，保羅又再一次不知不覺地陷入最高級形式的形容詞彙當中。他使用希臘文dunamis這一字來擴充被翻譯為「叫……力量剛強起來」所表達的力度，從dunamis一字我們得到英文字dynamite（炸藥）。正如你所知道

的，當你在後院引爆炸藥時，炸藥能夠把東西的形狀改變過來。上帝藉著聖靈的力量轉化人的生命。然而，使徒並非只求以弗所人得著力量而已，他也求他們「心裏的力量剛強起來」。他也會為我們作相同的代求，他希望我們充充滿滿地得著最大的福氣。

> **最大的福氣**
> 聖靈所應許的福，「人若憑著信心領受所應許的福，這福就必帶來一連串的其他恩惠。上帝的能力是照著基督豐盛的恩典賜給人的，而基督也是隨時照著各人的容量賜給各人」（懷愛倫著，《歷代願望》，2001年版，第684頁。）

第二項代求與第一項代求相平行：「使基督因你們的信，住在你們心裏」（弗3：17）。聖靈是基督的代表（約14：26；15：26；16：12、13），保羅往往以基督住在人心裏和聖靈住在人心裏交替使用，因為對一個人而言，基督和聖靈實際上缺一不可。同樣，弗3：16和3：17中的「心裏」代表了我們決定順從或是違抗祂與祂原則的內心世界。要是基督住在我們的心裏，使我們的「愛心有根有基」，聖靈就會使我們心裏有力量活出愛心的生命。

第三項代求是，信徒剛強起來以便明白上帝之愛的「長闊高深」，以及這愛在救贖的奧祕中運作之妙（第18節）。如前所述，保羅在全本以弗所書所表達的心裏負擔之一，是他的讀者得以明白上帝在以前和現在正為他們在基督裏的作為。

與他們能夠明白上帝的恩賜關係密切的第四項代求，是懇求上帝賜給他們「知道這愛是過於人所能測度」的特權（第19節）。柯布里恩寫道：「這是一個不尋常的代求，因為儘管使徒在第1至3章已經談了不少有關他的讀者是在基督裏的，他還是認定他

們沒有很完全地體認到基督的愛」。並且，「他們需要領會上帝大能的範圍，故此他求上帝賜下力量，讓他們得以明白這大能是何等浩大」（O'Brien, p. 264）。然而這知識非但是腦袋的知識，還更是個人所體會的知識。說到底，這知識終究是「過於人所能測度的」基督之愛（第19節）。換句話說，這知識的主題是如此之廣博，竟至於我們永不能完全明瞭。聖徒在永恆的歲月裏，世世代代都要永不止息地研究這一主題，儘管如此，他們還是永不能測透這萬世奧祕的深度。

為上帝的子民最後的代求，是他們被「上帝一切所充滿的」充滿（第19節）。這一節經文為保羅在以弗所書的下半部分定下其發展的進程，該部分乃處理基督徒的生活。任何人能夠活出該種生活的唯一方法，就是讓上帝的大能和愛充滿他。

保羅在代禱之後讚美上帝（弗3：20、21；1：3）。在這段頌辭中，他就上帝回應禱告的大能作出了陳述，斯托得把那至高的能力大致分為七個進程：

1. 「祂能夠**成就**或者運行（poiêsai），因為祂既不是懶惰、不活動，也不是死亡的。」
2. 「祂能夠成就**我們所求的**，因為祂傾聽和回應禱告。」
3. 「祂能夠成就我們所求或者**所想的**，因為祂對我們的心思瞭若指掌，而有時我們想到我們不敢做的事，所以不求。」
4. 「祂能夠成就一**切**我們所求所想的，因為祂知道一切並且能夠成就一切。」
5. 「祂能夠成就一切……**超過**（超出）我們所求所想的，因為祂的期望高過我們的期望。」
6. 「祂能夠大大地，或者**充充足足地**成就（perissôs）一切，超過

我們所求所想的，因為祂沒有計較所賜下的恩典」

7.「祂能夠分外完全地、非常充足地成就一切，超過我們所求所想的，因為祂是一位超級豐盛的神……上帝能夠做的事情，無可限量」（Stott, p. 139、140）。

多麼奇妙的一位上帝啊！保羅因祂大感激動，「他的心靈似乎滿滿地懷著期望，要讚美、感謝和歸榮耀給上帝，因為為了人們，祂成就這些事」（Lloyd-Jones, Unsearchable Riches, p. 303）。當我們深知道上帝在基督裏為我們**每位**所成就的一切是何等浩大時，我們的心也會像保羅一樣。

第三編

實踐勉言

（弗4：1—6：20）

在合一裏活出奧祕

弗4：1 — 6

> [1] 我為主被囚的勸你們：既然蒙召，行事為人就當與蒙召的恩相稱。 [2] 凡事謙虛、溫柔、忍耐，用愛心互相寬容， [3] 用和平彼此聯絡，竭力保守聖靈所賜合而為一的心。 [4] 身體只有一個，聖靈只有一個，正如你們蒙召同有一個指望。 [5] 一主，一信，一洗， [6] 一上帝，就是眾人的父，超乎眾人之上，貫乎眾人之中，也住在眾人之內。

第1節原文的「因此」標示了以弗所書一個主要的過渡。[註1] 保羅在三章經文中稱頌上帝在基督裏的作為，合宜地教導基督所成就的事，且祈求他們更充分地明白這些真理。此書的前半部分是一氣呵成之作，使徒以感情澎湃的言詞，把嚴肅的神學內容洋洋灑灑地串連起來，整個討論專注於上帝的奧祕，祂獻上自己，好叫猶太人和外邦人得以憑恩典得救（弗2：5、8），並且成為一體（3：6）。

之後的三章經文在風格和內容上就有所不同了。現在保羅的句子比較短，意思也更容易明白，其焦點也不再放在吩咐上，而是放在活出得救的人生。佩肯斯（Pheme Perkins）形容：「以弗所書相信，信基督引致道德上的更新」（Perkins, p. 94）。其他研究保羅的學

子從信中陳述的語氣和命令的語氣，分析保羅信中內容的先後次序。使徒先以陳述的形式告訴他的讀者，上帝在基督裏的所作所為，然後以道德命令的話表示他們當做的回應。任達布士（Herman Ridderbos）寫道：「論到這兩種截然不同的說話方式之間的關係，命令的話是以陳述的話為基礎，這個次序不能倒轉過來，這是一目瞭然的，因為每一次[在保羅的作品中]，陳述的話是經由命令的話作總結」（Ridderbos, p. 254, 255）。保羅以「因此」或者「所以」把陳述性的教導轉到使徒式的命令，如此風格我們屢見不鮮（如：羅6：12；12：1；西3：5）。以弗所書也是一樣，頭三章告訴人上帝的作為，接著在4：1說：「**因此**，我……勸你們：行事為人，要配得上你們所蒙的呼召」（新譯本）。經文中「因此」一詞起了帶頭作用，具體表現了書中餘下的內容。貝斯切把以弗所書的倫理部分放在上下文，他寫道：「所以在以弗所書中，行為既被視為是回應上帝在基督裏的作為，也是讚美上帝最合宜之舉，這就是第1至第3章的兩個主題」（Best, p. 353）。

「因此，……行事為人，要配得上你們所蒙的呼召」。我們在第2章已經討論過，「行事」代表了一個人的生命方向。在被基督拯救前，他們隨從今世的風俗而行（2：1、2）；信基督之後，他們就要「行善」（2：10）。

到底保羅這「行事為人，要配得上」的命令是什麼意思？答案在第4和第5章。弗4：1－16表示他們要在合一裏同行；4：17－5：20則宣告他們必須在聖潔中同行。

也許你已經注意到，二十一世紀的教會和它們的許多會眾都不是常在合一裏同行的。事實上，目前整個教會在各方面都處於分裂的狀態。這種情況也發生在以弗所周圍和當地的會眾之中，他們不僅有一般人身攻擊的問題，還為了猶太人和外邦人的種族

問題而有紛爭。上帝已經為他們準備了合一，可是他們就是紛爭不息。

保羅於是列出幾項教會合一時所表現出來的特徵，這些可幫助他們完全和諧共處，倘若他的建議得到付諸實行，還可以使你的教會成為一處加倍宜人的好去處。（它們還可能有助你的婚姻和個人關係。）

第一種是謙虛。在基督教出現之前，社會並不認為謙虛是一種美德。相反，人們視之為卑屈、畏縮、可恥之事，人們以為這是一位奴隸具備態度和身分有的一種特質。耶穌把這一切顛倒過來，在這樣做的過程中，祂給與世界（或者至少祂的信徒）一種全新的人生模式。保羅在腓立比書敦促他的讀者：「你們當以基督耶穌的心為心：祂本有上帝的形像，不以自己與上帝同等為強奪的；反倒虛己，取了奴僕的形像，成為人的樣式；既有人的樣子，就自己卑微，存心順服，以至於死，且死在十字架上」，那是所有死亡的方式中最可恥的一種（2：5-8）。還有，耶穌描述自己說：「我心裏柔和謙卑」（太11：29）。

不需要擁有大智慧，人們都可意會到，一所充滿了謙卑教友的教會，比一所充滿了自大驕傲教友的教會，更容易達致合一。謙卑是效法耶穌的意思之一。

在你的生命中擁有平安和合一的特徵：
1.「謙虛」
2.「溫柔」
3.「忍耐」
4.「寬容」
5.「愛心」（弗4：2）

第二種帶來合一的特徵是溫柔。柯布里恩指出：「這裏所指的溫柔不可跟軟弱混為一談（如當時的希臘羅馬文化所認為的）。它是指必須考慮他人的需要，願意放棄自己的權利」（O' Brien, p. 278）。

第三和第四種特徵的關係密切。忍耐是「長期容忍使人惱怒的人」（Stott, p. 149），「寬容」（弗4：2）則表示「忍耐某人，直至怒氣全消」（Rogers, p.440）。兩種都是上帝的氣質，祂從伊甸園的墮落開始，就一直向罪人顯出祂無止盡的忍耐與寬容（參閱出34：6；羅5：6−8；彼後3：9）。上帝已經作出了榜樣，故此耶穌在「無憐憫心之僕人」的比喻中教導，我們要以憐憫的心彼此相待（太18：23−35；比較帖前5：14、15）。

保羅倡導的最後一種的特徵是「**愛心**」（agapē）。他在弗3：17曾為以弗所人祈求，希望他們的愛心有根有基。如今他希望他們活出這愛心。Agapē是那種在心思和意念上都存著為別人的好處設想的態度，不管對方如何惡待我們。

活出這四種特徵就能帶來平安（弗2：3）以及在基督的身體裏合一。巴克萊幫助我們看到保羅所提到的五種特徵背後的基本原則，他這樣寫道：「每一種偉大的基督徒美德都有賴一件事情——捨己。只要自我仍然處於中心位置、只要我們的感覺、我們的聲望才是唯一最關心的事情，……合一是永不可能徹底地存在的。唯有當我們停止以自我為中心，當我們替別人設想多過為自己設想，合一才可能存在。自我殺死平安。在一個由自我所支配的社會中，人類除了是個人至上和相互衝突的個體所組成的分裂一群之外，人類什麼都不是。唯有當自我死亡，基督才會在我們心中萌發生命，平安、合一、團結的精神——就是真教會的崇高特點」（Barclay, p. 165）。

在弗4：1−3保羅呈現了在基督的身體中發揚平安與合一的

個人特徵。他接著在第4至6節給我們提供了平安與合一的神學根據。這神學根據有七個「一」。

第一，**身體只有一個**。在上帝的心意中，教會不是一大群宗派與派系。教會不分猶太人派和外邦人派，或者甚至是天主教、衛理公會、或者復臨會等宗派。祂深知分黨分派造成了信徒的分裂，這些從來就不是祂的本意。祂的旨意是所有信徒都可以謙卑地順從祂的話，體驗三一真神的合一（即第5至6節中的靈、主、父）。「按照定義，基督的身體只有一**個**」（O'Brien, p. 281），上帝希望祂的子民在他們所屬的地方教會和更廣泛的領域上，盡可能體驗在這地上的合一。不管此世祂的理想與現實之間存在著極大的差距，當基督再來的時候，上帝就會將此差距修正過來。

第二，「**聖靈只有一個**」，祂的工作是為身體帶來合一和凝聚力。此外，只有「**一個指望**」，因為所有基督徒都是朝著一個目標進展，那就是「**一主**」，祂是眾人所盼望的焦點。並且，只有「**一信**」，「**一主**」藉此「**一信**」帶給他們合一的歸屬感。不是猶太人信奉一種信仰，而外邦人信奉另一種信仰。從最根本的意義上說，今天我們不同基督徒群體是不存在不同的信仰。那「一信」與本乎恩典拯救人類的「一主」是直接相關的。

教會只有「**一洗**」，藉著它，人們表明他們希望成為那一個身體的一分子。在此保羅並非談論受浸的形式，而是每個人透過受浸的儀式加入教會。同樣，不會有猶太人奉行一種加入教會的儀式，而外邦人奉行另一種儀式，因為「你們受洗歸入基督的，都是披戴基督了」（加3：27）。保羅在以弗所書、加拉太書第3章和林前12：13，屢屢把浸禮與基督徒的合一連繫起來，並不是偶然的。

最後，「**上帝只有一位**，就是萬有的父。祂超越萬有，貫徹

萬有，並且在萬有之中」（弗4：6，新譯本）。就是這一位上帝藉著
「一主」的犧牲、「一個聖靈」的工作，透過「一個指望」、
「一信」和「一洗」的途徑，使我們成為「上帝家裏的人」（2：
19）。結果就是，基督的一個身體把上帝在天上和在地的子民都
連結起來。上帝的奧祕作為真是何等奇妙！值得我們為之而活。

註1：和合本聖經沒有「因此」一詞（Therefore，或譯所以）的翻譯，新譯本聖經則有：「因此，我這
　　為主被囚禁的勸你們：行事為人，要配得上你們所蒙的呼召」（弗4：1）。

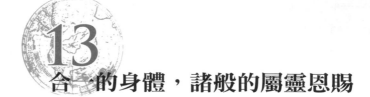

合一的身體，諸般的屬靈恩賜

弗4：7 — 11

> [7] 我們各人蒙恩，都是照基督所量給各人的恩賜。[8] 所以經上說：他升上高天的時候，擄掠了仇敵，將各樣的恩賜賞給人。[9]（既說升上，豈不是先降在地下嗎？[10] 那降下的，就是遠升諸天之上要充滿萬有的。）[11] 他所賜的，有使徒，有先知，有傳福音的，有牧師和教師，

保羅在弗3：2談及上帝賜恩給他，就是把「基督那測不透的豐富傳給外邦人」（第8節）。如今他在第4章提出，上帝賜給以弗所教會各肢體的諸般恩賜這一主題。

弗4：7包含了三個教導：一，我們「各人」都有某種恩賜。根據新約，整個教會就是一個恩賜的群體（charismatic community，被譯為「恩賜」的英文gift一字，乃是出於希臘文charismatic）。每個基督徒都是從水和靈生的（約3：5、7），所以每個人都擁有屬靈的恩賜。當然，正如我們在下文會發現，以弗所書第4章並沒有把所有恩賜都臚列出來，但每個基督徒都從主領受了一些恩賜。

第二個教導所包含的隱意是，**使人得救的恩典**有別於**服務人的恩賜**。當上帝把我們從罪的深淵中拯救出來（弗2：1－10），我們就領受了使人得救的恩典。之後祂特別賜下服務人的恩賜，使我

們作基督的代表去幫助他人。人若以為自己有使人得救的恩典，卻沒有服務人的恩賜就錯了。聖經不會作如此教導。

第7節所暗示的第三項教導，在第11節和保羅其他的作品中有更清楚的說明，這一項表示，並非每一個人都領受相同的恩賜。正如保羅在哥林多前書第12章恰當地形容，基督的身體有不同的需要，因此上帝按各體所需，賜下各種恩賜，為的是讓這身體能夠得到均衡和健康的發展（參閱林前12：4－13）。這樣看來，上帝的教會是多樣性的，弗4：7－11緊接著在第1至6節所大力強調的合一之說的後面，其所呈現的多樣性教會也許叫人感到驚奇，可是我們在第12至16節將會看到，各樣恩賜之目的是為了使教會合一。

在天的上帝很清楚在地的我們各人所擁有的天分，又賜下諸多的恩賜強化我們的天分，這是一件美事。不同的恩賜所帶來的另一面優點，就是教會的多樣性。意思是基督徒不是從一模一樣的餅乾切割刀切出來的。相反地，基督的身體是由許多分部所組成之活體。真好，要是教友都擁有跟我一模一樣的才能、弱點和恩賜，教會就會是一個沒趣的地方了。也許有人在這方面很強，在另一方面很差，但有一點是肯定的：這種教會使人感到乏味。感謝上帝，教會在合一中是多樣性的，這使教會更優美、功能更多。

很多人在看了弗4：8－10時產生了不少困惑。基督在祂升天之後把恩賜賞給人，他們似乎對這一點沒有問題，因為徒2：33說得很清楚：「祂既被上帝的右手高舉，又從父受了所應許的聖靈，就把你們所看見所聽見的」，在五旬節當日「澆灌下來」。

這是十分清楚的。可是，「擄了許多俘虜」（第8節，新譯本），以及「先降在地下」才「升上」（第9節，新譯本）是什麼意思呢？一

253

旦我們知道保羅在第8節是引用了詩68：18，我們就能領會「俘虜」所指的是什麼。龐茲亞（Arthur Patzia）認為：「這首詩歌原本是慶祝以色列人在地上的某次勝仗，他們戰勝仇敵，帶著戰敗的敵人和戰利品（包括俘虜）回到首都」。詩歌又用來「描繪上帝在出埃及時勝了所有的仇敵，以及祂在聖城作王」（Patzia, p. 236）。

布卓以（Robert Bratcher）和尼特（Eugene Nida）認為：「不能決定新約作者所指的『俘虜』到底是指人類還是天使……引用這段經文的目的，是為了使用『**將各樣的恩賜賞給人**』作為聖經的根據，證明基督把諸多的恩賜賞賜給祂的子民」（Bratcher, p. 99）。

雖然布卓以所陳述的後半部分相當正確，尤其是因為猶太人從詩篇68篇聯想到五旬節，不過新約確實提供了有關俘虜到底是誰的暗示。太27：52、53告訴我們，當基督被釘在十字架上，上帝就叫祂的子民從死亡的囚牢中復活過來，為基督的復活作見證。懷愛倫是其中一位相信，那些復活的人「和基督一同升天，作為祂得勝死亡、得勝墳墓的記念」，他們「不再是撒但的俘虜」，而是蒙祂「救贖」的人。（懷愛倫著，《歷代願望》，2001年版，第801、802頁）。

也許你在想：**俘虜的部分已經很清楚了，而使徒行傳也十分明確地記載了基督在升天之後於五旬節賜下諸般的恩賜，但我依然不明白「降在地下」**（弗4：9）。並非只你一個不明白。第四世紀的安波羅修，引用了記載在彼前3：19經常被誤解的一節經文，稱基督在死後向「在監獄裏的靈」傳道，他寫道：當基督「戰勝了魔鬼，祂就降在世界的心臟地帶，以致祂可以向死人傳道，讓凡切望祂的人都得到釋放」（引文載於Edwards, p. 164）。

頗多解經家和早期教父都支持這一解釋。然而，更貼切的解釋是看以弗所書第4章的「降下」和「升上」與腓2：7、8的思路

互相對應。腓2：7、8指出基督道成肉身降世，自甘卑微，以至於取了奴僕的形像，並死在十字架上。在腓立比書中，道成肉身的基督在降下之後就升上天上，基督被釘在十字架上之後，「上帝將祂升為至高，又賜給祂那超乎萬名之上的名」（第9節）。這一解釋同時切合以弗所書第4章及本書信的整體思路。比方說，在第1章，我們找到基督「從死裏復活」，坐在天上上帝的右邊，好叫祂充滿萬有（參閱弗1：20；比較1：23與4：10）。這樣看來，弗4：8－10並不是表面看來那麼難以明瞭的。

多樣的恩賜				
羅12：6－8	林前12：8－10	林前12：28－31	弗4：11	彼前4：11
1. 說預言 2. 執事 3. 教導 4. 勸化 5. 施捨 6. 治理 7. 憐憫人	先知	先知 幫助人 教師	先知 教師	服事人
	8. 智慧 9. 知識 10. 信心 11. 醫病 12. 行異能 13. 辨別諸靈 14. 說方言 15. 翻方言	醫病 行異能 說方言		
		16. 使徒 17. 治理事	使徒	
			18. 傳福音 19. 牧師	講道

　　詩68：18的引文倒有一個嚴重的問題。詩篇說「**受了供獻**」（received gifts），而保羅卻引述說「**將各樣的恩賜賞給人**」（gave gifts）。這個不協調有兩個可能的理由：第一，保羅所引用的舊約經文，其意思可能並沒有反映在我們今天所熟識的希伯來文和希臘文版本中。支持此一假定的證據是，詩68：18在希伯來文聖經的兩個古老版本中（亞蘭文版本及敘利亞文版本），確有「賞給」一詞。第二，戰勝者剛從戰敗者處取了掠物，隨即把掠物賞給他忠心的跟從者，這符合一定的邏輯，證據可見於在五旬節當日，基督升到天上上帝的右邊，之後祂從父領受了所應許的聖靈，再把這項恩賜「澆灌」在祂的信徒身上（徒2：33）。

　　保羅思想的重點是，基督把恩賜賞給教會（弗4：7、8）。請留意，第7節和第11節都說這恩賜是從基督而來的，這一點引人注意，因為哥林多前書第12章宣稱，聖靈是恩賜的源頭（4、11節），而羅馬書第12章則說恩賜是由父分給眾人的（第3節）。雖然把服務人的恩賜解釋為屬靈的恩賜是相當合宜，但我們也要知道，隱藏在這教訓的背後，是關於三一真神的教導。縱使三一真神中的聖靈負責監督屬靈恩賜的具體運作，在賜予恩賜時，父、子、靈的地位均等。

　　弗4：11有新約中一個較短的屬靈恩賜目錄。它的焦點主要是使教會合一的領導特質，不過，這目錄並不是所有屬靈恩賜的完整撮要。如第255頁的圖表所示，新約有五組屬靈恩賜列表。把這五組列表平行並列，就會顯示屬靈恩賜廣泛的多元性，好讓不同的教友可以成就教會的所有工作。正如林前12：14－26表示，要是每位教友都讓上帝透過他們的生命使用他們的恩賜，基督的身體就會合一，教會的功能就會得到妥善發揮。當有人否定自己的恩賜，並且更壞的情況是，當有人貪求別人的恩賜，就會

問題叢生。上帝理想的旨意是讓祂的兒女善用他們各式各樣的恩賜，使教會得著合一和效能。

當你檢視新約這五組屬靈恩賜，你當留意，其卓越之處乃在於它們並沒有重複。柯布里恩寫道：「每一組皆明顯有別於他組。沒有一組是完整的，可是每組都是精挑細選，為了說明某個道理，它們無意把各樣恩賜限制於一種整齊有序的安排之中。就是五組的全部恩賜都不代表恩賜的總體目錄」（O' Brien, p. 298）。就像教會的需要是如此多方面的，各人的能力又是如此不同，上帝賜給信徒的恩賜也是各式各樣的，好叫祂在地上和天上都得著榮耀。

屬靈恩賜的目的

弗4：12 — 16

> [12] 為要成全聖徒，各盡其職，建立基督的身體， [13] 直等到我們眾人在真道上同歸於一，認識上帝的兒子，得以長大成人，滿有基督長成的身量， [14] 使我們不再作小孩子，中了人的詭計和欺騙的法術，被一切異教之風搖動，飄來飄去，就隨從各樣的異端； [15] 惟用愛心說誠實話，凡事長進，連於元首基督， [16] 全身都靠祂聯絡得合式，百節各按各職，照著各體的功用彼此相助，便叫身體漸漸增長，在愛中建立自己。

祂「將各樣的恩賜賞給人」（第8節）。第7至11節顯示兩種恩賜：第一種是「我們各人」（每位基督徒）從父那裏領受得來的服務人的恩賜（第7節）。接著在第11節，保羅詳細說明另一些領袖方面的恩賜（使徒、先知、傳福音的、牧師和教師）。

第12節展開了一個重要的討論，為屬靈的諸般恩賜提出理由。保羅列出了兩大目的：

1. 「裝備聖徒，去承擔聖工」（新譯本）
2. 「建立基督的身體。」

我們要注意第一個目的的幾件事情。首先，作聖工是所有聖徒的天職。聖徒是指為神聖的目的被分別出來的人。新約沒有稱

聖徒是特別「神聖的」。反而，每位基督徒都是聖徒，包括你（和我）。因此，保羅肯定在第12節教導，聖工是屬於每一位歸信基督的人。

我們要遠離一種不符合聖經原則的教導，那就是教會的事工和教會周圍的社區聖工是由受薪的（或不受薪的）神職人員負責的。不！不！不！聖經的教導是，我們各人都擔任了一個角色（第12節），我們每個人都領受了恩賜，使我們能夠執行上帝的工作。我們所擁有的服務人的恩典，就是用來作聖工的恩典。

或許有人會想：**如果事情是這樣的話，那麼我們就無需要為神職人員專門設立一種事工了。**但這不是使徒的教導。弗4：12是第11節的延續，如我們之前所見，在第11節保羅臚列了領袖的恩賜，包括牧師和教師。牧師、教師和其他各類神職人員的作用正是「**裝備聖徒，去承擔聖工**」。請注意，經文不是說牧師和其他領袖要親自承擔全部工作，而是由他們準備教會全體去作工。所以，神職領袖要**使**每位教友都在上帝的工作中有分，這包括幫助每位聖徒，找到他或她的一種或多種恩賜，並且知道如何在教會和社群中應用這恩賜。這樣說來，牧師和領袖都要遠離獨霸聖工的**罪**，而是要承擔起他們推動他人作工的角色。

斯托得幫助我們反思這件重要的事，他問：「那麼，我們要謹記什麼樣的教會模式呢？」他回答：「傳統的模式就是金字塔模式，牧師危危地高據塔頂尖上，彷彿他是這個教會的一名小主教，平信徒論資排輩列在他的下面。這完全是不符合聖經原則的景象，因為新約所設想的，並不是一個牧師帶著一群唯唯諾諾的會眾，而是由多人監管，每位教友參與其中的聖工。公車模式的教會也好不了多少，那就是由牧師全權負責駕駛，而會眾是乘客，坐在他的後面安安穩穩地睡覺。聖經模式的教會身體有別於

金字塔模式和公車模式的教會。教會是基督的身體，每位教友都有其特殊的功能。儘管身體作為一個比喻，肯定容得下特殊的牧職（作為眾多事工中非常重要的一種）這個概念，但卻完全容不下階級制度，或者類似專橫的教權主義，就是集聖工於一人之手，拒絕接受上帝的子民擁有適合他們自己的事工」（Stott, p. 167）。

這樣說來，每所教會的聖工就是她全會眾的事，就保羅之言，牧師與其他領袖的角色就是給與培訓，使會眾符合資格。

弗4：12所說屬靈恩賜的第二個目的，是「建立基督的身體」。使徒為兩者的關係提出了三個子目標，是我們在建立基督身體的過程中必須達成的。

在檢視該些關係重大的子目標之前，我們先要處理第13節的「直等到」。這詞告訴我們，教會有多長的時間需要第11節的恩賜裝備。教會需要它們，「直等到」她達到第13節的三個子目標為止，意思是屬靈恩賜是必不或可缺的，直等到基督再來。

第一個子目標是信徒「在真道上同歸於一」（第13節）。正如我們研究以弗所書至今一直所解釋的，合一是全封信的關鍵概念之一，特別是因為合一超越人種／族裔與猶太人／外邦人的阻隔。

但是根據保羅的理想，基督徒的合一並不是愚笨無知或者盲目遵從，而是「在真道上同歸於一」。這思想領我們來到建立基督身體這過程的第二個子目標：信徒必須「認識上帝的兒子」（第13節）。他們在認識基督和祂的恩典上，已經達到蒙救贖的水平，不過按照保羅的「已經實現，但還未圓滿成就」的型式，他們在基督裏的成長中尚有許多東西要學習。新約從沒有視得救為僅僅發生在一個特定時刻的一件單一事件。相反，它視之為一個過程。牧師和其他教會領袖（第11節）的教導事工，對於上帝的教

會的成長是必不可少的。基督教不是愚昧無知的宗教，而是個人和教會持續不斷，逐漸更加認識上帝的宗教。對保羅來說，正確明白上帝和祂的聖工對教會是重要的。

第三個子目標與之前的兩個有關。在真道上同歸於一，認識上帝的兒子，肯定是「得以長大成人，滿有基督長成的身量」（第13節）的要素。

要謹記，正在合一、認識神、和增長中的那個成熟的「人」是教會——基督的身體（第16節）。誠然，這一切目標對個人而言同樣重要，但保羅在第12至16節所要表達的，是教會作為基督的身體要有增長，好讓她不至被超凡魅力的講道才能，或者使人心悅誠服的領袖引入歧途，像身在歪風俗浪中飄來飄去的船兒一樣。第11節的成全／裝備人作工的恩賜，其功能之一就是在教義上造就和維持上帝教會的穩定性（第14節）。

第15節的「用愛心說誠實話」，為聖工注入另一股重要的動力。基督的身體就是在這一方面經常受苦。一方面，有人非常堅決地維護教義，以至於他們最終變得比魔鬼還要刻薄。他們希望保護上帝的真理實是無可厚非，但他們的精神是錯誤的。在另一方的極端，我們發現有人過於有「愛心」，竟至於就是別人反駁或否認上帝的話，他們也不作辯護。保羅在第15節所達致的平衡，這些人就忽略了「說誠實話」的一面。上帝的理想是真理與愛心兼而有之。請留意，「說」這字在希臘譯本中並不明顯，這一點很重要。原文有「說」的含意，但其意思卻超出說話的範圍，而及於全面活出真理的生命（見Lloyd-Jones, Christian Unity, p. 241, 242）。就某些程度上而言，「說」是好的，但上帝不僅希望祂的教會只談論愛心，祂更希望她活在愛中。這種生活與達到「長大成人」，漸漸「滿有基督長成的身量」（第13節），便是一項最主要

261

的引入之源。

弗4：16的希臘文和英文譯本同樣是一節複雜的經文（這可見於不同的英文聖經譯本），不過其基本理念很清晰。士拿凱堡（Rudolf Schnackenburg）對這節經文有深刻的見解，他說：經文「完全符合全段意思的發展」（Schnackenburg, p. 189）。故此，基督所扮演的決定性角色是極為重要。祂賜下所有恩賜（第7節），包括給每位教友的恩賜，及第11節所說的賜下領導方面的恩賜。雖然教會的身體是在基督裏「聯絡得合式」（第16節），但那聯絡百體的各部關節（代表第11節的領袖恩賜），乃是祂為了使教會合一而有的。最後，每位聖徒的恩賜都是為培養教會增長而服務。因此，教會「照著各體的功用彼此相助，便叫身體漸漸增長，在愛中建立自己」（第16節下半段）。士拿凱堡指出，在保羅的論述中，「基督的顯著地位得到保存」，而「整個身體都在增長的過程中」（Schnackenburg, p. 190）。

在離開弗4：1－16之前，我們當注意「用愛心」這句片語，它是貫穿本章經文重要的一節。它首先在第2節出現，接著在第15節浮現，並且是第16節希臘文版本最後的字句。

當中的事理很清楚，唯一能把教會連成一體和刺激她增長的，就是教會「用愛心」所作的見證。太多教會和個別教友的問題在於，他們欠缺了基督教「用愛心」的這一面。沒有這一面的教會，只不過是基督教的漫畫版本，她不是真基督教。就個人和整個身子而言，教會最大的需要是「用愛心」表達出她全部的作為與教導。

15
屬靈新人的樣式

弗4：17－24

¹⁷ 所以我說，且在主裏確實地說，你們行事，不要再像外邦人存虛妄的心行事。¹⁸ 他們心地昏昧，與上帝所賜的生命隔絕了，都因自己無知，心裏剛硬；¹⁹ 良心既然喪盡，就放縱私慾，貪行種種的污穢。²⁰ 你們學了基督，卻不是這樣。²¹ 如果你們聽過祂的道，領了祂的教，學了祂的真理，²² 就要脫去你們從前行為上的舊人，這舊人是因私慾的迷惑漸漸變壞的；²³ 又要將你們的心志改換一新，²⁴ 並且穿上新人；這新人是照著上帝的形像造的，有真理的仁義和聖潔。

基督徒的生命就是從非基督徒的生命徹底改變過來。一個人與基督的關係和祂的生命方向，是這個轉變的中心。

以弗所書第2章的主旨是一個人在身分情況上的徹底改變。以弗所人曾經活在上帝的忿怒中，「**然而**」（第4節）如今他們住在上帝恩典的庇護之下（第8節）。他們曾經與上帝隔絕，不屬於上帝恩約的子民，「**然而**」（第13節）如今他們是上帝家裏的人（第19節）。

弗4：17－24再一次突顯這個徹底改變的主題，在此我們找到第三個「**然而**」，儘管經文的內容沒有這詞。第17至19節論到以弗所人作基督徒前的景況；第20至24節則反映他們在基督裏的

新人生。

不過，在第2章和第4章的兩個「**然而**」之間，我們找到一個重要的分別。第2章提及上帝**為**以弗所人所行的作為，而第4章的「**然而**」篇章，其隱含之意則聚焦在上帝已經，目前尚**在**他們心中所行的作為。使徒在弗4：17－24為在基督裏的新人生立穩教義基礎，然後從第25節起至弗6：9，他提出過這新人生的一些實質建議。

以弗所書第4章整章的上半段論到聖靈，就像新約其他書卷所描述的，祂是三一真神的其中之一，祂使人歸信基督和得著能力。第15節的「凡事長進，連於元首基督」的勸勉，為保羅就新生命的討論作好準備。

該句「長進，連於……基督」，意指他們必須從根本上割斷之前的非基督徒過去，特別是他們「不要再像外邦人……行事[生活]」（第17節）。他們以前是怎樣行事的呢？保羅描述他們對自己的罪無動於衷，「放縱私慾，貪行種種的污穢」（第19節）。

為什麼他們如此生活或行事呢？值得注意的，保羅強調他們在知識上的缺乏。他們「與上帝所賜的生命隔絕了」，因為：

1. 他們存虛妄的心（第17節），

2. 他們心地昏昧（第18節），

3. 他們無知（第18節）。

根據以弗所書第4章，他們大部分的惡行，是因為他們知識上的缺乏。但這並非唯一的原因。第18節列舉的心裏剛硬，也是導致他們敗壞的原因之一。如下表所示，羅馬書第1章略述了從頑梗、無知，到道德敗壞的同一條路。

羅馬書與以弗所書的道德下坡路	
羅1：18－32	弗4：17－19
第一階段：頑梗	
（第18節）「不義的人……行不義阻擋真理」	（第18節）「他們心地昏昧[pōrōsis」
（第21節）「他們雖然知道上帝，卻不當作上帝榮耀他」	
（第28節）「他們……故意不認識上帝」	
第二階段：內心昏暗	
（第21節）「他們的思念變為虛妄，無知的心就昏暗了」	（第17節）「存虛妄的心」
（第22節）他們「成了愚拙」	（第18節上半段）「他們心地昏昧」
（第28節）「存邪僻的心」	（第18節下半段）「自己無知」
第三階段：死亡或審判	
（第24節）「所以，上帝任憑他們」	
（第26節）「因此，上帝任憑他們」	（第18節）「他們……與上帝所賜的生命隔絕」
（第28節）「上帝就任憑他們」	
上帝任憑他們，第四階段：不顧一切	
（第24節）「行污穢的事」	
（第26節）「放縱可羞恥的情慾」	（第19節）「良心既然喪盡，就放縱私慾[aselgeia，意指公開的無恥而猥褻的行為]貪行種種的污穢（Stott, p. 177, 178）」
（第27節）「行可羞恥的事」	
（第28節）「行那些不合理的事」	
（第29－31節）「各樣不義……」	

保羅以極具智慧的語詞表達出在基督裏的新生命也當有根有基。因為以弗所的基督徒已經：

1. 「**學了基督**」（第20節），

2. 「**聽過祂的道**」（第21節），

3. 「**領了祂的教**」（第21節）。

所以這全新的聰慧之體認使他們接受所學習到的，預備過新生活的樣式。教育與具有教育意義的講道，是歸信基督與基督徒生活（參閱羅10：14－17）的重要元素。巴特指出：「弗4：20、21的詞彙與內容喚起了一所學校的意象」（Barth, Ephesians 4－6, p. 504）。

不過人們在以弗所書第4章這所學校所學習到的，並不光是一般的美好事物而已。經文的每一個教導都是以基督為中心。當我們傾聽保羅的話，便會發現以弗所人不單學了基督，或者學了與基督**有關的**知識（第20節），他們還**聽過**祂的道（第21節）。亦即，在基督教的講道與教導中，基督不僅僅是中心主題所在；藉著聖靈（第11節），基督本身就是教師。此外，以弗所人已經「在他裏面受過教導」（第21節，新譯本），其含意是指基督不僅是主題和教師，祂還是基督教信息的來龍去脈。太多所謂基督教的講道與教導的悲劇之一，就是集中在教義和道德教導上，沒有把兩者與基督連繫起來，並且以基督為中心潛心鑽研。利菲爾強調同一思路（Walter Liefeld），他指出引發真悔改的宗教教育，其內容「不光是接受高超的宗教概念或價值，而是接受耶穌本身。失去祂，就是分析精確的神學都不足以帶來救恩」（Liefeld, p. 114）。

保羅在第21和22節告訴我們，以弗所人的生命起了極大的改變，是由於他們聽了基督的道。這聽道的行為在他們的生命中引致三個結果：

1. **他們已經脫去從前行為上的舊人**（第22節，作者譯本），

2. 他們已經將心志不斷改換一新（第23節，作者譯本），和

3. 他們已經穿上新人（第24節，作者譯本）。

形容這些結果的動詞很重要。我翻譯為「已經脫去」（第22節）和「已經……改換」（第24節）的兩個動詞，原文皆是原形動詞（infinitives），其最準確的翻譯應當是「脫去」和「改換」。它們同時是不定過去時態（aorist tense）註1，「表示一次單一性的行動」（Abbott, p. 136）。換句話說，人們一般在一生中只進行一次「脫去」和「改換」。不少英語譯本錯把經文的動詞時態翻譯為「脫去舊人」和「穿上新人」（RSV, 比較KJV及NASB），如此的翻譯意味著以弗所人還有未完成的工夫要做。但情況並不是這樣。當他們一悔改信基督，他們就已經「脫去」和「改換」。

林肯捕捉到這一思維，他寫道：「讀者被教導，成為信徒包含了與過去一刀兩斷，脫去舊人。脫去舊人和穿上新人的意象顯示做出斷然決定性的改變，箇中的意思比得上福音書中說到天國近了，人應當悔改的詞彙」（Lincoln, p. 284）。悔改帶來歸信，在基督徒的生命中這是一件已經過去的事件，因此以弗所人已經丟棄舊人，披上新人。

但是在悔改信主之後，他們在生命中尚要做一些事情（三個結果中的第二個動詞就在此出現。）他們需要「將心志不斷改換一新」（第23節）。得救是一個過程，儘管這個過程在歸信時就已經開始了，並有「脫去」和「改換」伴隨而來，但聖靈會在我們一生的每一天工作，指出我們的罪，領我們成義（參閱約16：8－11），並且使我們的心志更明白基督和祂對我們的旨意。隨著我們剛換上的新人不斷深化和發展，我們的心志就「不斷改換一新」。我們可以把那新人心志增長的發展想像為漸進的成聖過程。

韋斯科特（B. F. Westcott）總結該三個動詞的意義時寫道：「新生

命是經過三個步驟實現的：脫去『舊人』、屬靈大能的更新、穿上『新人』。第一和第三個步驟是一次完成的……；第二和第三個步驟則是結合起來的……以致成長中的屬靈洞察力一點一滴地體悟那斷然決定性的改變」（Westcott, p. 67）。

弗4：17－24的好消息是，上帝不僅將我們從罪的刑罰中拯救出來（參閱弗2：5、8），還拯救基督徒脫離他們生命中的罪惡權勢和掌控。偉大的宗教改革家加爾文解釋：「一個生命與非信徒沒有分別的人，他學習不到基督的知識，因為基督的知識與禁戒情慾是分不開的」（Calvin, p. 189）。

加爾文所說的「禁戒情慾」，就是保羅所說的脫去舊我或舊本性。「不是只脫去某一特定的惡行，而是脫去整個由罪支配的舊人生命」（Lincoln, p. 284），認識到這一點很重要。使徒在別的地方提到，該種經驗是變成新造的人（林後5：17），是把舊人的生活樣式釘死在十字架上，讓新生命的樣式復活（羅6：1－11），基督自己稱之為從聖靈而來的重生（約3：3、5）。

弗4：17－24的主旨十分清楚，作為基督徒，我們沒有權輕率對待我們舊生活的罪，因為我們已經遇見基督，並且把自己奉獻給祂，藉著不斷更新我們的心志，祂使我們有力量不斷更接近祂的天國原則行事。祂期望我們每一位和整個教會在愛中成長，愈來愈像天父（參閱第2、16節）。

註1：希臘文以此表示過去時態，但不表明動作是否完成或正在繼續。

屬靈生活的細則

弗4：25－32

> [25] 所以，你們要棄絕謊言，各人與鄰舍說實話，因為我們是互相為肢體。 [26] 生氣卻不要犯罪；不可含怒到日落， [27] 也不可給魔鬼留地步。 [28] 從前偷竊的，不要再偷；總要勞力，親手做正經事，就可有餘分給那缺少的人。 [29] 污穢的言語一句不可出口，只要隨事說造就人的好話，叫聽見的人得益處。 [30] 不要叫上帝的聖靈擔憂；你們原是受了祂的印記，等候得贖的日子來到。 [31] 一切苦毒、惱恨、忿怒、嚷鬧、毀謗，並一切的惡毒（或譯：陰毒），都當從你們中間除掉； [32] 並要以恩慈相待，存憐憫的心，彼此饒恕，正如上帝在基督裏饒恕了你們一樣。

　　第25節的「所以」是一個關鍵的詞，它表明原先是探討在基督裏新生命之神學基礎，轉為展現這新生命應有的實用勸勉，正如柯布里恩表示：「思路的演進是從效法基督和新人這一崇高顛峰之念，轉往『基督徒的實際行為』」（O' Brien, p. 334）。

　　弗4：25－32述說這實際行為的五種，斯托德概括說明這五種行為中的三種特質。第一，五種行為都關注我們與別人的關係，「聖潔並不是一種與上帝相交，卻與人疏離的神祕狀態。你不可能在真空的狀況下行善，你只能在人的真實世界中行善」

（Stott, p. 184）。

第二，五種行為都是由一個負向的禁止之語與一個正向的吩咐之語組配而成。「脫下舊服是不夠的；我們還要穿上新衣。棄絕謊言、不再偷竊、不發怒是不夠的，除非我們開始說誠實話、努力工作、以恩慈待人」（Stott, p. 184）。和許多教會的想法正好相反，一個人所放棄的，是沒有什麼價值可言。基督教是積極正向的，而不是消極負向的宗教。基督徒必須超越消極的禁令，積極向身邊的人付出愛心。

第三，五個例子或是明言或是暗示，都為每一項吩咐賦予一個神學理由，「因為在耶穌的教導中和祂的使徒之教義和倫理中，信仰與行為往往互相吻合」（Stott, p. 184）。

第一則勸勉：「所以，你們要棄絕謊言，各人與鄰舍說實話，因為我們是互相為肢體」（弗4：25）。

「棄絕」的動詞時態與第22節的「脫去」一樣，顯示其為過去的行動。以弗所人在脫去舊人時竟然能夠丟棄謊言，真好！在詐欺猖獗的文化中，要嚴守誠實是不容易的。在二千年之後仍然不容易，就像有人發覺他們受到試探，想在報稅時捏造一點點的資料，或者「無惡意地」虛報開支。

不過保羅表示，雖然在消極方面以弗所人能夠在一定程度上勉強做到棄絕謊言，但他同時暗示，在積極方面他們向鄰人說實話的義務卻做得不夠。

在此我們必須承認，積極的行為往往比消極的行為困難。為什麼？因為消極行為的範圍有限，而積極行為的界線卻無限。比方說，我很容易就知道把鄰舍毆打到什麼程度就要住手。但要愛他或她到什麼程度才足夠就不可能定奪了，因為愛的進展是無止境的。我永不能說，我已經愛夠了，現在我可以不再愛了，可以

真正地做自己了。不能，永遠不能。積極行為的價值是無窮無盡，除非積極行為表現出我們的真我風采，否則我們將永遠不能安心地作基督徒，這當然就是保羅給基督徒所下的定義：他們已經脫去舊人、穿上新人（第22-24節）。讓上帝的愛寫在我們的心版上，就表現了新人的特質（太22：36-40；羅13：8-10；加5：14；來8：10）。

保羅給「說實話」的神學理由是，「因為我們是互相為肢體」（弗4：25）。他在此透露了以弗所書的一個基本主旨：在基督的身體裏合一的需要（弗4：4-6；2：14-22）。為了這原因，我幾乎把這一章命名為《活出奧祕的原則》（參閱3：3-6）。

第二則勸勉：「生氣卻不要犯罪」（弗4：26）。這裏有一些好消息：生氣是可以的，至少對某些事情而言。畢竟，當耶穌拿繩子作成鞭子，把兌換銀錢的人趕出聖殿時，祂是生氣的（約2：13-17）。像這樣對不義的事情生氣，就如威伯福斯（William Wilberforce）因不義而動怒，最終杜絕了黑奴買賣及黑奴制度。今日的基督徒要對迫害窮人與不必要的環境破壞生氣。**對一切不公義之事生氣，是我們基督徒的義務。**世界上基督徒的義怒並不足夠。我們太過安於現狀了。

然而正如使徒引用詩4：4清楚地聲明，不是所有怒氣都是有益、健康、和對教會整體有幫助的，不少怒氣完全是有罪的。出於自私的怒氣、容易煩躁、容易發怒、壞脾氣，往往都是錯的。

關於怒氣，保羅特別提出兩個警告：第一，「不可含怒到日落」（弗4：26）或者翻譯為「不要懷怒上床」（信息版譯本）。基本的意思並非指在就寐前我們便有權生氣，而是我們應當盡快疏解我們的怒氣，如福樂（Andrew Fuller）解釋：「讓我們明白使徒的含意而不是他的字句……不要從他的字面意思去理解，以至於以為我們

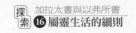

可以一直含怒，直到日落為止，使我們的忿怒隨著白日延長；又以為在全年有四分一是白日的格陵蘭島，島上的居民有很多報復的機會」（載於Kreitzer, p. 143）。

為了我們的社群、我們的教會、我們的婚姻、和我們自己，我們要嚴肅看待保羅的命令。放下驕傲的心也許不容易，但要是我們拒絕讓自私和以自我為中心所衍生的怒氣潰爛下去，我們就能夠為自己免除不少麻煩。這是一個我和你在今天就能付諸實行的原則。今天和每天，我們要在睡覺之前（最好是更早）就處理好與別人的關係，若不如此行，就是在我們的生命中向魔鬼大大的讓步（參閱第27節）。

第三則勸勉：「從前作小偷的，不要再偷；總要勞力，親手做正經事，就可有餘分給那缺少的人」（第28節）。

希臘原文直譯是：「從前偷竊的，不要再偷」[註1]。一個不再偷東西的小偷很明顯就不再是小偷。要是這樣的人不再作小偷，那麼他們就必須作另一種人。

這正是基督教對人類的貢獻。福音的大能把我們轉變成新人（羅12：2）。當然，就像保羅在弗4：25－32的所有勸勉一樣，不作消極的行為只是第一步。基督徒真正的轉變往往在積極的層面上完成。因此第28節敦促作小偷的要工作，好讓他能夠供給有需要的人，那麼這個人就不光是一個曾經作小偷的人，而是好像一個反對小偷的人，他或她不再是一個取別人東西的人，而是一個施與者。這就是上帝的大愛和恩典的轉變大能。上帝希望在我們各人身上，施展類似反小偷式的神蹟。主深願取去我們最邪惡的惡行，把它們轉變為最大的美德。這便是保羅福音最重要的一部分。

第四則勸勉：「污穢的言語一句不可出口，只說造就人的

話」（弗4：31）。這是一個我們要用心領受的勸勉。正如雅各指出，沒有什麼比控制人的舌頭更困難（雅3：1－12）。也許我們還可以補充說，沒有什麼比一個失控的舌頭對教會的合一更具破壞力。

然而如前文所述，上帝是把我們的問題轉成美德的專家，要是我們讓祂這樣行。即使是我們那難以駕馭的舌頭，祂也可以將之改變，為每一個場合帶來祝福。要是我們願意，祂就能。

第五則勸勉：「一切苦毒、惱恨、忿怒、嚷鬧、毀謗，並一切的惡毒，都當從你們中間除掉」（弗4：31）。我們在此有一節使用籠統語詞的經文。上帝不只希望洗淨和轉變我們生命的一部分或者甚至大部分；祂設法重造我們整個人。這樣說來，基督徒把生命窩藏在罪惡的島上，是無法感受到美善的。聖靈設法使我們的心志「不斷」改換一新（第23節），要是我們聽祂，上帝便會臨到我們生命的每個角落，把我們的惡行一一改換成美德。

當然，我們永遠可以拒絕聖靈的呼求和引導。但是如此行就是「叫上帝的聖靈擔憂」——藉這靈「我們原是受了他的印記，等候得贖的日子來到」（第30節）。

這是一節重要的經文。上帝為了使我們最終得贖，在我們成為基督徒之初，便使我們受了祂的印記為記號，聖靈彷彿在我們身上蓋上圖章，顯示我們是屬上帝所有的，祂並希望在基督再來的時候，把我們帶回天家。這就是好消息。

可是在罪惡的世界，好消息的背後總有它的另一面。保羅教導，我們有可能叫聖靈擔憂。根據上下文，當聖靈感動我們的良心，又對我們的罪發出警告，當我們拒絕祂改變人心的大能，拒絕隨從聖靈的引導，我們就是讓聖靈擔憂。太12：31、32直接把叫聖靈擔憂與耶穌所說的不得赦免之罪相提並論。

　　真理坦白地指出，倘若我們願意讓上帝這樣行，上帝極願意
又一定有能力轉變我們的生命，使我們從一個以自我為中心和吝
嗇的人，變成一個無私和充滿愛心的人。要是我們不允許，上帝
永遠不會強迫我們。但有一點是肯定的：天國不會有撒謊的人、
自私醜陋的人、或者小偷（啟22：10－15）。這些人在那裏不會感到
快樂，他們還會破壞他人的快樂。這就是為何上帝熱切期望，我
們在祂的幫助之下「棄絕」我們心中的罪惡，讓祂轉變我們成為
祂宣揚愛心的代表。

註1：與和合本譯本相同。

憑愛心行事

弗5：1、2

> [1] 所以，你們該效法上帝，好像蒙慈愛的兒女一樣。 [2] 也要憑愛心行事，正如基督愛我們，為我們捨了自己，當作馨香的供物和祭物，獻與上帝。

「效法上帝」！多麼令人引以為傲呀！我們是誰，竟然企圖效學宇宙的上帝？進一步說，祂既是宇宙的主，而我們是罪人，**我們怎麼有可能仿效祂？**

我們最好面對現實，我們沒有能力效法上帝大部分的本質。那是作為人類不可能作的事。拿上帝的榮耀做例子，一個人永遠無法得到祂的榮耀。祂的永恆也是一樣，祂從過去就一直存在於永恆中，我們沒有一個人能夠擁有那位「自有永有」的永恆特質。我們肯定更不能傚效祂的無所不能、無所不在、無所不知。這些特性都是上帝所獨有。事實上祂是完全不同的一位，以至於我們並沒有辦法模仿絕大部分為祂所本有的屬性。也許這是為什麼弗5：1「是聖經中唯一的一處把『效法』這個詞，大膽地應用在基督徒與上帝的關係上」（Maclaren, p. 270）。

然而，如麥克拉倫（Alexander Maclaren）指出，效法上帝這一概念「突顯了新約在基督徒的品格與行為上的全部教導。成為一個像

上帝的人，使自己酷似祂，就是全部基督徒職責的總和。當我們盡這個本分，我們就漸近完全」（Maclaren, p. 270、271）。

我們可以在道德的領域上像上帝般。更明確地說，根據弗5：2我們可以在愛心的範疇上反照上帝。談到愛心，我說「可以」這個用詞的語氣，也許對以弗所書而言是太輕了。該書的信息和整個新約書卷信息顯示，我們**必須**像上帝一樣愛別人。活出祂的愛正是成為一位基督徒其意義的核心所在。因此，截至目前為止，在以弗所書中保羅經常使用「愛」一字來說明其與基督徒的生活之關係。

> 以弗所書第1至4章所說的「愛心」
> • 保羅在弗1：15稱讚以弗所人「親愛眾聖徒。」
> • 他在3：17禱告，求上帝使他們的「愛心有根有基。」
> • 在4：2他求他們「用愛心互相寬容。」
> • 在4：15他懇求他們「用愛心說誠實話。」
> • 在4：16他告訴他們，教會在愛中時才會茁壯成長。

除了用「愛」這字之外，弗5：1、2的上下文還集中討論愛這項美德。例如弗4：31、32便告訴我們，像恩慈、憐憫的心、饒恕等這些愛之美德，必須取代凡已經接受基督的人心裏的苦毒、惱恨、忿怒、嚷鬧、毀謗。活出愛的律法，在弗5：3及之後的經文是保羅吩咐的中心思想，這律法，顯明在丈夫要愛護妻子，正如基督愛教會並為教會捨己的吩咐中（第28-33節）。

故此，弗5：1、2是一段樞紐經文，把第4章下半部分論到活出屬靈生命的命令，與延續至第5和第6章有關基督徒生活樣式的吩咐連結起來。以弗所書倫理部分的主旨，是保羅在第5章頭兩

節的吩咐：藉著以愛心行事「效法上帝」。這一主旨不應該令讀者感到驚奇，因為使徒約翰告訴我們，上帝品格的本質就是愛：「上帝就是愛」。在同一節經文他又寫道：「沒有愛心的，就不認識上帝」（約壹4：8）。耶穌同樣教導人們，以agapē（愛心）為倫理之核心，祂解釋，整個律法的總綱是盡心盡意愛上帝，又愛人如己的這一條命令（太22：37－40），同一關係清晰可見於保羅的加5：14及羅13：8－10。

然而我們要問：他在弗5：2吩咐我們要「憑愛心行事」，到底是什麼意思？畢竟「愛心」一詞含意甚廣，其字義又難以捉摸。

這吩咐的上下文再一次提供答案。我們要愛，「正如基督愛我們，為我們捨了自己，當作馨香的供物和祭物，獻與上帝」（第2節）。

這節經文有兩個彼此相扣的思想。首先，這是論及贖罪之教義的一句聲明；第二，經文告訴我們這教義如何影響基督徒每天的生活。保羅認為教義與行為難分難解。基督徒的行為來自對教義的體認。新約的核心教義聲明之一，就是基督的贖罪。

保羅提出三個非凡的概念來討論贖罪。第一，「基督愛我們，為我們捨了自己」。使徒在此聲稱，愛驅使基督為我們作成一切。此概念讓人記起新約的一句名言：「上帝愛世人，甚至將祂的獨生子賜給他們，叫一切信祂的，不致滅亡，反得永生」（約3：16）。

請留意，基督不是被動地進行祂的救贖之工。聖經沒有提及祂是被迫來到世上，死在十字架上。沒有！祂**捨了**自己，「我將命捨去，好再取回來；沒有人奪我的命去，是我自己捨的」（約10：17、18）。

因此，在贖罪的工作上，基督不是被動的。相反，祂是主動的。事實上，祂就是啟動者。透過為我們捨了祂自己，好彰顯祂的愛。當我們開始領會聖經關於罪的教義，我們才能明白這浩大的恩賜、這深刻的大愛。要是基督是為那些好人，以及作好事的人捨己為祭，人類的邏輯就不會完全測不透基督的作為了，而這也不是保羅所教導的愛的主題。比如在羅馬書第5章，他就告訴我們，基督在我們還作罪人的時候就為我們釘十字架（第8節）。罪人就是反叛上帝的仇敵（第10節）。

基督恩賜的奇妙在於，那是賜給反對或者對抗祂的人的。只有以此真理為根據，我們才能領悟祂這浩瀚的恩賜，以及感動賜下這恩典的大愛。

祂為我們捨了什麼？我想到兩件：首先，祂離開天上的居所，道成肉身成為我們的樣式，像保羅在別處所說的，基督「反倒虛己，取了奴僕的形像，成為人的樣式；既有人的樣子，就自己卑微，存心順服，以至於死，且死在十字架上」（腓2：7、8）。

這一點帶出弗5：2的第二個非凡的概念。基督不光是以一般的方法愛我們；祂以一種十分特別的方法愛我們的緣故，祂「為我們捨了自己，當作馨香的供物和祭物」。我們要解釋這節經文的第一個字是「為」。赫尼拿寫道：「這個附帶屬格的前置詞顯示，有關行動是『為了我們的緣故，代替我們』而作的」（Hoehner, p. 648），故此「為」的含意指出，祂代替我們成為祭物，換句話說，基督作了我們的代替品，如懷愛倫精細地形容：「基督忍受我們所該受的，使我們得以享受祂所配享受的。祂為我們的罪——祂原是無分的——被定為罪，使我們因祂的義——我們原是無分的——得稱為義。他忍受我們的死，使我們得以接受祂的生。」（懷愛倫，《歷代願望》，第26頁）。

除非我們透過舊約的記載判讀弗5：2，否則我們就不能完全明白經文的意義。當保羅說：基督「為我們捨了自己，當作馨香的供物和祭物」，他是直接使用了利未記論到猶太人獻祭制度的語言。一般而言，獻祭涉及把一頭動物獻在猶太會幕或者聖殿的祭壇上，被宰的祭性代替犯罪的人接受懲罰，就是說該頭動物象徵性地代替了犯罪的人，但只是象徵性而已。實際上所有獻祭一概預表了耶穌，祂為了人的罪，「只一次」死在髑髏地上（來7：27；9：26、27；10：10、12、14）。當施洗約翰認出利未制度所象徵的就是耶穌，他就稱耶穌為「上帝的羔羊，除去世人罪孽的」（約1：29）。保羅則在加3：10－13，清楚呈現了弗5：2那個「為」字的替代性意義，他斷言，凡犯罪的人都是因為干犯律法而被定罪，但「基督既為我們成了咒詛，就贖出我們脫離律法的咒詛。」（加3：13）在林後5：21，他提到的替代性觀念有點不同，他寫道：「上帝使那無罪的，替我們成為罪，好叫我們在祂裏面成為上帝的義。」

基督替代性的犧牲在新舊約中同樣重要，那是一條沒有協商餘地的基督教教義，反而是新約中救恩計畫的基礎。說基督的獻祭是馨香的祭物，意指那是上帝所悅納的祭（創8：21）。

這一點領我們來到弗5：2的第三個，也是最後的一個中心思想：我們凡接受基督的人「也要憑愛心行事，正如基督愛我們」。「正如」，或譯作「正像」，是一個關鍵的詞，勞埃德瓊斯寫道：「命令顯而易見。我們的愛，其來源必須是主自己，並且必須與主自己的愛相應。」（Lloyd-Jones, Darkness and Light, p. 311）又如另一位作家表示：「因為祂為我們捨命，所以我們要愛別人，甚至到犧牲自己的地步」（Wood, p. 66）。彼得遜（Eugene Peterson）精細地解釋弗5：1、2的倫理本義：「觀看上帝的作為，然後，你像孩子

一般模倣父母的行為一樣，照著上帝的作為行。上帝在你身上大部分的作為就是愛你。與上帝相交，學習愛的生命」（信息版本譯本）。上帝犧牲的愛是基督教倫理的基礎，我們這作基督徒的，就是在這基礎上透過聖靈轉變人心和使人得力的恩賜，活出我們的生命。

18
在光明中行（上）

弗5：3 — 14

³ 至於淫亂並一切污穢，或是貪婪，在你們中間連題都不可，方合聖徒的體統。⁴ 淫詞、妄語，和戲笑的話都不相宜；總要說感謝的話。⁵ 因為你們確實地知道，無論是淫亂的，是污穢的，是有貪心的，在基督和上帝的國裏都是無分的。有貪心的，就與拜偶像的一樣。⁶ 不要被人虛浮的話欺哄；因這些事，上帝的忿怒必臨到那悖逆之子。⁷ 所以，你們不要與他們同夥。⁸ 從前你們是暗昧的，但如今在主裏面是光明的，行為人就當像光明的子女。⁹ 光明所結的果子就是一切良善、公義、誠實。¹⁰ 總要察驗何為主所喜悅的事。¹¹ 那暗昧無益的事，不要與人同行，倒要責備行這事的人；¹² 因為他們暗中所行的，就是題起來也是可恥的。¹³ 凡事受了責備，就被光顯明出來，因為一切能顯明的就是光。¹⁴ 所以主說：你這睡著的人當醒過來，從死裏復活！基督就要光照你了。

行在光中，從來就不容易，淫亂肯定就是一例。巴克萊指出：「在古代，淫亂是被視為很輕微的，以至於那根本不是罪。一個男人有情婦是預料中事。好像哥林多等地區，龐大的祠廟由數百名廟妓充當女祭司，她們的收入被用來維修廟宇……希臘人不認為以賣淫的收益與利潤，來興建神廟有任何不對，沒有什麼

比這種思想更能反映希臘人的觀點」（Barclay, p. 191、192）。亞諾補充：「通姦、男人與女奴同睡、亂倫、召妓、在地方廟宇進行『神聖』的性交、同性戀，一概是那個文化的日常生活」（Arnold, "Ephesians," p. 329）。

保羅面對最困難的挑戰之一，就是要完全扭轉他宣教對象對性行為的態度和倫常。他的悔改信主者來自一個性倫理腐敗的社會。不過性倫理改革是早期教會轉變人心的最大成就之一，巴克萊解釋：「有人說：貞潔是基督教引進這世界的一種新美德」（Barclay, p. 191）。

但這殊非易事。正因如此，保羅必須在他的書信中經常討論此題目，因而，就在弗5：3，他的默想突然從「基督捨己犧牲的愛」，轉至「不貞與性濫交的敗壞之愛」（Foulkes, p. 148）。保羅的以弗所讀者所面對的舊行為拉力是很頑強的，他如此寫道：「至於淫亂並一切污穢，或是貪婪，在你們中間連題都不可」。說到「淫亂」一詞，米頓指出：「希臘文porneia[由此字我們得到英語pornographic（色情的）一字]涵蓋的性惡行相當廣泛。在基督徒的背景下，那可以指任何永恆婚姻關係以外的性沈淪；然而，性慾僅被用作尋歡，以致對伴侶不必負責任、不愛護對方的性放縱行為。『污穢』可以包括各種各樣的性敗行」（Mitton, p. 178）。

許多讀者注意到，在一連串的性罪行中出現似乎格格不入的「貪婪」一詞。保羅的心中可能想著，有人為求滿足一己而覷覦他人的身體。

弗5：3使徒提及，甚至在你們中間連題都不可。為何呢？毋庸置疑地，那是因為思想和言談這些惡行，會讓我們開始走在行這些惡行的路上。

保羅在第4節繼續警告，不可說「妄語」和「戲笑的話」。

很明顯，當時的外邦社會拿上帝賜下為恩賜的性來當成是開玩笑的話題，又高談闊論與此恩賜有關的粗魯言語，貶低這恩賜的價值。

遺憾地，二十一世紀和第一世紀的世界，都同樣需要使徒在第3和第4節的勸勉。基督教在性觀念這一方面，曾經大大地改變了文化思維，然而到了上世紀，一般的文化重新受到一種新異教信仰的影響，公開接受希臘羅馬世界貪婪的性觀念。人們只要看看娛樂產業就是最具體的例子。暴力與不當的性行為幾乎是電影製片人和編劇者的成功之路，沒有此二元素，很多作品就無人問津。

> **反省傳媒的表現**
>
> 「脫口秀電視節目、系列幽默連續劇、電話交談節目都是以戲笑為主，保羅警告我們要加以迴避。這類娛樂節目對我們的『舊人』很是吸引，卻會大大地摧毀我們的心靈」（Arnold, p. 329）。

不少教友被傳媒污穢的影像和言語引誘，實是基督徒的悲哀之一。或許情況並沒有多大改變，這正是導致聖經仍是一本切合時代需要的書。

幸而聖經不僅告訴我們要避免什麼，還告訴我們當朝什麼方向發展。保羅給「妄語」和「戲笑的話」處方的解藥，是「說感謝的話」（弗5：4）。我們作基督徒的不單要讓上帝轉變我們的內心，還有我們的舌頭、眼睛和舉止行為。

柯布里恩寫道：「信徒過於容易受周遭的世界影響，又過於容易屈從於世界的思考方式和行為模式，結果導致只要是時下文化可以接受的東西，教會就可以接受」（O'Brien, p. 364）。保羅在弗

5：5－7即開始為基督徒列出正直品行的一些「誘因」。誘因之一是，凡在性行為上「拜偶像的」（第5節）都必受審判。在此他不是責備那些對其放任的思想和行為有懺悔之心的人，而是責備那些愛慕以不道德的思想與行為作為生活方式的人。布魯斯指出，以弗所人「依然被警告要抵抗這些罪行，可見即使在悔改信基督後，他們在拜偶像的環境下被引誘任意而行的誘惑是何等強烈」（Bruce, Epistles to the Colossians, p. 371）。保羅斷言，凡堅持犯那敗壞之性行為的心思和意念的，都要被審判定罪。

對於審判，聖經不像有些現代基督徒諱莫如深。就此題目耶穌本人談論得最多。比如在馬太福音，祂的五次講道中，四次是以三個審判的景象結束，第五次則是以一個審判的景象告終。

縱使審判有其消極的一面，其最主要的作用是讓人高高興興地進入天國，愈多愈好。審判乃為聖徒伸冤（參閱但7：22；申32：36；詩135：14）。上帝不希望那些不快樂的人在天國裏生活。那些基於反抗祂愛之律法的原則而行事的人，祂不會勉強他們永遠居住在一個無私地為他人付出的地方。凡貪婪地濫用他人來滿足個人私慾的，他們在上帝的面前不會感到自在。上帝的國與這種人無分，上帝的忿怒臨到他們（弗5：5、6）。我們當注意，上帝的忿怒並不是非理性的生氣，而是祂對罪惡的審判。祂的「忿怒不抵觸祂的愛」，祂的忿怒是「來自神愛心的自然結果」（Knight, p. 40）。上帝的愛不允許罪的毀滅性原則長此下去，祂會徹底結束罪惡和痛苦，祂發怒就是要終止那些權勢與原則，它們毀壞了祂兒女的生命和宇宙的平安。

保羅在弗5：8提出了一個新思維：基督徒是光明的而非暗昧的。請注意，他的意思不是指他們從前是活在暗昧中，如今是活在光明中。這無疑是正確的，但使徒的主張不僅針對他們已經轉

變了的生活環境，就連他們的生命和整個人都已經從暗昧轉變為光明了（讀羅12：2）。我們在此學到重要的一課：基督徒的生命不光是舊生命的改進，更是由一套全新的屬靈原則激勵的新生命。上帝的愛推動這生命，使她為別人付出，而不是在性或別的方面對人予取予求。

結果是：基督徒要切慕按照上帝的原則行事（弗5：8、9），他們「要察驗何為主所喜悅的事」（第10節），並且避免行「暗昧無益的事」（第11節）。他們的生命要把那暗昧之事的真相「顯明出來」，意思是光明要把暗昧之事的真正隱意顯露出來（第11、13節）。因此，基督徒的生命是有影響力的生命，因為這生命把上帝的愛心原則展現於人前，讓這愛成為活生生的例子（第14節）。

保羅引用了一段出處不明的話，來結束論證基督徒是光明的論點。第14節的引述句栩栩如生地描述，「悔改信基督不亞於從夢中醒來、從死裏復活、被基督的光引領離開黑暗，難怪我們蒙召的結果，就是要活出一個新生命」（Stott, p. 201）。

在光明中行（下）

弗5：15－21

> ^{15} 你們要謹慎行事，不要像愚昧人，當像智慧人。^{16} 要愛惜光陰，因為現今的世代邪惡。^{17} 不要作糊塗人，要明白主的旨意如何。^{18} 不要醉酒，酒能使人放蕩；乃要被聖靈充滿。^{19} 當用詩章、頌詞、靈歌彼此對說，口唱心和地讚美主。^{20} 凡事要奉我們主耶穌基督的名，常常感謝父上帝。^{21} 又當存敬畏基督的心，彼此順服。

「要謹慎注意」還是「要謹慎行事」？兩種翻譯都可以，故此難以定奪哪一個較好，不過選哪一個都不太重要，重要的是要小心謹記，那些對我們最要緊的事情。要是我們對某些事漠不關心，就會對它們掉以輕心。既然是重要的事，我們就要在言語和行為上謹慎地或者慎重地表達它、表現它。我們有多關注我們的基督徒生命呢？足以使我們為之煩惱嗎？足以使我們全心注意是否行上帝的旨意呢？保羅給以弗所人的吩咐是，「要謹慎行事，不要像愚昧人，當像智慧人」（弗5：15）。

隱藏在該節經文最尾部分的，是sophoi這個短小但意味深長的字，其意指**智慧**。保羅認為重生的基督徒已經是智慧人，他們擁有新的心思和意念，又明白上帝的行事方式——在他們悔改信基督之前，這些都是他們所欠缺的。他並不是大大地質疑基督徒

是智慧人這項事實,因為他似乎唯恐他們並沒有使用他們的智慧,又以為他們行事愚昧。

保羅所特別關心的,似乎是他們要有智慧去行以下的事:

1. **愛惜光陰**(第16節),**又**

2. **明白主的旨意**(第17節)。

關於這兩點中的第一點,懷愛倫寫道:「我們的光陰是屬於上帝的。每一剎那都是祂的,我們都負有極大的責任,要善用它去榮耀上帝。將來在祂所賜的財產中,沒有一樣會比光陰要我們作更嚴格的交代了。」(懷愛倫著,《天路》,第298頁)這可能是真的,因為人們很容易浪費時間,也因為每個人每天都有相同的二十四小時,不是用來榮耀上帝,不然便是行惡事。

布魯斯認為,以弗所人明智地使用時間十分重要,因為「現今的世代邪惡」(第16節),意思是:「在羅馬帝國境內,逼迫與危難處處威脅著教會,第二猶太共和國旋即滅亡的徵兆比比皆是,對基督徒的未來帶來難以預測的前景。基督徒的生命和聖工所擁有的當下機遇,或許不可能維持很久,因此基督徒應當盡量充分善用之」(Bruce, Epistle to the Ephesians, p. 109)。如果事情是這樣的話,那麼保羅的信息對處於二十一世紀之初的人,就是活在這危急的「邪惡」世代中的人,也同樣重要。

他所特別關注的第二點是,他的讀者當明白上帝的旨意(第17節),以致他們不會作糊塗人。根據聖經的定義,智慧人就是那些切望明白上帝旨意的人,斯托得稱:「生命中沒有任何事情比發現和行上帝的旨意更重要」(Stott, p. 203),他接著指出,基督徒要同時明白上帝「一般性」的旨意和「特定性」的旨意。上帝「一般性」的旨意是給每一個世代所有基督徒的,就是他們要更像耶穌,這旨意可以藉著研究聖經顯明出來。上帝「特定性」的

旨意是祂對我們個人人生所定之獨特的目的。雖然聖經有某些原則，可以引導我們尋求上帝對我們個人所定的旨意，但「在經過細心思量與禱告，以及請教成熟和有經驗的信徒之後，就必須作出明智的決定。」（Stott, p. 203）為了充分認識上帝對我們的計畫，我們要同時明白祂一般性的和特定性的旨意，這必須包括透過研究祂的話和與聖靈有個人的互動。

弗5：18是一節接續性經文，保羅以此闡明兩個與明白上帝的旨意有密切關係的吩咐：

- 消極面：「不要醉酒，酒能使人放蕩」。
- 積極面：「要被聖靈充滿」（第18節）。

亞諾指出：「酒和醉酒是敬拜古希臘酒神狄尼修斯（Dionysus，或稱為巴克斯[Bacchus]的古羅馬酒和水果之神）的主要特色。在使人狂歡入迷的酒神祭祀中，喝醉等於被酒神之靈充滿。因此可以想像，一些小亞細亞的新信徒把此種敬拜形式帶進教會，在思想上把酒和被聖靈充滿聯繫起來」，保羅竭力批判這樣的聯繫（Arnold, "Ephesians", p. 331）。

發現上帝「特定性」旨意的進階思考
為了更全面地明白上帝在我們生命中所定的計畫，我們需要：
1. 「盡力作我們眼前所有的工作，
2. 「將我們的前途交託給上帝，
3. 「注意祂神意的指示」（懷愛倫著，《教育論》第258頁）。

當然，醉酒在古代和現代，同樣是普遍的社會問題。湯遜（G. H. P. Thompson）從今天社會的角度看醉酒的問題，他說：「基督徒不要藉**醉酒**——或者如今我們可以補充說——不要靠服食各類藥

品，躲進人造的歡樂世界」（Thompson, p. 81）。

勞埃德瓊斯（他是醫生和牧師）指出，酒精實際上是抑鬱劑而不是興奮劑，「酒精的作用是：抑制大腦神經，使人受制於較原始的需要，從而出現短暫的快感。酒後的人喪失恐懼的感覺、辨別能力和判斷能力。酒精只會抑制他的大腦神經，令更原始和更基本的需要釋放出來，但他卻以為那是因為酒後興奮使然。其實他變得更像一頭野獸，他的自制能力降低了」（Lloyd-Jones, Life in the Spirit, p. 20；比較p. 15）。

對保羅而言，可供選擇的餘地很清楚：要是人們想作智慧人（第15節），不想作愚昧人（第17節），就不要醉酒，還要「被聖靈充滿」（第18節）。

從一個動詞學到的一課

我們從保羅所用的「被⋯⋯充滿」（plērousthe）此一動詞，最少學習到四個重要的教訓：

1. 「被⋯⋯充滿」是一個規則，意指那是給每位基督徒的吩咐。
2. 「被⋯⋯充滿」是被動態，不是由我們充滿自己，乃是當我們敞開心靈和生命，聖靈就主動充滿我們。
3. 「被⋯⋯充滿」是第二人稱複數動詞，是給所有基督徒的命令，保羅在全本以弗所書十分關注這群體。
4. 「被⋯⋯充滿」是現在時式，指我們要時時不斷地被聖靈充滿；那不是一次性的體驗。

基督徒被聖靈充滿的需要，比任何需要都大。要是被酒充滿引致放蕩或者胡鬧，根據弗5：19－21所說，被聖靈充滿就有四

個由主動態現在分詞顯示的積極結果，這些結果乃是因為遵照「被聖靈充滿」的吩咐所導致的。頭兩個是「當用詩章、頌詞、靈歌彼此對說」和「口唱心和地讚美主」。兩句話的含意是指基督徒群體以敬拜的心團契。上帝切望祂的子民在讚美中合而為一。敬拜不光是人與上帝之間的私事。有人認為那是私事，但當路德宣告：作單獨的基督徒跟作單獨的通姦者同樣不可能，他似乎領悟到保羅對作為基督身體、教會的擔當。

基督徒群體被聖靈充滿所導致的第三種態度，是「凡事要奉我們主耶穌基督的名，常常感謝父上帝」（第20節）。「一個抱怨連連的基督徒」是一種自相矛盾的說法，可是卻有不少教會卻瀰漫著抱怨之聲。不過這並非新事。新約反覆說到，猶太人的宗教領袖對耶穌發怨言，他們投訴祂帶到教會來的人（路15：1、2）、祂所吃的食物，祂和誰同桌用餐（太11：19）、祂說的話和祂怎樣說那些話（約6：41）。

情況沒有太大改變。我知道教會中仍然有人經常什麼事都投訴一番。誠然，教會有些事情是需要糾正，但是，說建設性的話和採取積極的行動，而不是無休止的發牢騷才能起推動作用。可惜，每一個世代的法利賽人都傾向集中埋怨，而不注意對正面和美好的事發出讚美之音。這種人的心中肯定有一種靈，但根據新約，那不是聖靈。

第四個因遵從被聖靈充滿的吩咐，而引致的現在分詞，是「當存敬畏基督的心，彼此順服」（弗5：21）。要是更多教友能夠彼此尊重，不孤行專斷，不求個人「利益」，教會就會是一個更快樂的地方。人們太容易忘記福山寶訓所說「溫柔的人」和「虛心的人」的教訓，以及基督的生平。被自我充滿和被聖靈充滿之間有著天壤之別，還要謹記兩者不能同時占據同一空間。此兩種

不同的充滿，甚至可能與本段經文開始的第15節，論到愚昧人和智慧人有關。我們確要「謹慎行事⋯⋯因為現今的世代邪惡」（弗5：15、16），走入歧途是因為充滿誘惑的關係才步入的。

20 夫妻同行

弗5：22 — 33

> 22 你們作妻子的，當順服自己的丈夫，如同順服主。23 因為丈夫是妻子的頭，如同基督是教會的頭；祂又是教會全體的救主。24 教會怎樣順服基督，妻子也要怎樣凡事順服丈夫。25 你們作丈夫的，要愛你們的妻子，正如基督愛教會，為教會捨己。26 要用水藉著道把教會洗淨，成為聖潔，27 可以獻給自己，作個榮耀的教會，毫無玷污、皺紋等類的病，乃是聖潔沒有瑕疵的。28 丈夫也當照樣愛妻子，如同愛自己的身子；愛妻子便是愛自己了。29 從來沒有人恨惡自己的身子，總是保養顧惜，正像基督待教會一樣，30 因我們是他身上的肢體（有古卷在此有，就是他的骨他的肉）。31 為這個緣故，人要離開父母，與妻子連合，二人成為一體。32 這是極大的奧祕，但我是指著基督和教會說的。33 然而，你們各人都當愛妻子，如同愛自己一樣。妻子也當敬重她的丈夫。

「你們作妻子的，當**順服**自己的丈夫……。」（第22節），在二十一世紀，就政治性而言，這不是一種合乎政治的說法。可是依照政治面而言，聖經不總是適切於政治的，它有自己的議事之事項。

關於弗5：22，首先我們當注意，希臘原文沒有「順服」這

動詞。其實，句子裏並沒有動詞。諸多聖經譯者均同意，有關動詞必定是按照第21節的經文中所用的分詞補充在句子當中。第21節的「順服」此吩咐為弗5：22－6：9的內容立下基礎，從該段經文中我們找到三類這樣的順服：妻子順服丈夫、孩子順服父母、僕人順服主人。

布切爾與尼達（Robert Bratcher & Eugene Nida）指出，順服這動詞「是用在軍事的術語，描述軍隊階級中下屬與上級的關係。它在西3：18；多2：5；彼前3：1被使用在夫妻關係上；在多2：9；彼前1：12被使用在主僕的關係上；在羅13：1則被使用在人民與國家當局的關係上。它的意思是『受制於、服從、受統治』，它具有從屬關係之含意，表現了流行於當時的一種無可辯駁的規範之標準」（Bratcher, p. 139）。

要是我們不能不使用這詞，我們就要問：按照以弗所書的上下文，它到底是什麼意思？我們不久就會知道一件事，保羅使用這詞來論及愛的關係，而不是當成支配或者是一項粗暴的權力架構，這像有時發生在軍隊中的情況。如柯布里恩提出：「保羅在此和別處並非勸誡丈夫要支配妻子。他們不是被教導：『行使你的領導權』！相反，他們反覆被勸告要愛他們的妻子（第25、28、33節）。這牽涉每位丈夫為了妻子全部的幸福，表現出永不止息的關愛服事」（O' Brien, p. 419）。

認為弗5：22、33是吩咐丈夫行使對妻子的權威，這是錯誤的觀點，與此觀點相反的是，經文實際上是一個反對失當地使用權力的警告，「禁止他們濫用其身分和地位，反而敦促他們謹記自身的職責和伴侶的權益。因此，丈夫要愛護和關懷妻子」（Stott, p. 219）。聖經沒有一處教導男人轄制或者支配妻子。

基督教不會對保羅所談論的順服感到陌生，因為新約教導的

核心，就是基督自己服在父之下（林前15：28）。因此，順服「可以
表示職能上的從屬關係而沒有次等、或者較少的榮耀和榮譽的含
意」（O' Brien, p. 412）。我們在以弗所書第5章讀到關於丈夫與妻子，
當中的含意不是誰較優或較劣，而是角色，如尤達形容：「**價值
相等，不是角色相同**」（Yoder, p. 177），這個說法套用在家庭和三一
真神是同樣正確。夫妻在價值上沒有任何從屬關係，儘管他們確
實有不同的角色，當中某些是因為生理構造使然。

保羅提出妻子要順服丈夫的主要理由，反映了基督與教會之
間的救贖關係，也就是教會要順服祂，「基督愛教會，為教會捨
己」，好讓祂賜福教會（弗5：25、26）。若我們真的希望明白保羅所
說丈夫是妻子的頭之含意，我們就要仰望耶穌，祂專注於關懷而
不是操控。

> 一節被濫用的經文
> 弗5：22「肯定是最被濫用和受爭議的新約經文之一，其焦點
> 不是丈夫的特權和管轄的地位，保羅也從來沒有意圖提出，
> 妻子就是僕人，她被強制遵循丈夫的任何期望。經文不是吩咐
> 女人要遵從她們的丈夫，也沒有准許丈夫企圖強迫妻子服從」
> （Snodgrass, p. 294）。

這思維為新約關於婚姻的其中一段最意義深遠的經文打穩基
礎。巴克萊在解釋弗5：22－33時寫道：「在二十世紀閱讀這段
經文的人，沒有一個能夠完全明白它的偉大之處。多年來基督教
的婚姻觀早以備受接納」，縱然人們總是達不到婚姻本身的理想
（Barclay, p. 199）。

巴克萊解釋，婚姻在基督教之前的世界所以不受重視，其問

題的根源在於對女人的不尊重。例如，猶太男人每天為他們不是外邦人、奴僕、女人而感謝上帝。按照猶太律法，女人享有的權利極少。她的丈夫可以因為一些瑣事就與她離婚，好像燒壞了他的晚飯，或者對他出言無禮；可是她卻沒有權與他離婚，除非是基於少數十分極端的例外情況。傲慢的丈夫只需在兩個人的見證下給妻子一紙休書，就完成了離婚的手續。

在希臘人的世界，婚姻更加靠不住。狎妓是人之常情。當狄摩西尼（Demosthenes）寫下這番話[註1]，他就為可被接納的生活方式作出建議，說：「為了得到樂趣，我們擁有情婦；為了同居生活，我們蓄妾；為了孩子得到法律地位，為了我們一切的家事有人主理，我們娶妻」（引文出自Barclay, p. 201）。一個受人尊敬的希臘婦女永遠不會在外拋頭露面，她的居所與丈夫的院子分開。一個希臘妻子毫無權利，由於希臘社會對離婚沒有指定的法律程序，丈夫可以即興就解除婚約而無需交待原因。

婚姻狀況在羅馬比在希臘和巴勒斯坦更可悲。西尼加（Seneca）寫道[註2]，有些冠以夫姓的女人，竟然與人約會多年。沒有人信守忠貞，淫亂是這種社會氣氛的最佳形容詞。保羅就是在這種情境下動筆（關於婚姻在使徒當時的情況，見Barclay, p. 199～203的討論）。

一些人引用弗5：22、33所導致的悲哀之一，是他們專注於婚姻從屬之關係，卻忽略了保羅在這幾節經文中所描繪的一幅美麗但溫馨的圖畫。透過基督愛教會這一副三稜鏡，我們最少發現五個教導，與婚姻及丈夫在婚姻關係中的角色有關。

一，他的愛必須是犧牲的愛，「正如基督愛教會，為教會捨己。……丈夫也當照樣愛妻子……。」（第25、28節）。丈夫在婚姻中的角色，不是被人服事，乃是服事人。在有需要時，他甚至要為了妻子放棄他最珍愛的事物。丈夫式的犧牲是他作妻子的頭最高的

代價和要求。很遺憾，有些男人沒有謹慎地深入瞭解這段經文，反而濫用這段經文，以致違背了聖靈透過保羅傳給我們的原則。

二，丈夫的愛必須是純潔的愛。正如基督的目標是要使教會聖潔，「要用水藉著道把教會洗淨，成為聖潔，可以獻給自己，作個榮耀的教會，毫無玷污、皺紋等類的病，……丈夫也當照樣愛妻子」（第26－28節）。丈夫的角色就是要每天讓妻子成長。他作任何使她退步或使她感到沮喪或萎頓的事，都與上帝給他的吩咐不協調。

三，丈夫的愛必須是關懷之愛。他必須愛妻子如同他愛自己和自己的身體（第28節）。有這種特色的丈夫之愛，不光是婚姻必不可少的元素，還是上帝律法的基礎（參閱太22：36－40）。多少男人給自己過度的關懷，甚至使用妻子來盡量滿足自己，以致於他們倒過來錯用，甚至濫用妻子的身體或其他方面。上帝的話很清楚，丈夫當關愛他的配偶。

四，丈夫的愛要持續到永遠。一個已婚的男人是已經離開父母，與妻子連合，「二人成為一體」（弗5：31）。他的妻子不是一具用完即棄的副產品，也不是可以替換的零件。婚姻經驗的本質，使他們在永久的關係上合一。

最後，如巴克萊所指出的，丈夫在主裏與他的妻子結婚，他們都是基督的肢體，他們的婚姻「是活在主面前的；是活在主的氣氛裏的；主管理它的每一個動作；主為它作每一個決定。在基督化的家庭中，耶穌永遠是被記念的客人，縱使眼睛見不到祂。在基督化的婚姻中，不是有兩個伴侶，而是三位──第三位就是基督」（Barclay, p. 207）。

註1：狄摩西尼(Demosthenes)，公元前五世紀古希臘雄辯家。
註2：西尼加（Seneca），公元前一世紀至公元後一世紀古羅馬雄辯家。

親子同行

弗6：1 — 4

> ¹ 你們作兒女的，要在主裏聽從父母，這是理所當然的。²⁻³「要孝敬父母，使你得福，在世長壽。」這是第一條帶應許的誡命。⁴ 你們作父親的，不要惹兒女的氣，只要照著主的教訓和警戒養育他們。

　　每位家庭成員的責任，在保羅所撰寫的西3：18 — 4：1和弗5：22 — 6：9中記載甚詳，雖然提前2：1 — 15；5：1、2；6：1、2、17 — 19；多2：1 — 3：8及彼前2：13 — 3：7也包含了在語氣上和形式上與之相似的教導。不是只有聖經才有這樣的家庭責任一覽表，事實上，家規是當時道德文獻一般的內容之一。新約中的家規與大多數文化的家規之分別在於，聖經是從基督教的觀點制定家規。

　　保羅從夫妻的責任，轉到弗6：1的父母與子女對彼此的責任。要是他的勉言反映了對婚姻的高度關注，以及關注賦予女性在第一世紀的世界所缺乏的權益，那麼他對兒童和兒童時期的關注更大。我們大多數人都沒有意識到，基督教影響了我們對女性和孩童的觀念是如此深遠，因為我們所生活的世界已經被聖經的價值觀大大改變了。唯有研究保羅傳福音的時代，我們才能明白

箇中的精髓。

在保羅的時代，羅馬傳統的家庭生活觀念和教育深深影響著希臘羅馬社會。羅馬文化下的父親，對其家庭成員幾乎擁有無上的法定權力，故而，哈利卡納蘇斯的狄奧尼修斯（Dionysius of Halicarnassus）會如此寫道[1]：「羅馬的立法者讓父親擁有支配兒子的一切實權，無論他要禁錮、鞭打、上手銬、腳鐐、要他在田間不停工作、或者處死都可以，縱使那個兒子已經參與公共事務、已經成為數一數二最高級的地方官員、他對聯邦事務的熱心備受表揚，其父親對他的支配實權不會因而改變」（Dionysius, Rom. Ant. 2.26.4, 引文出自Lincoln, p. 398、399）。

除了對自己的親生兒子有全部支配權之外，數代同堂家庭中**的最年長父親**，還有權把不要的新生嬰兒丟在外面受風吹雨打、下命令淹死畸形兒、或者把不要的女兒賣為奴婢，把所得的金錢用作下一代的嫁妝。只有他的死亡才能終止他對其子女的控制權。

猶太人對兒女的態度比羅馬人進步多了，可是他們的開明程度仍然未臻理想，這一點清楚見於門徒設法禁止孩童接近耶穌，彷彿他們的身分不夠重要，值得讓耶穌花時間與他們相處（參閱太19：13－15）。我們在《傳道經》30：1－13[2]，又遇到這樣的一個意見：一個愛護兒子的父親，在兒子還是孩童時就要常常鞭打他（第1、12節），經文又勸告父親不要和兒子玩耍、不要與他分享好笑的事情、或者縱容他（第7－10節）。

從基督的生平和新約諸多著作中所引申出來的原則，終於使我們對兒童的評價，以及養育他們的方法有所改觀。保羅站在這改變的前線，他特別另闢一個段落討論孩童，足見青年人在早期上帝的基督化家庭中佔一席位。那位說「凡為我的名接待一個像

這小孩子的，就是接待我」（太18：5），還說「讓小孩子到我這裏來，不要禁止他們；因為在上帝國的，正是這樣的人」（可10：14）的主，祂的原則影響著以弗所的青年基督徒群體。

保羅對父母和兒女的勉言分成兩部分。第一部分，也是最全面的部分，是寫給作兒女的，「要⋯⋯聽從父母」（弗6：1）是他的吩咐。請注意，他沒有對妻子這樣說，他從來沒有命令妻子要聽從丈夫；妻子應當順服和敬重丈夫（5：22、33）。在他給兒女的勉言中，我們找到在他給妻子的訓誡中所沒有的權柄。給她們的忠告是，她們要對愛護和關懷她們的人捨己。但我們在給兒女的勉言中，卻發現一個要被聽從的命令。

可是，即使這種聽從也不是沒有限制的，像西3：20表面看似如此的意思（「要凡事聽從父母」）。這聽從是要「在主裏」行（弗6：1），這是一個重要的條件，因為並非所有父母都是基督徒，也並非所有作信徒的父母，對兒女的要求都是正確。「在主裏」聽從顯示，即使在家庭中，「順從上帝，不順從人，是應當的」（徒5：29）。這樣看來，要是父母命令子女偷竊，或者在別的方面違反主的命令，子女的責任就得按原則堅定地拒絕。

看來使徒認為，像這樣的處境在基督化的家庭實屬少數。他提出三個理由解釋為何兒女要聽從父母：一，「這是理所當然的」（弗6：1），保羅的這一理由肯定是對的。一個兒女不聽從父母的社會，其一切秩序都會瓦解，因為家庭就是社會的基礎。使徒在別處把違背父母列作頹廢文化的徵兆（參閱羅1：28－30；提後3：1－5）。西3：20補充了弗6：1的含意，說：「你們作兒女的，要凡事聽從父母，因為這是主所喜悅的」。

即使沒有上帝的話，一般人也會同意聽從父母是正確而令人喜悅的事，因為每一個社會都關注子女要聽從父母。可是保羅在

弗6：2、3，卻給他的讀者提出一個明顯的理由，他在那裏引用《七十士譯本》（希臘文譯本）的出20：12或申5：16，所記載十誡中的第五誡，在經文中插入「這是第一條帶應許的誡命」一句話。正如我們所料，第五條誡命經常被猶太作家提及。事實上，新約就有五處引述這條誡命（太15：4；19：19；可7：10；10：19；路18：20）。斯諾格里斯中肯地評論，保羅「使用這一誡命和其他舊約經文，作為全本以弗所書倫理教導的動因，由此可見律法並沒有被取消。也許我們難以明白保羅在律法上的教導，但**他**不認為他正在廢掉律法」，儘管有人誤解他在弗2：15的教導（Snodgrass, pp. 321, 322）。保羅毫不懷疑，十誡恰好是推動基督徒活出基督化樣式的基礎。他在弗6：2－3斷言，遵守十誡的結果就是得福氣。

我們在「在主裏」這幾個字中，找到他要兒女聽從父母的第三個動因。正如我們之前已經解釋過，雖然這幾個字具有有限度地聽從的含意，不過斯托得的論點卻相當正確，他認為這種限制「並未道盡這幾個字的意義」，這幾個字還「把兒女的聽從置於特定的基督徒職責的領域中，聽從父母的責任所以落在兒女的身上，是因為他們個人與主耶穌的關係」（Stott, p. 244）。當基督徒悔改信基督，他們的一切關係都被轉化。這樣，一個青年基督徒所以聽從父母，不光是因為那是正確的事、是舊約所定的命令，而同時是因為與作為主和救主的耶穌基督的愛的關係。

使徒不僅在以弗所書第6章勸勉作兒女的，他還勸勉作父親的，他的話原則上可以、也應當是向雙親說的，他寫道：「你們作父親的，不要惹兒女的氣，只要照著主的教訓和警戒養育他們。」（第4節）保羅以一柄兩刃劍剖析此一主題。首先是消極的一刃：不要惹他們的氣，西3：21補充：「恐怕他們失了志氣」，這話有助解明經文的意思。

林肯在評論弗6：4和西3：21時寫道：「父親要為確保不惹兒女的氣負責，這涉及避免使子女惱怒或憤恨，所表現出的態度、話語、和行動，從而不使用過度嚴厲的懲罰、不合理的苛求、濫用權力、霸道、不公平、不斷地挑剔和責難、使孩子遭受侮辱等，以及各種形式冷待孩子的需要和情感」（Lincoln, p. 406）。

　　懷愛倫以下的話反映了相同的觀點：「一種毫無同情之批評的氣氛乃是極其有害的。須知百花在暴風摧殘之下是無法開花的」；她又就另一方面寫道：「懷疑是敗壞人的，適足以造成所欲防止的罪惡」，因此「賢明的教育家」，在應付兒女的事上，「必設法鼓勵信任之心」，並激發他們的「榮譽感。信任兒童及青年，乃是對於他們有益的……只有等到那犯過的人受到指示，看出自己的過失，並自願改過的時候，譴責的真目的才算是達到了。完成了這一步之後，就當向他指出那赦罪和能力的根源。務求保存他的自尊心……。」（《教育論》，第280頁）

　　在養育兒童時，積極的方法永遠比消極的方法更勝一籌。保羅在弗6：4對父母的吩咐也是一樣。除了不要惹兒女的氣，免致他們灰心之外，他還向父母指明他們的積極角色，就是發展兒女的自我約束或自我控制能力（長遠而言，這是唯一真正有效的訓練），並且把主的「警戒」教導兒女，好叫他們逐漸長大成人，好作基督之身體中一個健康的肢體。

註1：哈利卡納蘇斯的狄奧尼修斯（Dionysius of Halicarnassus），生於公元前六十年，是古希臘哲學家、歷史學家。

註2：Ecclesiasticus，傳道經，舊約偽經之一。

雇主與雇員同行

弗6：5 — 9

> [5] 你們作僕人的，要懼怕戰兢，用誠實的心聽從你們肉身的主人，好像聽從基督一般。[6] 不要只在眼前事奉，像是討人喜歡的，要像基督的僕人，從心裏遵行上帝的旨意。[7] 甘心事奉，好像服事主，不像服事人。[8] 因為曉得各人所行的善事，不論是為奴的，是自主的，都必按所行的得主的賞賜。[9] 你們作主人的，待僕人也是一理，不要威嚇他們。因為知道，他們和你們同有一位主在天上，祂並不偏待人。

我知道弗6：5 — 9談的是奴僕和主人，而不是雇員與雇主，不過當今文化對真正奴僕的認知相當有限。保羅所立定的原則，同樣適用於現代世界的雇傭關係。在進入我們的時代之前，我們要研究一下羅馬帝國的奴隸制度，和保羅勉言起初原有的含意。

保羅寫信給在以弗所和其周圍的教會，他的對象毫無疑問是一大群身分是奴僕的基督徒。在這些羅馬城市中，奴僕的人口佔大約三分之一。由於基督教充滿盼望的信息，對於被壓迫者和無依無靠的人，往往有一種獨特吸引力，我們可以假定在教會中，奴僕人數所占的比例甚至比一般的社會還高。

不同的希臘羅馬作家稱奴僕為「活著的工具」和「偶爾會說

話的野獸」（參閱Barclay, p. 213）。主人對他們的奴僕操生殺大權——要是主人選擇使用這權柄的話。但我們不要忘記，作父親的對他的兒女也擁有同一種權柄。人們可以自由買賣奴僕，奴僕所擁有的權利肯定比自由之人少得多了。

另一方面，我們要清楚羅馬的奴僕制度是有別於近代的非洲黑奴制度。首先，每一個族群都有奴僕。更重要的是，「根據第一世紀的羅馬法律，為奴者一般可以指望在三十歲前就重獲自由」，而且，「奴僕絕不是經常處於『下級』的地位，因為在希臘羅馬的家庭中，奴僕不僅作廚子、清潔工人、私人家僕，他們還是不同年齡的家庭成員的教師，也是醫生、護士、親密伙伴、管家。在商業上，奴僕不光是門房和信差，他們負責管理房舍、商店、船舶，又是售貨員和訂定契約的代理人。在民政事務方面，奴僕不但負責鋪砌街道和清洗下水道，還管理財務和人事，又是具有決策權的行政人員」（S. S. Bartchy in Bromiley, vol. 4, p. 544, 545）。

總之，帝國的奴僕替帝國效勞，無論地位高或低的工人都包括在其中。事實上奴僕一般都受過良好教育（有時是由主人支付學費），他們的各方面狀況都比自由的窮人好。正因如此，「對很多人而言，自賣為奴，期望之後得到解放的做法，被認為是融入希臘羅馬社會的最直接手段。就其本身而論，希臘羅馬的奴隸制與十七至十九世紀美洲新大陸的奴隸制有著天壤之別，希臘羅馬式的奴隸身分是在一個過程中，而非在永久性的狀況中發生作用，這身分被當成人生的一種階段，外人往往藉這身分『取得社會地位』」（S. S. Bartchy in Bromiley, vol.4, p. 544）。故此在許多方面而言，古代的奴隸制更像契約傭工制，而不像由西方白人創立的非洲黑奴制。

正因羅馬奴僕制不是由於種族方面的問題使然，而是暫時性

的，且相對溫和，因此我們在第一世紀找不到奴僕起義的記載。奴僕制是羅馬人用來完成工作的經濟制度。

可是這依然是一種有欠理想的社會制度，這制度使一個奴僕遭受主人任意的虐待。

正因為認識到這一點，保羅於是為僕人和主人寫下他的勉言。在論及婚姻和養育子女的段落中，他先向作下屬的人說話，柯布里恩解釋：「值得注意的是保羅直接勸勉奴僕，這種做法並沒有先例，因為根據傳統的家事管理討論方式，討論的焦點是集中在作主人的當如何管理他的奴僕」。可是在保羅的勉言中，「奴僕與妻子和兒女一樣，就倫理方面言，他們都是被視為身負重責的（參較西3：22－25）」（O' Brien, pp. 448, 449）。他給奴僕的話同時顯示，他們是以弗所教會群體中，基督身子的肢體。

我們還要注意，本段的五節經文，每一節都含有以基督為中心的含意。不管是給奴僕的，還是給主人的教訓，每一項都涉及基督：

- 用誠實的心聽從，**「好像聽從基督一般」**（弗6：5），
- **「要像基督的僕人」**般聽從（第6節），
- 服事人，**「好像服事主」**（第7節），
- 奴僕要**「得主的賞賜」**（第8節），
- **「作主人的」**（「主人」的希臘文是「主」）**「同有一位主在天上」**（第9節）。

就像人生的其他方面一樣，奴僕與主人的關係、雇主與雇員的關係，全都在基督裏的神人關係的情境中發生。換句話說，我們在地上每天所從事的職業，就是我們宗教的人生和責任的一部分（而不是發生在一些所謂「世俗的」領域中）。

　　保羅意識到這個情境,他為古代的奴僕——引申而言,也為
現代的雇員——提出多項指引。第一(第5節),作雇員的要敬重他
們的雇主。雖然現代的雇員未必會像古代的奴僕般恐懼戰兢,但
在某種意義上而言,對於我們的職業和升遷的前景,雇主的確手
握決定權。不尊重領導階層和行政管理,會使業務垮掉和失去方
向。聖經中的上帝是一位講究秩序的神,甚至在職業場所也不例
外。基督徒雇員要像作在基督身上般地努力作他或她的工作。

　　第二(第6節),基督徒雇員當忠於自己的工作,即使在沒有人
監視的情況下,也得如此,正如斯多赫特(George Stoeckhardt)表示:
「基督徒僕人⋯⋯當把自己看作基督的僕人,因而在為他們的
主人效勞時,當設法作成上帝的旨意;那些主人因為肉身的緣
故而看不到的行為與失職,上帝的眼睛照樣看得到」(Stoeckhardt, p.
252)。故此,基督徒不要光為討老闆的歡心而服務,「像是討人
喜歡的」,要在工作場所中作基督的僕人。

　　第三(第7節),作為基督——他們真正的主——的僕人,基督
徒要設法在工作上行上帝的旨意。第四(第8節),縱然在世上忠
心地工作可能會受到忽略,但到了將來卻可以得回報,故此保羅
提醒他的讀者:「沒有東西是天上的主未曾察覺到的,沒有做得

好的事情是永遠徒勞無功的。也許在地上沒有得到感謝，也許一個人只有遭人的批評和誤解，但是在上帝為生命結帳時，出於忠心的服務會得到歷久不衰的報償（參較路6：35；彼前1：17；啟22：12）」（Foulkes, p. 175）。

由於想到審判，保羅就帶出「不論是為奴的，是自主的」（弗6：8）這句話。在此奴僕與主人、雇員與雇主都站在平等的地位上，那位看透萬事的主最終要評核每一個人的表現。

保羅在第9節從奴僕轉到主人，他在此過程中玩文字遊戲，他使用的「主人」一詞，其希臘文是「主」，他以同一字指主人就如同在天上的「主」。不管我們在地上擁有的是什麼地位，我們各人最終都是站在同一水平線上，都會被萬主之主（及奴僕之主）評鑑和審判，奴僕與主人祂都不偏待。

保羅就是在這個上下文中，向基督徒雇主提出新的指引。首先，他敦促他們把基督教的為人原則應用在工作場所之中——作主人的，「待僕人也是一理」（第9節）[註1]。這樣看來，按照上下文所示，雇主要想受到敬重，就當尊重他們的雇員；雇主要想被服務，就當向為他們工作的人提供服務；雇主要想人待之以誠，就當自己行事忠誠。此外，他們不應以傲慢和威嚇的態度，對待權力比他們少的人，因為基督徒雇主和基督徒雇員都事奉同一位至高之主，當天上偉大的主在末日照各人所行的報應各人（參較太16：27；啟22：12），這兩種人都必按他們的工作關係「得主的賞賜」（第8節）。

註1：「基督教的為人原則」原文是golden rule（金科玉律），西方文化把太7：12「無論何事，你們願意人怎樣待你們，你們也要怎樣待人」稱為golden rule（金科玉律）。

與幽暗的權勢爭戰

> [10] 我還有末了的話：你們要靠著主，倚賴祂的大能大力作剛強的人。 [11] 要穿戴上帝所賜的全副軍裝，就能抵擋魔鬼的詭計。 [12] 因我們並不是與屬血氣的爭戰（原文是摔跤；下同），乃是與那些執政的、掌權的、管轄這幽暗世界的，以及天空屬靈氣的惡魔爭戰。 [13] 所以，要拿起上帝所賜的全副軍裝，好在磨難的日子抵擋仇敵，並且成就了一切，還能站立得住。 [14] 所以要站穩了，用真理當作帶子束腰，用公義當作護心鏡遮胸， [15] 又用平安的福音，當作預備走路的鞋穿在腳上。 [16] 此外，又拿著信德當作籐牌，可以滅盡那惡者一切的火箭； [17] 並戴上救恩的頭盔，拿著聖靈的寶劍，就是上帝的道。

弗6：10－17引領我們來到本信的高潮。閱讀保羅這封感情洋溢的信，其中所呈現的高尚理想是一回事；將這些高尚的理想應用到日常生活中又是另一回事。畢竟，基督徒是在今世遭遇到嚴重的反對。以弗所書已經多次提及這種反對，第6章的中心思想相當清楚地顯示這種反對，而呼召人要竭力抵抗邪惡勢力也同樣清楚。

三個強有力的命令主導了第10至17節：

1. 「作剛強的人」（第10節），

2. 「要穿戴上帝所賜的全副軍裝」（第11節），和

3. 「抵擋」、「站立得住」、「站穩」（第11、13、14節）。

每個命令背後的基本思維是，基督徒的勝利並不是偶然發生的，而是必須透過有智慧地籌劃而得來的。弗6：10－17很生動地把基督徒的生活，描繪為屬靈的爭戰。

情況是「許多悔改信主者蜂擁加入教會，他們從前信奉亞底米異教（其基地位於以弗所），行法術，求問占星家和參與各種神祕祭禮。這些悔改信主者之前的信仰和生活方式，是根源於對魔鬼『權勢』所懷之低俗又根深蒂固的恐懼感」（Arnold, Ephesians, p. 122）。以弗所書第6章論及這種恐懼，也吩咐信徒如何加以抵抗。

保羅在討論的過程中清楚指出，作為基督徒，我們所面對的邪惡力量既真實又有威力。因為這些邪惡既不是由於心理失常而作的臆測或者迷信的虛構，他們確實存在，並且活躍於人們的生命中。縱然以弗所人已經悔改信基督，此等勢力已不能控制他們的心靈，但正如亞諾寫道，這些「魔鬼的『權勢』集中精力重新控制信徒的生命。透過各式各樣的方法，他們試圖堵塞福音工作的發展，從而使信徒重返舊我的生活樣式」。以弗所書第6章的教訓，就是「除非使用上帝的大能，否則就沒有勝過這『權勢』的保證」（Arnold, Ephesians, p. 121）。

保羅在他的第一個吩咐高呼：「要……作剛強的人」，「**剛強**」一字的希臘文是dunamis，由這字我們得到英文字dynamite（炸藥）。基督徒若要成功，就需要能力，但這能力不是從做好人、做聰明人或者從我們本身所有的什麼而得來的。相反地，第10節是指向上帝的dunamis而非我們的dunamis：「你們要靠著主，倚賴祂的大能大力作剛強的人」。

亞諾指出，居住在以弗所的人都意識到，他們需要屬靈的能力，但他們「已經習慣了以錯誤的方法獲取這能力——乃是透過靈媒、咒語、宗教儀式、信條、向男神和女神呼求以求取這能力」（Arnold, Ephesians, p. 336）。這些方法跟今天人們利用新紀元的通靈人士，求取能力之源所用的方法求取進入超自然世界的能力，或者透過占星術、降神會等尋求人生指引，沒有多大分別。註1

　　使徒卻認為，這些求取能力之源所用的方法，正是問題所在。潛伏在它們背後的，是「魔鬼的詭計」（第11節）。保羅對此正是嚴肅以對。我們所面對的問題，不是由邪惡的人（屬血氣的）所造成的，而是由「執政的、掌權的、管轄這幽暗世界的，以及天空屬靈氣的惡魔」（第12節）造成的。使徒在此不是玩弄文字遊戲，相反，他是再嚴肅不過的了。許多基督徒最大的弱點之一，就是以為魔鬼是虛構出來的，或者是某種中世紀的迷信。然而這正是「魔鬼的詭計」的一部分，就是所謂他的王牌，因為，倘若他不是真實的權勢，我們就不用警醒了，我們就可以靠著人為的能力生活，反正除了不懷好意或心懷詭詐的人之外，沒有什麼是值得恐懼的。但是根據保羅所說，滿有能力的惡魔不僅存在，他還詭計多端。斯諾格里斯指出，其詭計之一就是用「欺騙和狡猾的手段」進入我們的生命，「邪惡在達到其目的之前，很少顯得有那麼邪惡；透過表面看似充滿吸引力、悅人心意、並且完全合理，邪惡便可找到進入生命的入口，邪惡是誘惑人和偽裝的陷阱，正如保羅在林後11：14形容，撒但如同裝作光明的天使」（Snodgrass, p. 339）。

　　我們是在這個文義脈絡之下，讀到重複了三次的「抵擋」、「站立得住」、「站穩」（第11、13、14節）的。上下文清楚顯示，基督徒個人和教會上下，不能靠他們人為的力量作出抵抗。要是他

們嘗試如此行，作為基督身體的教會就會瓦解和被征服。不論教會或個人，唯一能讓他們抵擋「魔鬼的詭計」的，就是倚賴主的大能大力（第10、11節），而他們也只能靠著「穿戴上帝所賜的全副軍裝」（第11、13節）才能得勝。

請注意，這全副軍裝本是上帝的。保羅不是吩咐我們穿上**自己的**軍裝，而是**上帝**所賜的軍裝。故此，儘管赫尼拿認為：「保羅對軍裝生動的描述，很可能是由於他身陷囹圄，是在羅馬兵丁的守衛下撰寫這封信（參較徒28：16、20）」，但他趕緊補充說：「『**上帝……的**』這幾個字是『軍裝』一詞的原本屬格，顯示軍裝是上帝所賜的」，畢竟，「這不是一場真槍實彈的爭戰，而是一場屬靈的爭戰，所以這場爭戰需要來自超自然界的屬靈軍裝」（Hoehner, p. 823）。

最少還有一點說明了這軍裝是「上帝所賜的」。弗6：14—17所列的六項屬靈武器，在舊約被形容為屬於上帝的軍裝和祂彌賽亞的軍裝。這一點明顯見於以賽亞書。柯布里恩指出：「以賽亞書記載，當萬軍之主出去為祂的子民伸冤時，祂便為這場爭戰披上甲冑。讀者被力勸要為迎接那屬靈的爭戰穿上的『上帝所賜的全副軍裝』（第11節），是耶和華自己的軍裝，祂和祂的彌賽亞都曾經穿過，如今祂把這副軍裝賜給祂的子民去作戰」（O'Brien, p. 457）。從下表我們可見當中的相似之處：

上帝的軍裝就是我們的軍裝		
意象	舊約背景	屬靈的武器
1. 束腰的帶子	賽11：5	真理
2. 護心鏡	賽59：17	公義
3. 走路的鞋	賽52：7	平安的福音
4. 盾牌	（賽21：5；詩35：2） 舊約提到二十三次	信德

5. 頭盔	賽59：17	救恩
6. 寶劍	（賽49：2） 舊約提到一百七十八次	聖靈／上帝的道／禱告

（摘錄自Arnold, Ephesians, p.337）

　　保羅就軍裝的討論是以舊約為根據，而不是以羅馬士兵的裝備為根據，還可見於他沒有提及羅馬人所使用的一些兵器，好像標槍，他也沒有提到典型的護腿。

　　雖然以弗所書第6章的軍裝隱喻是重要的，不過其所隱含的屬靈諸般恩賜和美德，才是這段經文的重點。它們全部的特色早已在以弗所書之前的幾章經文有所描述：

- **真理**（弗1：13；4：15、21、24、25；5：9）
- **公義**（弗4：24；5：9）
- **平安**（弗1：2；2：14−18；4：3）
- **福音**（弗1：13；3：6）
- **上帝的道**（弗1：13；5：26）
- **救恩**（弗1：13；2：5、8；5：3）
- **信德**（弗1：1、13、15、19；2：8；3：12、17；4：5、13）

　　因此，與弗6：14−17相關的屬靈諸般恩賜和美德，是代表了以弗所書的神學主題，這些神學主題「在信徒作屬靈爭戰時所要穿上的軍裝中，再次被重述一遍」（O' Brien, p. 459）。

　　這副軍裝有兩項功用：防衛和進攻。真理的腰帶是屬於防衛用的，雖然我們不清楚到底這腰帶是來自舊約「束腰」的典故（在腰間繫上帶子以便束緊長袍），藉以顯示隨時準備行動，還是參考羅馬士兵穿上皮革製成的圍裙來保護下腹，但很明顯，接受上帝的真理，並在每天的生活中按真理而行，對屬靈的健康不可或缺。

　　第二件防衛性武器是公義的護心鏡，它顯示以基督的公義遮

胸能保護基督身體的一個最重要部位。此外，基督徒每天的行事
為人，反映上帝公義的品格，這公義又會進一步守護他們。第三
件武器是救恩的頭盔，它代表上帝恆久保護的確據。在以弗所書
中，救恩既是一件已經發生了的事（2：5、8），又同時是將來的盼
望（4：30）。意思是，信徒已經得救，但上帝在將來還有更完滿的
福氣要賜給他們。在基督徒面對人生的挑戰時，這兩個確據能讓
基督徒深信不疑和站穩陣腳。

信德的盾牌是一件兼具防衛和進攻作用的武器。要是保羅腦
中想到的是羅馬步兵所用的盾牌，那麼這就是高四呎、寬二呎六
吋的盾牌。它以皮革包裹木頭製成，當它被蘸上瀝青著火的箭子
射中起火，士兵一般就將之放在水中浸泡，把火撲滅。斯諾格里
斯解釋：「由士兵的盾牌互相搭接而成的保護，能抵禦來自任何
一方的進攻。這盾牌陣容並非只具防衛作用，因為一字排開的士
兵隊伍，可以用他們互相搭接的盾牌和武器，直搗敵人的軍隊，
將之擊潰」（Snodgrass, p. 343）。在此我們可以學習到一個小小的教
訓：只有當教友與基督的身體聯合，他們在屬靈的爭戰中才能作
有效的防衛和進攻。

教會兩件用作進攻的精良武器：「又用平安的福音，當作
預備走路的鞋穿在腳上」（弗6：15）和「聖靈的寶劍，就是上帝的
道」（第17節），表示帶著上帝的道勇闖敵人陣地。宣講這道使神
人和好，又使人與人和好，因為以恩典為基礎的救恩，能使人與
人之間隔斷的牆消失，人們就都成了基督身體的肢體了（參閱弗2：
5–22）。基督徒在作戰時採取攻勢，這是一則悖論，意指基督徒
這樣子作戰，為的是要給世界帶來平安。

但是，這平安到了如今還沒有臨到全世界。相反，保羅把當
今世界受到戰火蹂躪的情況形容為「磨難的日子」（第13節）。如

前所述，信徒如今是處於「已經實現，還沒有臨到」的境況之中，就是說上帝已經在基督裏拯救了他們（2：5、8），但他們還要等候最終的得贖（參閱1：14；4：30）。在這個日子臨到之前，他們仍然是活在「磨難的日子」中，幽暗的靈界勢力仍會設法使已經悔改信主的基督徒重返舊我的思想行為。所以基督徒要「抵擋」和「站立得住」（第10、11節）。試圖靠自己的力量與邪靈勢力戰鬥註定失敗。

註1：降神會（séances），指以鬼魂附體者為中心人物，設法與鬼魂通話的集會。

禱告是一條雙向道

弗6：18 — 20

> [18] 靠著聖靈，隨時多方禱告祈求；並要在此警醒不倦，為眾聖徒祈求，[19] 也為我祈求，使我得著口才，能以放膽開口講明福音的奧祕，[20]（我為這福音的奧祕作了帶鎖鍊的使者，）並使我照著當盡的本分放膽講論。

巴克萊認為，禱告是「最犀利的武器」（Barclay, p. 218）。保羅以禱告這一主題，結束他就基督徒與惡魔權勢爭戰的討論。這樣的安排清楚不過了，可是問題來了：到底禱告僅是基督徒軍裝的另一件武器——第七件武器，還是，禱告在性質上跟基督徒軍裝的六件武器有所不同呢？

我們可從兩方面找到回答這問題的論據。一方面，透過使用「禱告」這個動詞的分詞形式，作者使禱告與之前的六件裝備在結構上保持連貫性，故此，禱告有一部分，其意思是抵擋魔鬼的意思（弗6：11、13、14）。就好像一個人要用真理的帶子束腰、用公義的護心鏡遮胸等，故此一個基督徒要用禱告。就這一觀點看來，禱告對抵抗和抵擋魔鬼與他的國度是居於中心所在。所以，從一個角度說，禱告不過是另一件武器而已。

但從另一個方面說，保羅似乎給與禱告一個特別的地位，正

如亞諾評述：「禱告在表達的形式上，有兩方面與之前所列的六件武器不同，作者似乎藉此來強調禱告的重要性」（Arnold, Ephesians, p. 112）。第一，他沒有使用軍事上的比喻來說明禱告；第二，他對禱告作出了詳盡的解釋，而就禱告的意義，他所強調的焦點跟其他的六件裝備並不相同。

換句話說，看來在與惡魔的爭戰中，禱告有著戰略上的地位。雖然它與軍裝的其他武器有關，但在保羅的心目中，禱告在某些方面對他們來說是更加基本的。正如斯托得解釋，禱告要「滲透在我們的屬靈爭戰中」（Stott, p. 283）。亞諾說得更扼要，他寫道：「在弗6：18－20中，禱告被視為用來裝備信徒，使他們擁有上帝的大能來抵抗魔鬼『權勢』。這魔鬼的『權勢』會設法攔阻他們按照基督徒的倫常生活……作者於是**希望他的讀者能夠明白，禱告是一件不可或缺的屬靈武器，然而它又不光是一件武器而已，它是運用其他所有武器的基礎。**」（Arnold, Ephesians, p. 112，粗體字型由本書作者提供）。

保羅透過在第18節四次使用英文翻譯為「all」一字，強調禱告在屬靈爭戰中戰略上的重要性，如下圖所示：[註1]

禱告的四個面向
1. 我們要「藉著各樣的禱告和祈求」
2. 我們要「隨時」禱告
3. 我們要「恆久警醒」禱告
4. 我們要「為眾聖徒祈求」（新譯本）

斯托得認為，「大多數基督徒」都達不到這樣的理想目標，因為他們「有時會禱告，藉著一些祈求，和某程度的警醒，為上

帝的某些子民祈求」（Stott, p. 283）。但上帝希望我們以「各樣」、「隨時」、「恆久」、「眾」來取代「有時」、「一些」「某程度」、「某些」。

這就意味著要恆久不斷地禱告。得勝的基督徒活在禱告的氣氛之中，不光是在危急關頭、用餐時、晚上和早上做禱告，禱告必須成為我們每天生活的一部分，這並非指我們要整天下跪，而是指我們可以在駕車時，或者在特殊的情況下遇到一個人又不知如何啟齒時禱告。正是從恆久不斷和始終如一的禱告生命之中，我們便可從主耶穌那裏支取力量和智慧，來度過基督徒的人生。

關於得勝的禱告要闡述的第二點是，它涉及多方。我們要「多方禱告祈求」。我知道有些人只會在有需要時才祈禱，他們許多時候忘記了感恩、或忘記了稱謝上帝的賜福、或忘記了求上帝赦罪、或忘記了上帝的拯救、或忘記了求上帝指引我們每天大大小小的決定、或忘記了為別人代求、或忘記了像與朋友交通般向上帝禱告。一個健康的禱告生命是全面而多彩多姿的。

健康的禱告生命的第三點是，警醒不倦地禱告。人們太容易做欠缺懇切情詞的禱告，短禱對生命是重要的，可是熱切地、專注地禱告也一樣。有時，甚至要不眠不休地禱告，就像耶穌，當面對仇敵與上帝角力時，祂充滿熱忱地祈禱，以致忘記睡覺。

最後，基督徒的禱告不可自私。我們要學習「為眾聖徒祈求」，而不只為那些我們喜歡的人，或者那些喜歡我們的人禱告。耶穌形容，那些完全像上帝的子民，就是那些能夠愛他們的仇敵，又為逼迫他們的人禱告的人（太5：44；參閱5：43－48全段）。要是耶穌可以為猶大和那些釘祂十字架的人禱告，那麼我們也當為我生命中的猶大禱告（不管我喜不喜歡）。

在活出基督徒的人生時，謹記禱告的戰略性角色是重要的。

基督徒的軍裝有防衛和進攻的作用，那是美好的事；可是在保羅的觀念中，失去禱告，軍裝的雙重作用就失去功效，因為「禱告……是運用其他武器的基礎」（Arnold, Ephesians, p. 112）。

正是因為禱告的重要性，驅動使徒要求以弗所人為他代禱。這裏有一個奇妙的事情：禱告是一條雙向道。保羅已經為他的以弗所讀者發出了兩次誠心誠意的禱告：在弗1：15－23他祈求他們更加曉得上帝賜給他們的大能；在第3章，他又祈求他們能真正明白上帝在基督裏供他們使用的諸多資源（第14－21節）。

也許你正在跟自己說：**嗯，我們能夠明白那些禱告，因為保羅與上帝有直接的交通，我們早就預料到他會為他的服事對象代禱。**

然而最奇妙的是，這偉大的使徒居然也需要我們為他代禱。我們可能很難想像得到，一位如此出眾的領袖，會受到任何人的威嚇，甚或處於江郎才盡無言以對之情。但保羅知道他自己內心的恐懼和軟弱，所以他請求以弗所人就兩件事為他代禱：

- **他能以恰當的話語傳福音**（6：19），
- **他能得著膽量傳福音**（第20節）。

即使偉人也有他們的需要。其實，意識到個人的需要，並且能夠用話語表達出來，正是偉人其偉大情操的兩個標記，跟那些沒有足夠的屬靈意識，去明白他們與天上幽暗的權勢爭戰時，是有所限制的人相比，前者的兩種偉大情操與後者的膚淺與傲慢形成了對比。

這就是關於禱告的另一個通用的教訓：我們要為教會的領袖禱告。批評他們太容易了，而也許他們確有值得批評之處。但即使他們有——尤其是他們確有——他們更需要我們的代禱。聽一聽某些教友的心聲，你會以為他們似乎有神所賦予的任務，就是

要把作領袖的吃掉。這些教友的確有一項神聖的任務，可是那任務是為每一位教會的領袖代禱，如巴克萊寫道：「除非教友在任何時候都舉起他[或她]的雙手禱告，否則沒有任何一個基督徒領袖或者基督徒傳道者能夠堅持下去，謹記這一點我們就能做得好」（Barclay, p. 219）。當你禱告時，不要忘記那些「吃人一族」，他們需要你在代禱中記念，雖然他們不像保羅，沒有意識到自己需要別人的代禱。

使徒以他是「帶鎖鍊的使者」一句話（弗6：20），結束他的代禱要求。你在此面對一個悖論，如巴特指出：「當保羅稱呼自己為『帶鎖鍊的使者』，他創造了一個逆喻」（Barth, Ephesians 4－6, p. 782）註2。按照定義，使者是一國派往另一國的代表，是一個享有外交豁免權和高度榮譽的職位，意思是，根據國際的共同協議，不能逮捕使節人員。如果戰爭爆發，某國就會向敵國的大使發出通知，將他們驅逐出境，不會逮捕他們。

但保羅的情況卻並非如此。他確實是上帝國的使者代表，奉派到該撒那裏，他上告該撒，要求他的案件獲得聆訊（徒25：10－12），但他卻被監禁起來。事實上，他相信那鎖鍊終會讓羅馬皇帝聽他申訴，難怪他要求以弗所人為他代禱，使他能在機會來臨時放膽傳道。就是在世的執政者，也要聽到「福音的奧祕」。

耶穌早已預言，祂的信徒有一天要向執政者和君王傳講福音（太10：18）。這樣的講道並沒有結束，並會一直持續到世界的末了。每一次當他們傳講福音，不論是向尊貴的人或是卑微的人，上帝的僕人都需要膽量和清晰的腦筋。他們永遠需要上帝眾聖徒的代禱，因為他們要面對的是天上幽暗的權勢（弗6：12）。

這一點對你和我都有意義。我們全都是上帝差來這個罪惡世界的使者，我們所有人都必須穿上上帝全副的軍裝（第14－17節），

若我們要像得勝的基督徒為生命領航，我們便全都要有上帝子民的代禱。以弗所書的含意是，作領袖的要懇切地為教友代禱、教友要為領袖代禱、所有基督徒要為別的基督徒代禱，因為無論是我們個人或是整個教會，都得一起面對「天空屬靈氣的惡魔」（第12節）。

註1：新譯本聖經以「各樣」、「隨時」、「恆久」、「眾」等字詞來表達「all」一字在第18節的意思。

註2：逆喻（oxymoron），或稱矛盾修飾法，是英國文學的一種詞格，意指在同一句子裏，用了互相矛盾的詞彙表達某種意思，如殘酷的仁慈。

「你當竭力在上帝面前得蒙喜悅，
作無愧的工人，按著正意分解真理的道。」提摩太後書2：15

第四編

說再見

（弗6：21—24）

Exploring
Galatians
& Ephesians

個人報告與最後問安

弗6：21 — 24

²¹今有所親愛、忠心事奉主的兄弟推基古，他要把我的事情，並我的景況如何全告訴你們，叫你們知道。²²我特意打發他到你們那裏去，好叫你們知道我們的光景，又叫他安慰你們的心。²³願平安、仁愛、信心從父上帝和主耶穌基督歸與弟兄們！²⁴並願所有誠心愛我們主耶穌基督的人都蒙恩惠！

我們來到這封命名為「使徒保羅達以弗所人書」──這是一封內容包羅萬有的書信──的尾聲。你記得，這封信分成兩個截然不同的上半部和下半部：頭三章除了一段扼要的引言之外，就是關於教義論述；後三章的焦點則集中在實務上的勉言。在保羅的心中，實務是植基於神學上的，也是從神學的認知中流露出來。

本書信的最後四節分成兩部分。使徒在第21和22節告訴他的讀者，推基古要把他的景況告訴他們。這對以弗所人無疑是重要的，因為信中只有第20節記載了保羅的近況，在那裏使徒形容自己是「帶鎖鍊的」（意即囚徒）。他在第23至24節以最後的禱告／祝福，結束他的信。

推基古是第21至22節的中心人物。在提後4：12保羅寫道，

他在被囚期間差遣推基古到以弗所。路加告訴我們，這位忠心的工作伙伴是亞洲人，可能由他記錄保羅口頭傳授的這封書，路加在談到他時，還一併提及特羅非摩（徒20：4），稍後路加稱特羅非摩是以弗所人（21：29）。因此，可能保羅差遣推基古把他的信和他在羅馬被囚的口信，一同帶返家鄉。

正如我們在引言中已經注意到，推基古身負的特殊使命並不光是送信而已。保羅似乎於同一時間撰寫以弗所書和歌羅西書，因為這兩封信在內容和用字上都有重覆之處。此外，在西4：7使徒委以推基古同一個吩咐性的任務，就是向歌羅西教會報告他的近況，這與使徒要他為以弗所的收信人所做的是同一任務。證據顯示，有可能推基古是在同一次旅程中，送信給以弗所人和歌羅西人。

同樣引人關注的是，西4：9告訴我們，保羅打發阿尼西母和推基古前往小亞細亞執行任務。這樣看來，使徒所寫的腓利門書可能也在他所信任的推基古手持的信囊之中。

保羅形容推基古的兩句話，捕捉了他對這人的賞識：

- 「所親愛……的兄弟」，
- 「忠心事奉主的」（弗6：21）。

也許我們在此讀到藏在此話背後、對底馬的評價相反的含意。底馬因為「貪愛現今的世界」，離棄了保羅，就在同一時間，保羅派推基古到以弗所（參閱提後4：10－12）。無論如何，保羅十分信任推基古，這一點很清楚。

推基古不僅要送信給以弗所人，他探訪他們尚有另一任務，使徒三次告訴我們這任務是什麼：

1. 「推基古……要把我的事情，並我的景況如何……叫你們也知道」（「也」一字可能與歌羅西人有關，他們也收到同一消息[比較西4：

7—9]）（第21節乃屬作者譯本），

2.「推基古要把……全告訴你們，叫你們知道」（第21節），和

3.「我特意打發他到你們那裏去，好叫你們知道我們的光景」（第22節）。

三次的重述，顯示保羅感到以弗所人要意識到他生命正在發生之事的重要性。我們當然希望他把這事寫出來，好讓我們也知道。然而，也許有些事情口述更好，因為倘若這信被壞人中途攔截換裝，當中有關那些事的內容可能會令他的同工沾上麻煩。我們在此是有點過度臆測，但遺憾的是，事實上關於保羅經歷了什麼，並不見於主要的文字記錄。不管那些是什麼樣的經歷，我們體認到使徒相信，推基古向以弗所人和歌羅西人的報告，能夠鼓勵教會上下和每個信徒的心（弗6：22；西4：8）。

保羅給以弗所人的信的最後兩節經文，閃耀著四個保羅所鍾愛的神學詞彙：

- 平安　　　　· 信心
- 仁愛　　　　· 恩惠

恩惠和平安皆出現在本信的引言之中，他在那裏寫道：「願恩惠、平安從上帝我們的父和主耶穌基督歸與你們」（弗1：2）。平安在本信中一直很重要，好像弗2：14稱耶穌就是「我們的平安」（作者譯本），第2章又接著說，祂拆毀了猶太人和外邦人之間隔斷的牆，就締造了平安（第14、15節，作者譯本），並且把「平安的福音」傳給他們（第17節，作者譯本）。使徒又在第4章懇求教會保持合一，並「用平安彼此聯絡」（第3節，作者譯本）。

當然，以弗所書還有與上帝相和的平安，是因著祂拯救的大

恩（參較羅5:1）。在信中，保羅討論救恩的兩個最直接句子中，恩典是其關鍵詞。他兩次斷言：「你們得救是本乎恩」（弗2:5、8）。福音的榮美之處在於，救恩是一項恩賜，是當下就能擁有的，因為有這恩賜，所以神人得以和好，信徒彼此之間又得以和好。其實，是恩典讓這群得救的人在基督的身體裏合而為一。

　　還有信心。在以弗所書中保羅讓我們看到，信心是讓教會和個人領受上帝賜下恩典的方法（參閱弗2:8）。此外，「在基督裏有信心的人」（1:1，作者譯本）是那些在生命中跟從基督走祂曾走過之路的人。

　　愛心與這兩個詞關係密切。以弗所人在祂的愛中沒有瑕疵（1:4）；他們被吩咐要「親愛眾聖徒」（1:15）；保羅切望他們的「愛心有根有基」（3:17）；他們要「用愛心互相寬容」（4:2）；他們要用「愛心說誠實話」（4:15）；教會要在愛中自我教導（4:16）；以弗所人要憑愛心行事（5:2）；愛心是婚姻關係的重要一環（5:25、28、33）。

　　保羅的四大字詞貫穿在他的信中，因此，我們在他給他的讀者最終的禱告祝福語中找到它們，就不足為奇了。而該禱告祝福語並不光是給居住在二千年前的人說的。使徒給在二十一世紀的我和你所說的禱告祝福語，就是平安、恩惠、信心和仁愛，這些都是我們每個人和整個教會生命的核心。

「你當竭力在上帝面前得蒙喜悦，
　作無愧的工人，按著正意分解真理的道。」提摩太後書2：15

國家圖書館出版品預行編目資料

探索加拉太書與以弗所書 / 喬治‧賴特(George R. Knight)
著；周翠珊譯. -- 初版.-- 臺北市：時兆, 2009.11
　　　面；　　　公分(聖經探索叢書；3)
譯自：Exploring Galatians & Ephesians
ISBN 978-986-84921-7-2(平裝)

1. 加拉太書　2. 以弗所書　3. 注釋

241.73　　　　　　　　　　　　　98013169

探索 加拉太書 與以弗所書 Exploring Galatians & Ephesians

作　　者	喬治‧賴特（George R. Knight）
譯　　者	周翠珊

董 事 長	胡子輝
發 行 人	周英弼
出 版 者	時兆出版社
客服專線	0800-777-798
電　　話	886-2-27726420
傳　　真	886-2-27401448
地　　址	台灣台北市105松山區八德路2段410巷5弄1號2樓
網　　址	http://www.stpa.org
電　　郵	stpa@ms22.hinet.net

審　　訂	沈金義、柯茂峰
責任編輯	陳美如
文字校對	周翠珊、沈金義、宋道明
封面設計	時兆設計中心、林俊良
美術編輯	時兆設計中心、李宛青
法律顧問	統領法律事務所　電話：886-2-23212161

商業書店 總 經 銷	東芝文化事業有限公司
電　　話	886-2-82421523
地　　址	台灣台北縣235中和市中山路二段315巷2號4樓

基督教書 房總經銷	恩膏國際文化事業有限公司
電　　話	886-2-82422081
地　　址	台灣台北縣235中和市安邦街11號

I S B N	978-986-84921-7-2
定　　價	新台幣290元
出版日期	2009年12月　初版1刷